ジェフ・サザーランド
石垣賀子 訳

スクラム

仕事が4倍速くなる“世界標準”のチーム戦術

SCRUM
The Art of Doing Twice the Work
in Half the Time
Jeff Sutherland

早川書房

スクラム　仕事が4倍速くなる〝世界標準〟のチーム戦術

SCRUM

The Art of Doing Twice the Work in Half the Time

by

Jeff Sutherland

Translated by
Noriko Ishigaki
First published 2015 in Japan by
Hayakawa Publishing, Inc.
This book is published in Japan by
arrangement with
Scrum, Inc. c/o The Ross Yoon Agency
through The English Agency (Japan) Ltd.

装幀／國枝達也

目次

はじめに

なぜ、スクラムなのか?

二〇年前、私はケン・シュウェイバーとともにスクラムを考案した。ＩＴ産業の現場でより速く、確実に、効果的にソフトウェア開発を進める手法としてだった。それまで――実際には二〇〇五年くらいまで――、ソフトウェア開発プロジェクトの多くはウォーターフォール型と呼ばれる方式を採用していた。プロジェクトは段階ごとに分けられて、消費者やユーザーへの最終的なリリースに向けてステージを一つひとつクリアする形で進められていた。プロセスの進みは遅く、先が読めず、できあがったプロダクトは人々が求めるものやお金を出して買いたいと思うものからずれていることが多かった。数カ月、ときには数年におよぶ遅れは日常化していた。最初に立てた段階ごとの計画では、ガントチャートに詳細を盛り込み、開発プロセスはしっかり管理していますとマネジャー陣に胸を張ったにもかかわらず、実際はほぼ例外なく、始めるとすぐにスケジュールは遅れ出し、予算は壊滅的なまでにオーバーした。

こうした問題を打開しようと、一九九三年、私は新しい仕事のやり方を開発した。それがスクラムだ。上から規定し指示する形の、従来のトップダウン型プロジェクトマネジメントの方法とは根本的に違う。スクラムは進化的で適応性があり、プロジェクトを進めながら修正していくシステムといっていい。スクラムは誕生以来、ＩＴの世界で新たなソフトウェアやプロダクトを開発する際の定番のフレームワークとなった。ただ、ソフトウェアやハードウェア関連のプロジェクトのマネジメントでは広く知られ評価されている一方、ＩＴ以外の分野ではあまり知られていない。この本が生まれた理由はそこにある。スクラムを使った仕事のマネジメント法を紹介し、ＩＴ以外のビジネスの世界に向けて解説するのが本書のねらいだ。このあと各章で、スクラムの起源となったトヨタ生産方式とＯＯＤＡループを紹介する。小さなチームでプロジェクトをうまく進めていく方法、そしてそれがなぜ効率的な手法なのかを説いていく。プロジェクトの優先順位のつけ方や、一週間から一カ月単位の「スプリント」を決めてリズムをつくり、チーム全員が報告する責任を持つ進め方、デイリースタンドアップと呼ばれる簡単なミーティングを毎日行ない、進捗状況や、必ずどこかで生じる壁について把握する方法を説明する。そして継続的な改善と、プロジェクトの完了を待たずに迅速なフィードバックを顧客から得るための「実用最小限の製品」というコンセプトの実践方法も紹介する。本書で取り上げる例を見てもらえればわかるが、一ガロンで一〇〇マイル走る手頃な車の開発からＦＢＩのデータベースを二一世紀仕様にするプロジェクトまで、あらゆるものの開発にスクラムは取り入れられている。

本書を通して、あなたがチームで仕事を進め、ものを作り、計画し、考える手法をスクラムがどう変えられるかが見えてくると思う。スクラムは基本的にどんな業種でも仕事の進め方に革命的な変化を起こせると信じている。シリコンバレーとテクノロジーの世界に現れるきらめくような数々の新たな企業で、またそこで生まれるあっと驚く新たなプロダクト群において、イノベーションと開発スピードに変革をもたらしたのと同じように。

ジェフ・サザーランド

第一章　過去のやり方は通用しない

今日は楽な一日じゃない。ジェフ・ジョンソンは覚悟していた。二〇一〇年三月三日、米国連邦捜査局（ＦＢＩ）は、近代化をかけた過去最大規模の壮大なプロジェクトを打ち切った。第二の同時多発テロを未然に防ぐことを目指したプロジェクトは、ソフトウェア開発では史上最大級の惨事になろうとしていた。ＦＢＩはそれまで一〇年以上を費やしてコンピュータシステムの刷新に取り組んできたが、今、その計画は再び失敗の危機に瀕していた。そう、二度目だ。そういうわけで、ジェフの手にゆだねられたのだ。

七カ月前、最高情報責任者（ＣＩＯ）を務めるチャド・フルガムの誘いを受けて、ジェフはＦＢＩへやってきた。チャドとは以前、リーマン・ブラザーズで一緒に仕事をしていた。ジェフはＩＴエンジニアリング部門のアシスタントディレクターだった。ワシントンＤＣの中心にそびえるＪ・エドガー・フーバー・ビルディングの最上階にあるフロアには自分のオフィスを持っていた。立派なオフィスだ。窓からはワシントン記念塔も見えた。それが今度は窓のない、軽量ブロックでできた地下のオフィスにこもり、およそ二年にわたって、誰もが修正不可能だとささやいていたプロジェクトに取り組むことになるとは、思ってもいなかった。

「簡単な決断ではありませんでした」とジェフは振り返る。ジェフとボスのチャドは敗北宣言をすると決め、それまで一〇年近くの年月と途方もない額の予算を費やしてきたプログラムを打ち切らなければいけなかったのだから。この時点で、プロジェクトはすでにFBIがみずから手がける方がいい状態になっていた。「でも、今回は必ずやり遂げなきゃいけなかった。失敗せずに」

プロジェクトは、FBIがようやく現代社会に仲間入りできるツールとして、長年待ち望まれていたシステムだった。二〇一〇年、フェイスブックやツイッター、アマゾン、グーグルが全盛の時代にあって、FBIでは報告書の多くを紙で提出していた。FBIで使用していたシステムはオートメイテッド・ケース・サポート（ACS）と呼ばれるものだ。巨大なメインフレームコンピュータは、八〇年代に最新式だったという代物だ。特別捜査官の多くはシステムを使ってもいなかった。使いづらくてスピードも遅く、テロ攻撃や動きの速い犯人を追う今の時代には到底対処できなかった。

当時、FBIの捜査官が仕事をするとなると、情報提供者への支払いでも、テロリストの追跡でも、銀行強盗事件の報告でも、どんな仕事であれとにかく手順は三〇年前と大差なかった。ジエフはこう説明する。「ワープロで書類を作って、三部印刷します。一部は承認用に上へあげる。一部は紛失したときのための保管用。最後の一部は、自分で赤ペンを手に――冗談じゃなくて本当に赤ペンなんです――、キーワードに丸をつけていく。データベースに入力するためです。自分で報告書にインデックスをつけるわけです」

承認されると、紙の書類に番号が振られて戻ってくる。この番号ですべてのケースファイルを管理していた。この方式があまりに時代遅れで脆弱だったせいで、FBIはいわゆる「点をつなぐ」ことができず、二〇〇一年九月一一日の同時多発テロの前にアルカイダ関係者を米国に入国させてしまったとして非難を浴びた。例えば、FBIのどこかの部署が、ある人物を不審だと感じたとする。別の誰かが、不審な外国人が何人も飛行訓練を受けているのはなぜだろうと気がついた。さらに別の誰かが、要注意人物を監視リストに追加しながら、誰にも伝えなかった。組織の中で、こうした情報を結びつけて考えようとする人がいなかったのだ。

テロの後、同時多発テロに関する独立調査委員会（9・11委員会）は掘り下げた検証を行ない、テロの発生を許した根本的な原因は何だったのか、分析を試みた。委員会は、専門官が本来分析すべき情報にアクセスできていなかったとみている。委員会の報告書はこうまとめる。「FBIの情報システムが貧弱であったため、そうした重要情報へアクセスできるか否かは、情報を有する部署やチームの職員と専門官との個人的なつながりに依存するところが大きかった」

9・11以前、FBIは米国に対する総合的なテロの脅威について、一度も評価を行なったことがなかった。これには、出世争いの弊害や情報共有の不足をはじめ、多くの理由がある。だが報告書は、技術的な遅れこそが、ＦＢＩが９・11の発生を見事に許してしまった大きな理由ではないかと指摘した。報告書の記述はこうだ。「ＦＢＩの情報システムはまったく不十分なものだった。ＦＢＩはみずからが知っている情報を把握する能力に欠けていた。組織として持っている知識を把握し共有するための、有効なしくみを持っていなかったといえる」

上院議員らから都合の悪い質問が上がり始めると、ＦＢＩは基本的にこう返した。「大丈夫です。時代に即した新しい計画が進行中です」計画は「バーチャル・ケース・ファイル（ＶＣＦ）」システムと呼ばれ、すべてを一新するシステムになるという触れ込みだった。どんな犯罪情報も無駄にしない。ただ、すでについている一億ドルの予算に加え、追加で七〇〇〇万ドルの予算が必要なだけだ。当時のＶＣＦに関する報道をみると、「革新的な」「転換」といった言葉がたびたび目につく。

しかし三年後、計画は打ち切られた。完全な失敗に終わったのだ。ＦＢＩは一億七〇〇〇万ドルの税金を、一度も使われないコンピュータシステムに費やした。コードもアプリケーションも使われず、クリックされることもなかった。すべてが完全な失敗だったのだ。ＩＢＭやマイクロソフトのような企業が失敗するのとはわけが違う。文字どおり、人々の生命がかかっている。バーモント州選出の民主党上院議員で、当時上院司法委員会の筆頭委員だったパトリック・レーヒー議員はワシントン・ポスト紙にこう述べている。

９・11のテロ攻撃を阻止できた可能性がある情報を、私たちは持っていたのです。手元にあったのに、何のアクションも取れなかった。……このときの問題は解消されていません。……二一世紀のテクノロジーを取り入れる前に二二世紀になってしまうかもしれない。[1]

バーチャル・ケース・ファイル計画の失敗当時にいた人の多くが、すでにＦＢＩを去っていることも示唆的だ。

二〇〇五年、ＦＢＩは新たなプロジェクト「センティネル」の立ち上げを発表した。今度はうまくいくはずだ。今度はいざというときの安全策を設けて、適切な予算手続きを行ない、きちんと管理する。過去の経験から学んだのだ。予算？　四億五一〇〇万ドル程度だ。そして二〇〇九年までには稼働できる予定だった。

それからいったいどうなってしまったのか。二〇一〇年三月、ジェフ・ジョンソンのもとへその答えが届いた。センティネルの開発を委託されたロッキード・マーティン社は、すでに四億五〇〇万ドルを費やしていた。プロジェクトは半分しか進んでおらず、すでに予定より一年遅れていた。分析では完成まであと六年から八年を要し、少なくともさらに三億五〇〇〇万ドルの税金を投入する必要があるという。

これを回避する道を見つけるのが、ジェフに与えられた課題だった。

何がいけなかったのか、そしてそれをどう立ち直らせたのか。それを伝えるために本書はある。プロジェクトに携わった人々の頭脳が優れていなかったからではない。ＦＢＩに適材適所ができなかったからでも、適切なテクノロジーがなかったからでもない。仕事への意欲の問題でも、適度な競争心がなかったという問題でもない。

問題は仕事の進め方にあった。彼らだけでなく、大多数の人の仕事の進め方に同じ問題があるのだ。私たちがみんな、仕事はこう進めるものだと教えられ、そういうものだと信じているやり方に問題があったのだ。

実際のところどう進めていたのかを聞くと、一見、何も問題のない、正当なやり方に思える。ロッキード・マーティンのチームは、まずプロジェクトを入札する前にじっくり要求事項に目を通し、それをすべて満たすシステムをどう構築するか、プランを立てていった。優れた頭脳を持つメンバーが集結し、何カ月もかけて、必要なことは何かを見極めていく。その後さらに数カ月かけて、それをどう実現するかを考える。達成すべきタスクを一つひとつすべて書き出し、それぞれに必要な時間も加えて、美しいチャートにしていく。そうして丁寧に色分けされ、プロジェクトの各フェーズを段階的に追った、滝が流れ落ちていくようなチャートが完成した。

こうしたチャートはガントチャートと呼ばれる。考案者のヘンリー・ガントの名をとったものだ。一九八〇年代のパーソナルコンピュータの誕生によって、こうした手の込んだチャートが簡単に作れるようになり、チャートはじつに複雑にできるようになった。芸術の域に達したといっ

図1　ウォーターフォール方式

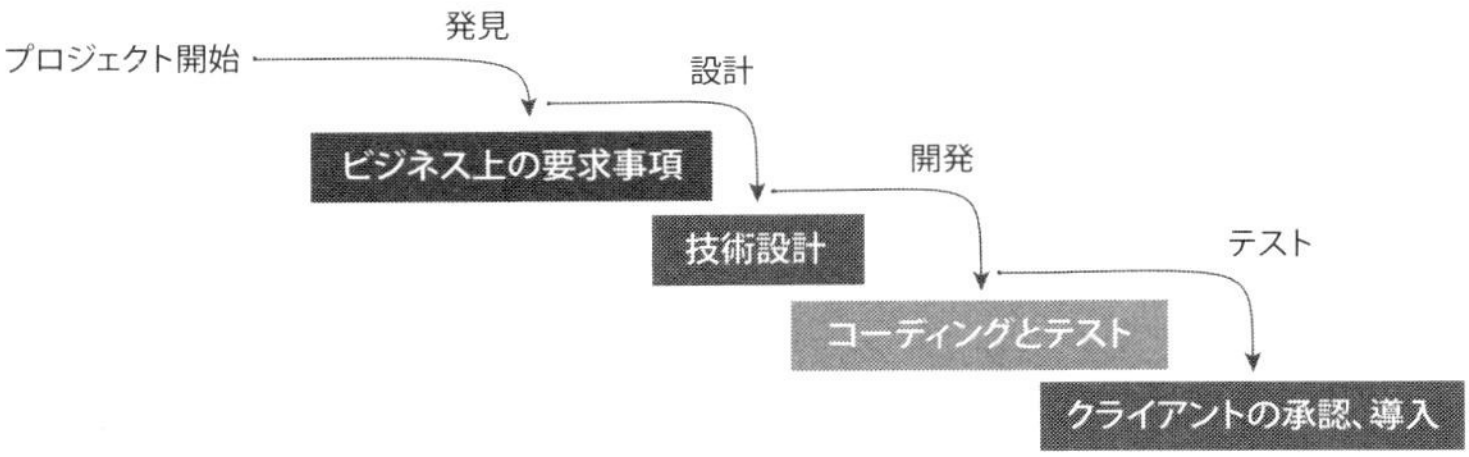

ていい。プロジェクトの段階一つひとつが詳細まで書かれている。フェーズごとのマイルストーンや納期も、見ればすべてわかる。こうしたチャートは、見た目にはじつに立派なものだ。唯一の問題は、間違いなく、このとおりにはならないことだ。

　このチャートをヘンリー・ガントが考案したのは一九一〇年ごろのことだ。最初に使ったのは、第一次世界大戦中、アメリカ陸軍大将で武器科長だったウィリアム・クロージェだった。かの戦争をすこし学んでいる人なら、とくに効果的な組織能力が発揮された戦争だったわけではないと知っているはずだ。第一次大戦の遺物がなぜ、二一世紀の今でもプロジェクト管理ツールとして使われているのか、私はずっと解せないできた。塹壕戦からは卒業したのに、それを計画し実践するベースになった考え方は今でも広く使われているのだ。

　まあ、魅力的なのだろう。巨大プロジェクトですべき作業がすべて一覧でき、誰の目で見てもわかる。これまで訪れた膨大な数の企業で、毎日ガントチャートを更新するのが唯一の業務という人々を見てきた。問題は、美しく洗練されたチャートも現実に直面すると崩壊する点だ。しかもそこで計画を破棄するか、計画のとらえ方を見直すのではなく、管理職は人を雇い、プロジェクトが表面上は計画どおり進んでいるように見せようとする。いってみれば、自分たちを欺くために人を雇い給料を払っているようなものだ。

この不幸なパターンは、一九八〇年代、ソビエト連邦崩壊前のソ連共産党政治局で提出されていた報告書に通じるものがある。現実からかけ離れたはかない妄想でしかない。そして今も変わらず、報告書の方がそこに記されるべき事実より大事になり、矛盾があれば悪いのは事実の方で報告書のチャートではないということになる。

陸軍士官学校時代、私はドワイト・アイゼンハワー元大統領が使っていた部屋で眠った。夜になると、炉棚に取り付けてある金色のプレートに街灯が反射して、はっとすることがあった。プレートには「ドワイト・D・アイゼンハワーここに暮らす」と刻まれていた。そしてアイゼンハワーが昔、戦略を練るのは重要だがひとたび砲撃が始まれば立てた計画は煙と消える、と言ったのを思い出す。アイゼンハワーはガントチャートを使わないだけの分別があったのだ。

ともあれロッキード・マーティンは立派なチャートをFBIに見せ、FBIはプロジェクトを進める許可を出した。やるべき仕事はきちんと計画されている、うまくいかないはずはない。こうして色分けされて、必要な時間も書いてあるし、棒グラフ付きの計画書に書いてあるのだから、と。

だが二〇一〇年春、その計画書を見せられたジェフと上司のチャド・フルガムには、それが何を意味するか、この類のチャートが何を意味するか、わかっていた。まったくの作りごとなのだ。二人が実際の開発状況とこれまでの成果を調べていくと、事態は修復不可能なのが見えてきた。ソフトウェアの欠陥を修正していると、それが終わらないうちに新たな欠陥が出てくるありさまだった。

チャドは司法省監察官に説明した。センティネルのプロジェクトは、外部委託をやめて組織内で行ない、ディベロッパーの数を減らします。これにより、プロジェクトの中で一番労力の必要な部分を、時間はこれまでの見積もりの五分の一以下、予算は一〇分の一で終わらせることができます。監察官が議会へ提出する報告書は、通常は淡々と無味乾燥な文面だが、このときの報告には懐疑心がありありと見てとれる。二〇一〇年一〇月の報告書で、センティネルの計画に対する懸念事項を九点列挙したあと、監察総監室はこうまとめている。「総じて見ると、この新しいアプローチ法を採用することによって、センティネル開発プロジェクトが予算内かつ予定どおりに、また機能性を確保して完成させられるのか、はなはだ大きな懸念と疑念を持たざるを得ない」[2]

新しい考え方

ここに登場した「新しいアプローチ法」がスクラムだ。二〇年前に私が考案した。このようなプロジェクトを進めるのに有益と実証されている唯一の手法だといっていい。物事を進めるには二つのやり方がある。多額の予算を費やしながら何も生まない、従来のウォーターフォール型か、少ない人員と短い期間で、より質の高いものを低コストで多く提供できる、この新しい方法か。あまりにいいことばかり並べているように聞こえるかもしれない。だが実際に結果が証明してくれている。

二〇年前、私はやる気持ちを抱え、仕事についての新しいとらえ方を模索していた。リサーチや実験を重ね、過去のデータを調べていくうち、私たちには人間の努力をうまく形にする新しい方法が必要だという思いを強くした。といっても難解なことではない。それまでにも議論されてきたことばかりだ。第二次大戦のころにも、仕事の進め方を改善する方法を考察した研究はいくつもあった。ただ、なぜかそれをまとめて検証した例がなかった。この二〇年、ただそれを続けてきた結果、この手法は現在、とくに最初に適用したソフトウェア開発の分野で広く採用されている。グーグルやアマゾン、セールスフォース・ドットコムといったIT業界の巨人から、まだ名の知られていないスタートアップに至るまで、このフレームワークは人々の仕事の進め方を根本から変えたといっていい。

うまくいった理由は簡単だ。私は人が実際にどう仕事をしているかに注目した。どう仕事をしていると言っ<u>て</u>いるかではない。過去の研究に目を通し、めざましい成果を上げている世界中の企業の例を調べ、そうした企業の優れたチームについて掘り下げて分析した。どんな点が優れているのか。他のチームと違う点は何か。非凡な仕事をするチームと平凡なチームの差はなぜ生まれるのか。

背景については後に述べるが、チームパフォーマンス向上のためのこのフレームワークを、私はスクラムと名づけた。スクラムはラグビーの用語で、チームが協力してボールを運んでいくことを指す。綿密な連携、共通の目的のもとでの団結、目指すゴールの明確化。これらがすべて含まれている。私が考える、チームで仕事をする際のあるべき姿にぴったりの比喩だ。

昔から、経営陣がプロジェクトに求めるものは二つ、管理と予測可能性だ。その結果、膨大な数の文書とグラフとチャートが生まれる。ロッキード・マーティンもそうだった。数カ月かけて詳細まで計画する。ミスなく、予算を超過せず、スケジュールどおりに成果を収めるために。

だが現実は決してそんなバラ色のシナリオどおりにはならない。念入りに計画し、変更をできるだけしなくてすむよう、知り得ないことを知ろうとした努力は無駄になる。どんなプロジェクトも、新たな問題が見つかるし新しいひらめきが浮かんでくる。変化に柔軟に対応せず、チャートやグラフに書いた計画表の中にとどめようとするのは愚かであり、失敗するのは必然だ。人はそんなふうに仕事をするものではないし、プロジェクトはそんなふうに進むわけではない。そんなやり方で、アイデアが実を結んだりすばらしいものが生み出されたりはしない。

逆に、思い描いた結果が得られず不満が募る。プロジェクトは遅れ、予算はオーバーし、多くの場合、失敗に終わる。新しいものを作り出すようなクリエイティブな仕事の場合はとくにそうだ。そして多くの場合、失敗へ向かう道を進んでいることに会社のトップは気づかない。費やした莫大な予算と時間が無駄になって初めて気づく。

スクラムでは、何かをするのになぜそれだけ長い時間がかかるのか、なぜそれだけ労力がいるのか、そしてなぜ私たちが必要な時間と労力を予測するのが下手なのかを考える。フランスのシャルトルにある大聖堂は完成に五七年を要した。おそらく、建築を始めた当初、石工は司教にこう言ったのではないか。「長くても二〇年、たぶん一五年で完成するでしょう」

スクラムは創造性と不確実性を前提にする。スクラムの組み立ては学習プロセスを軸にしていて、自分たちが何を生み出したか、そして同じくらい重要なのだがそれをどう生み出したかを、チームがみずから評価するしくみになっている。スクラムのフレームワークはチームの実際の仕事の進め方をもとにして、自分たち自身でチームを組織し、仕事のスピードと質をすみやかに上げるツールを備えている。

根本において、スクラムの基本的な考え方はシンプルだ。プロジェクトを立ち上げたら、ときどき、自分たちは正しい方向へ向かっているか、顧客の要望に合っているのか、定期的に確認してみようというものだ。さらに、今していることをもっと改善する方法がないか、さらにうまく、速く進めるやり方はないか、そしてそれを妨げているものがあるとすれば何なのかを考えてみる。

これは「検査と適応」と呼ばれるサイクルだ。折にふれて立ち止まり、それまでの仕事を振り返って、やるべきことからずれていないか、もっとうまくやれる方法はないかを検証する。シンプルなことだが、よく考え、自分を振り返り、正直に自分を律する姿勢が求められる。本書ではその方法を紹介していく。ソフトウェア開発のためだけではない。スクラムがさまざまな分野で活用されている例を私は見てきた。自動車製造やランドリーの経営、学校の授業、宇宙船の製造、結婚式のプランニング、さらには私の妻も「夫にやってほしい家の仕事リスト」が毎週末きちんと片づくよう、スクラムを使っている。

スクラムがもたらす最終的な結果、いわば設計目標は、飛躍的に生産性を上げるチームの実現にある。これまでの二〇年間、私はこうしたチームを数えきれないほど作ってきた。数人が一つの部屋で働く小さなスタートアップから世界にオフィスを持つ大企業まで、さまざまな企業のCEOやCTO、エンジニアリング部門のトップも務めた。コンサルティングを行ない指導したチームの数は数百になる。

スクラムはじつにめざましい結果を生んでおり、ガートナーやフォレスター・リサーチやスタンディッシュのような大手リサーチ会社も、今や旧式の手法は時代遅れだという。実際はうまくいかない指揮統制のやり方に今も固執し、プロジェクトの先を厳密に予測しようとしていては、スクラムを取り入れている競合相手に負けるのは避けられない。その差はあまりにも大きい。私がアドバイザーを務めるボストンのオープンビュー・ベンチャー・パートナーズのようなベンチャーキャピタルによると、スクラムを取り入れなければ競合に大きな差をつけるチャンスをつぶすことになる、という。ベンチャーキャピタルにいるのはのんびりした穏やかな人たちではない。大金を動かす、鋭い目をした人々だ。そんな彼らがこう言い切っている。「結果は明らかだ。企業には二つの選択肢しかない。変わるかつぶれるかだ」

ＦＢＩを立て直す

ＦＢＩでセンティネル開発チームが最初に直面した壁が、契約の問題だった。何かを変更しようとすると、すぐロッキード・マーティンとの契約にぶつかった。ジェフ・ジョンソンとチャド・フルガムは数カ月かけて契約の内容をすべて解体し、開発業務をＦＢＩ内で行なうことにして、数百人いたチームを五〇人以下にまで縮小した。中心となるチームはさらに少人数に絞った。

プロジェクト最初の週、二人はおそらく誰でもここから始めるだろうという作業から着手した。要求事項が書かれた文書をすべてプリントアウトすることだ。そんな大規模プロジェクトは見たことがないという人のために書いておくと、そのページ数は膨大だ。二メートルほど積み上げられた書類の山がいくつも並ぶようなプロジェクトの例は後を絶たない。たいてい決まった文言を他から持ってきて切り貼りしたものだが、そんな膨大な量の文書をすべて読む人はいない。実際、全部読むことなどできない。ポイントはそこだ。現実とはかけ離れたものを承認させるしくみなのだ。

「要求事項は一一〇〇項目に上りました。書類の厚さは一〇センチ近くになりました」ジェフ・ジョンソンは振り返る。そんな書類の山を思い描くと、何の目的もない文書を作るのに大事な人生のおそらく相当な時間を費やした人たちに、同情の念を抱いてしまう。ＦＢＩとロッキード・マーティンに限った話ではない。これまで私が関わってきた会社の多くで、同じことが繰り返されているのだ。この高く積まれた無駄な仕事の山は、スクラムが大きな変化になり得る理由の一つだ。意味のない仕事に人生を費やす人がいてはいけない。ビジネスとして無駄なだけでなく、その人の心をだめにしてしまう。

そんなわけで文書の山ができたあと、二人は全体に目を通し、それぞれの要求事項に優先順位をつけていった。絶対にはずせないくらい重要で、意外と手こずるものは何か。よく、どれも全部重要だと答えが返ってくることがある。だが追求すべきなのは、プロジェクトに最大の価値をもたらすものは何か、だった。それを最初にやるのだ。ソフトウェア開発の世界には、それまでの研究から生まれた法則がある。あるソフトウェアの価値の八割は二割の機能に含まれる、というものだ。例えば、マイクロソフトのワードにある、ビジュアルベーシックエディタの機能を前回使ったのはいつだろう？　何のために使うかはもちろん、存在さえ知らないという人も少なくないのではないか。でもそういう機能が実際にあって、誰かが労力を割いて入れたのだ。それでも、その機能はワードの価値を上げるのにあまり貢献していないといって間違いない。

価値を基準にして優先順位をつけると、この二割の機能を先に形にすることになる。その段階までくると、あとの八割はそれほど必要ではなかったり、最初に重要と思えた部分が実際はそうでもなかったりといったことに気づく場合も多い。

センティネル開発チームが自身に投げかけた問いはこうだった。「よし、私たちはこの非常に重要な巨大プロジェクトを手がける。これにはすでに膨大な金がつぎ込まれて無駄になっている。いつ終わらせられる？」考えた末、プロジェクトの完成は二〇一一年秋になると約束した。二〇一〇年秋に書かれた監察総監室の報告書には不信感が表れている。

ＦＢＩの説明によると、センティネルの開発には「アジャイル方法論」を取り入れ、ＦＢＩ、ロッキード・マーティン、センティネルの主要構成品を提供する企業からなる、従来よりも少数精鋭のチームが手がけるという。ＦＢＩの計画では、本プロジェクトの契約スタッフ数は約二二〇人から四〇人へ縮小される。同時に、プロジェクトに携わるＦＢＩ職員の数も三〇人から一二人に絞られる。ＦＢＩの話では、プロジェクトはこの新たなアプローチ法を導入し、現在およそ二〇〇〇万ドルを残すセンティネルの予算内で、一二カ月以内に完成させる予定だという。[3]

この「アジャイル方法論」という表現が、監察官がスクラムをあまり理解していないことを示している。「アジャイル」の語は、二〇〇一年、私を含めソフトウェア開発業界を代表する一七人のメンバーが共同で発表した、のちに「アジャイル開発宣言」として知られる宣言文にさかのぼる。これは「アジャイルソフトウェア開発」の本質をまとめた文章で、次の四点に価値をおく。プロセスやツールよりも個人と対話、包括的なドキュメントよりも動くソフトウェア、契約交渉よりも顧客との協調、そして計画に従うことよりも変化への対応。スクラムはこうした価値観を実践するために私が考えたフレームワークだ。方法論ではない。

ただ、一二カ月で完成させるというジェフの約束は語弊があったかもしれない。というのも、現実にはいつ完成するかはわからなかった。わかり得なかった。開発チームがどの程度のスピードで仕事を進められるかは未知数だった。私も常々、企業の経営陣にはこう言っている。「完成する時期がいえるのは、チームがどの程度伸びるかが見えてきたときです。つまり、どのくらいのスピードで仕事ができるか、どの程度スピードが上がってくるかがつかめてからです」

他にも重要なのが、スピードアップを妨げる要素が何なのかをチームのメンバーが把握することだ。ジェフの言葉を借りると「障害を取り除く作業」になる。「障害」という概念は、スクラムの基本概念の多くを生んだ企業から来ている。トヨタだ。正確には、大野耐一の「トヨタ生産方式」である。

今は詳細には触れないが、大野が展開する概念の鍵となるのが「流れ」の考え方だ。すなわち、製造工程は初めから終わりまでスムーズにすみやかに進むべきであり、経営陣の重要な仕事の一つが、その流れを妨げるものを取り除くことである、というものだ。流れを妨げるものはすべて無駄になる。大野は名著『トヨタ生産方式――脱規模の経営をめざして』の中で、モラル上またビジネス上の無駄の位置づけについてこう述べている。

低成長時代、それは企業にとってのロスというよりは、社会にとっての罪悪といっても言いすぎではない。ムダの撲滅は企業にとって至上命令である。[4]

大野は製造工程の妨げになるさまざまな無駄や障害について語っている。スクラムを本当の意味で活用するには、こうした障害は罪悪に近いのだと経営陣が肝に銘じておく必要がある。無駄をなくす方法は本書の中で述べていくが、今はこれだけ言っておきたい。無駄をなくすと目を見張るような効果が表れるが、実践していない人は多い。実践するには自分にも他人にも正直にならなくてはいけないからだ。

ジェフ・ジョンソンは、自分の仕事はまさにこれだと心得ていた。

センティネル開発チームは約三カ月かけて、プロジェクトの完成に実際どのくらいの期間が必要かを見極めた。なぜか。これは先に述べた検査と適応のサイクルに関連する。スクラムでは、決められた期間の中で達成するべき目標を期間ごとに立てていく。FBIのケースではサイクルを二週間に設定し、各サイクルの最後には完成した機能を備えた成果物を出すことに決めた。つまり、実際に動くものができあがり、ステークホルダー（利害関係者）や実際にプロダクトを使う人など、プロジェクトに関わる人に見せることができるというわけだ。

この進め方では、開発チームは仕事の成果に対してすぐにフィードバックを得られる。仕事の方向性は合っているか、また前のサイクルで気づいたことを考慮して、次のサイクルでやろうとしていることは正しいかなどを検討できる。

スクラムではこの決められたサイクルを「スプリント」と呼んでいる。各サイクルの最初にはスプリントの計画を立てるミーティングを行なう。二週間なら二週間でどれだけの仕事ができるかをチームで話し合うのだ。プロジェクトに必要なタスクを優先順位で並べたリストから、タスクを付箋に書いて壁に貼り出す。チームのメンバーはこの中から、次の二週間のスプリントでどれだけ完成させるかを決めていく。

スプリントの最後にはチームが集まり、期間中に完成した仕事を共有する。そして付箋に書き出した項目が実際にいくつ完成したかを確認する。一つのスプリントに多く詰め込みすぎて全部が終わらなかったり、逆に少なすぎてもう少しやれたりといった進捗を把握する。ここで大事なのは、自分たちがどの程度のスピードでこなせるかという基準、すなわち自分たちのベロシティ(速さ)を知ることにある。

できた仕事を共有したら――ここからが大野の考え方の出番なのだが――、何ができたかではなく、どう仕事を進めたかをチームで話し合う。次のスプリントではどうすればもっとうまく皆で仕事を進められるだろう？　今回のスプリントで進捗の妨げになったのは何だろう？　チームのベロシティを下げた障害物は何だろう？　こうしたスクラムの実践方法については、本書の最後にまとめている。

ジェフ・ジョンソンがプロジェクト完成に必要な時間を予測するのに三カ月近くかかったのは、このためだ。各チームのベロシティを最初の数スプリントで測り、どれだけ伸びるか、つまりどれだけスピードアップできるかを見極めたかったからだ。各チームがスプリントごとにどれだけのタスクをこなせるかをつかみ、プロジェクトの完成までいくつタスクが残っているかを見たうえで、完成予定を予測したのだった。

チームが仕事を進めるスピードに加え、仕事のスピードを鈍らせる障害がどこにあるかも把握したかった。ジェフのねらいは、チームがこなせる仕事量を増やし、より速く成果を上げることにあった。仕事にかける時間を長くするのではなく（長時間働くと結果的にさらに時間がかかるのだが、その理由については後で触れる）、より効率よく賢く仕事をして成果を上げるのだ。ジェフによると、センティネルのプロジェクトチームは生産性を三倍上げたという。プロジェクトに着手し仕事を進めるうちに、チームの仕事はスタート時の三倍のスピードになった。なぜか。協力して進めるにつれ生産性が伸びたのもあるが、もっと大事なのは、スピードを鈍らせる原因になるものを見つけ、スプリントごとにそれを排除していったからだ。

最終的にセンティネルは、コーディングを終えデータベースシステムとして利用可能にするのに一八カ月、それをＦＢＩ全体で使えるようにするのに追加で二カ月を要した。「時間のプレッシャーは尋常ではありませんでした」インタビューに答えてくれたジェフは言った。「何しろあらゆることに使うシステムでしたから。情報提供者への支払い、証拠の登録、ケースファイル、カレンダー。このインタビューだってセンティネルに入っています」

　彼が考える、スクラムの一番の強みとは？　「デモですね。デモンストレーション可能なプロダクトをこまめに完成させていく点です」二週間のスプリントごとに、開発チームはその時点で完成したもののデモンストレーションを行なった。この「見せて説明する《ショー・アンド・テル》」相手は自分たちチームの中だけではない。できたものを、実際にシステムを使う人たちに動かしてもらうのだ。プロジェクトに関係のあるすべての部門から人がやってきて、デモンストレーションは賑わった。記録部、情報部、特別捜査官、監察総監室。その他政府機関の代表。ＦＢＩの長官と副長官、監察官代理がみずから足を運ぶことも珍しくなかった。気楽な相手ではない。

　だがこのおかげでうまくいったのだとジェフは言う。「スクラムで大事なのは開発側じゃありません。顧客とステークホルダーです。まさに構造上の大きな転換でした。実際のプロダクトを見せるというのが何より説得力のある部分でしたね」

　プロダクトを実際に見せることが効果的だったのは、周囲は進捗の報告を聞いても懐疑的に受けとめていたからだ。センティネル開発のペースがどんどん上がっていると聞いても信じられなかったのだ。ジェフは振り返る。「ロッキード・マーティンが予算の九割と一〇年の年月をかけてできなかったことを、私たちは予算の五パーセントで二〇カ月後に完成させる、と議会に言ったんです。そんなことが本当にできるのか、と懐疑的な空気がありました。司法次官に報告書を提出するんですが、こちらが現状をありのままに報告しても、受け取る側は裏に何か隠しているのではないかととらえたようです。過去に見てきた報告書の内容はもっと簡単で、実際裏では違う事態が起きていたわけですから」

そうした懐疑心はＦＢＩ全体におよんだ。地下室で何かやっているあのチーム、またどうせ失敗するんだろう。何かシステムを作っているようだけど、結局失敗して紙の報告書に戻るんだろう、と。

ジェフはかつてアナポリスの海軍士官学校で暗唱した名言を引用してチームに話した。セオドア・ルーズベルトが一九一〇年にソルボンヌ大学で行なった演説「共和国における市民権」の一節だ。さまざまな場面で引用されているから、知っている方もあるかもしれない。

重要なのは批評する者ではない。強い者がどうつまずいたかを指摘し、偉大な人物ならもっとうまくやれたはずだと批判するような人間に価値はない。名誉は、みずから競技場に立ち、顔を汗と埃と血にまみれさせて勇敢に戦う人間のものだ。判断を誤り、あと一歩で届かないことを何度も繰り返すかもしれない。失敗も欠陥もない努力など存在しないからだ。だがその人は物事を成し遂げるために力を尽くし、真の熱意、真の献身を知っていて、価値ある理念のために自身を捧げ、うまくいけば最後には偉大な功績という勝利を手にする。そしてたとえもし失敗したとしても、果敢に挑戦した結果の敗北なのだ。したがって彼は、勝利も敗北も知らない、情のない臆病な者とは決して同列になることはない。[5]

進めていくうち、各作業にどれだけ時間がかかるのか、そしてどれだけ労力がいるのかが見えてきて、プロジェクトには多少の遅れが生じた。そして二〇一二年七月、ついにセンティネルを導入するときがきた。導入するとなればすべての人に向けて、一度に全面的にやらなければならない。ちょっと試すというわけにはいかない。

「毎日何が起こるかわかりません。犯罪捜査や対テロ対策では、ロサンゼルスで起きたことがシカゴであったことに関係しているかもしれない。どんな手がかりも逃してはいけないんです。すべてにおいて完全で完璧な状態でなくてはいけない」ジェフは振り返る。

しかも法廷で通用するくらい完全で完璧でなくてはいけない。センティネルのデータは裁判で使われる。疑いの余地なく完全なものでなければいけなかった。

導入当日、ジェフは神経をとがらせ、張りつめた気持ちでいた。オフィスへ向かい、センティネルを立ち上げた。読み込んでいる。順調だ。電子署名を使い、文書の承認をしてみる。大勢のＦＢＩ職員があらゆる場面で日々行なうことになる基本作業だ。ここでエラーが出た。承認できない。ジェフは焦った。頭の中に最悪のシナリオが次々と浮かぶ。そこでエラーコードをよく見ると、事態がつかめた。ＩＤを認証させる身分証明カードが必要なのだが、読み取り機にカードを入れていなかった。カードを入れ、クリックすると、センティネルは動いた。

センティネルがＦＢＩにもたらした変化ははかりしれない。情報を伝え、共有する能力が備わり、ＦＢＩの仕事は根本から変わった。二〇一三年一月、ＦＢＩのある現地事務所に、小規模企業の口座が不正侵入されたと知らせがあった。国内の銀行が止める間もなく、一〇〇万ドルが海外へ送金された。ＦＢＩの現地事務所は送金先国の大使館の司法担当官と連携し、担当官から現地の警察に警戒を要請した結果、警察が送金を未然に止めることができた。一連の連携はほんの数時間のうちにとられたが、紙の文書を三部作り赤ペンでマークしていたころには到底できなかった連携だ。システムの差は、犯罪者を検挙するか取り逃がすかの差につながる。

ＦＢＩの地下室にはセンティネル開発チームが今も陣取っている。机を取り囲むパーティションを外し、互いの顔が見える。壁にはアジャイル開発宣言が書かれたポスター大の紙が貼ってある。私が策定に関わり、世界中で実践されるのを願って人生をかけてきた原則だ。窓のない地下室にもかかわらず、部屋に入るとラベンダーがいきいきと蛍光灯の下で花をつけているのが目に入る。「ラベンダー」はセンティネルのプロトタイプに付けられたコードネームだった。開発チームのメンバーは今もそれぞれの持ち場で仕事をしていて、自分たちが立ち上げたシステムの改良や機能の追加を手がけている。

スクラムの世界では有名な例え話がある。ニワトリとブタが一緒に歩いていると、ニワトリが言う。「ねえ、一緒にレストランを開かないか」

「何て店だい？」ブタがたずねる。

「『ハム＆エッグ』はどう？」

「僕は遠慮するよ。僕は身を削ってコミットしなきゃいけないけど、君は卵を提供するだけじゃないか」

スクラムでは、「ブタ」はプロジェクトに対するコミットメントを有し、結果に責任を持つ。「ニワトリ」は進捗の報告を受ける側、ステークホルダーだ。センティネルチームの部屋の壁にはブタの形をしたベルがある。これが鳴ると、不可能と言われたプロジェクトを成しとげたチームのメンバーは、誰かが呼んでいるなとわかる。入口の扉にもベルがあるが、こちらは外のニワトリ用だ。

世界は常に複雑化の道をたどり、私たちの仕事はかつてないほどに複雑さを増している。例えば車だってそうだ。昔は、基本的な修理はいつも自分でやってきた。三〇年前は自分でラジエーターを直せた。今、ボンネットを開けてみると、コンピュータの中を開けて見ているような気になる。実際、基本的にそうだといってもいい。新型のフォードにはフェイスブックとツイッターを合わせたよりも多いコードが組み込まれている。それだけ複雑なものを生み出すには、途方もない規模の人間の努力がある。複雑で創造性の必要な仕事に取り組むなら、それが宇宙ロケットを飛ばすことでも、電気スイッチの改良でも犯人の逮捕でも、従来のマネジメントの方法では崩壊してしまう。

私たちは、個人としても社会全体としても、それをわかっているはずだ。漫画『ディルバート』や映画『リストラ・マン』にはディストピアのような架空の職場が登場し、現実社会の姿を映し出している。私たちは家族や友人に、こうした現代社会の会社組織の狂気について何度も語ってきたのではないか。決められたとおりに書式を埋めることが実際の仕事より大事だ、事前会議の前の会議に備えてミーティングをしよう、そんなことがずっと行なわれてきた。おかしな話だ。それでもずっとそうしてきた。そうして生まれる結果がまったくの失敗であっても。

アメリカ人が誰でも健康保険に加入できるよう支援する、と鳴り物入りで立ち上げられたサイト、Healthcare.gov はいい例だ。フロントエンドはすばらしい。すっきりと見やすい、優れたデザインだ。フロントエンドの構築にはスクラムを導入し、三カ月でできあがった。だがバックエンドはというと、惨敗だった。機能しなかったのだ。サイトでは、国税庁のデータベースを各州や保険業者のデータベースや保健福祉省のサイトと連携させるはずだった。複雑に入り組んだシステムだ。二〇を超える業者がシステム各部の開発を任され、それぞれの開発プランはウォーターフォール式で計画した。サイト全体のテストは最後のわずか数日間にまとめて行ない、開発段階でテストをすることはなかった。

残念なのは、開発に携わった人々もわかっていたはずなのに、という点だ。契約業者の一員として開発に関わった人々は愚かではない。わかっていたはずだ。問題は、「それは自分の仕事ではない」と誰もが考えてしまったことにある。自分たちが担当する部分ができあがると、そこで終わってしまった。ユーザーの視点からサイトを検証せず、自分たちの立場からしか見ていなかった。そうなった理由は、開発者が密に連携していなかったこと、共通の目的に向かってまとまっていなかったことにある。スクラムは共に仕事をするチームを一つにし、いいものを作り出せるように持っていく。そのためには、最終的なゴールだけに目を向けるのでなく、ゴールに至るまでに段階的に成果を出していくことが求められる。Healthcare.gov の開発プロジェクトでは、各部分ができる都度テストをしようと呼びかける人がいなかった。そして残念ながら、失敗例としてはこれは特にめずらしくはない。Healthcare.gov の修正を任されたチームはといえば、スクラムを使っていたそうだ。

莫大な予算を費やした巨大プロジェクトが、予算超過だけでなく単純に機能しないからという理由で中止になった話は、いくつも聞いたことがあるのではないか。毎年どれだけの金が、成果を出せないプロジェクトに費やされているのか。価値がないと自分も上司もわかっている仕事に、人生の時間をどれだけ無駄に費やしているのか。自分の影響力を示すため、自分で穴を掘ってまた埋めているようなものだ。

こんなことを続ける必要はない。これまでずっとそういうものだと言われてきたとしても、それが正しいとは限らない。違うやり方、違う仕事の進め方があるのだ。

それを取り入れなければ、あなたの仕事は外に委託される。あるいはあなたの会社は消える。二一世紀の熾烈な競争社会には、無駄や愚行の入る余地はない。

強調したいのは、生産性を最大限まで上げるスクラムの手法が役立つのは、ビジネスの場に限らないことだ。人類が抱えるさまざまな問題、例えば石油への依存、行き渡らない教育、貧困地域での清潔な水資源の欠如、蔓延する犯罪などの解決に取り組むのに、この手法を取り入れたらどうなるだろう。スクラムは、よりよく暮らし、働き、問題を解決できる方法、真に世界を変えられる方法でもある。世界には今挙げた問題にスクラムを使って取り組んでいる人々がいる。そして実際に力強い変化を起こしている。

この本では、人がもっとも効果的にベストな仕事をするための本質的な方法を探り、なぜ仕事の計画や見積もりがうまくいかないのか、残業が増えるとなぜプロジェクトがさらに遅れるのかといったことを明らかにしていく。さまざまな人や組織や研究者が長年にわたって取り組んできた研究や応用例を紹介し、スクラムがそうした成果を体系化して、誰でも明日から取り入れられるようにできていることを実感してほしい。

実践する方法を紹介していくが、まずその前に、私がここへたどりつくまでの話から始めてみたい。

まとめ

● **計画は有効だが、何も考えずに計画に従うのは愚かだ**

壮大なチャートを作るのは魅力的だ。巨大プロジェクトに必要な作業がすべて示され、誰が見てもひと目でわかる。だが、詳細に至るまで立てた計画は、現実に直面すると崩壊する。仕事の進め方を考える際は、進めるうちに変化や発見、新しいアイデアが生まれることを前提にすること。

● **検査と適応**

折にふれて立ち止まり、それまでの仕事を振り返って、やるべきことからずれていないか、もっとうまくやれる方法はないかを検証する。

● **変わるか、つぶれるか**

時代に合わなくなった仕事の進め方や指揮統制のやり方、あるいは厳密な予測にしがみついていれば、待っているのは失敗しかない。その間に進んで変わろうとしたライバルは、あなたを置いて先を行く。

● **早い段階で失敗し、早いうちに修正する**

企業文化というものは、ユーザーがその都度直接確かめられる、目に見える価値を作り出すことよりも、形式や手順、ミーティングに重きを置きがちだ。真の価値につながらない仕事は愚行である。実際に動くプロダクトを短いサイクルで完成させることで、ユーザーからのすばやいフィードバックが得られ、無駄な労力をすぐに省ける。

第二章　スクラムが誕生するまで

ベトナムへ派遣された米軍戦闘機パイロットの任務は、一〇〇回にわたる敵地への襲撃だった。パイロットの半数は砲弾を受け撃墜された。助かった者もいたが、多くは帰らぬ人となった。一九六七年、まだ若く未熟な戦闘機パイロットだった私は、アイダホ州のマウンテンホーム空軍基地からタイ北部にあるウドーンタイ王国空軍基地へ送られ、アメリカ空軍でもっとも危険な任務についた。敵地の偵察だ。

無人偵察機や正確な衛星画像といった技術が生まれるはるか前の話だ。私のRF‐4Cファントム戦闘機は武器を降ろし、カメラと追加の燃料タンクを積み込んだ。任務は敵地へ乗り込み、同乗する航空士が爆撃前と爆撃後の写真を空中から撮れるようにすることだ。任務は通常夜間に行ない、熱帯の暗闇の中を、地上一〇〇メートルほどの高さで飛行する。木々に接触しそうな低空飛行だった。国境を越えてタイから北ベトナムへ入ると、目の前のヘッドアップディスプレイがピンボール機のように光り、ミサイル警報装置が大きな警告音を発する。空は高射砲の曳光弾《えいこうだん》の光で明るく照らされ、高度がレーダーにとらえられずにすむ低さでなかったら、ほどなくミサイルレーダーに狙われてしまう。

こんなときはアドレナリンが湧き出るのだが、冷静さを失ったことはなかった。むしろ危険な状況にあるとかえって落ち着けるところがあった。空軍で受けた危機管理の訓練のたまものだと思う。訓練では四つのことを教えられた。観察、情勢判断、意思決定、行動だ。具体的には、まず目標の区域を観察して、目的地へどう入り、どう出るのがいいかをつかむ。予期せぬ事態にも情勢を見極めて判断し、直感と本能にしたがって毅然と行動する。躊躇していると命を落とすかもしれない。逆に無謀な行動でも同じだ。同乗の航空士が写真を撮り終えると、私はすぐに機体を操って危険地帯を離れる。すると、急な加速で視界がごく小さく狭まる。航空士は急な力が加わってしばしば意識を失い、失禁することもあった。だが文句を言われたことはない。私の操縦で必ず帰還できたからだ。

当時の私は若い一介のパイロットで、課された任務を全うして無事に戻りたいと考えていただけだった。戦闘機パイロットとしての経験や、生死がかかる状況でどう考え行動すべきかという訓練が、その先の自分の仕事を形づくることになるとは思っていなかった。私がベトナムへ行ったのは一九六七年で、Ｆ４戦闘機の飛行隊二隊とＲＦ‐４Ｃ偵察機二機、計一〇〇機を伴っていた。偵察機はそれまでのＲＦ‐１０１の飛行隊に代わるものだ。五〇機のＲＦ‐１０１のうち、四機を残してすべて一年のうちに撃墜されていた。残った四機も弾痕が無数に残り、飛行できる状態ではなかった。最後に乗っていたパイロットはどうやって着陸させたのだろう。RF‐4Cはそれより頑丈な戦闘機だったが、それでも一年で半数が撃墜された。帰還率は上がったものの、ともに任地へ赴いた仲間の半分は生きて基地へ帰ることなく散った。中には捕虜としてとらえられる前にジャングルから救出された者もいた。

ベトナム戦争から帰還したのち、私はスタンフォード大で統計学の修士号を目指し、人工知能研究所で大半の時間を過ごした。その後、空軍士官学校で数学を教えながら、コロラド大学医学部で生物統計学の博士課程に進んだ。そのときのアドバイザーで、医学と統計学の分野で名高い研究者だったジョン・ベイラー博士に、図書館の棚でほこりをかぶって忘れ去られるような研究でなく、実際に役立つ博士論文にするにはどうしたらよいかと相談した。するとベイラー博士はがん研究の医学論文を三〇〇本、私に手渡した。どの論文もがんに関する統計がグラフで示され、さまざまな人や動物やがんの種類に関するデータを網羅していた。なぜこれだけさまざまなケースがあるのか説明できたら博士号をあげよう。ベイラー博士に言われ、私はそれを研究し、博士号を得た。

私は長い年月をかけ、細胞ががんになるというのはどういうことなのかを解明していった。身体組織の理論を詳しく学ぶうち、身体のシステムには決まった安定した状態があるのだとわかった。細胞は進化するにつれ、現在の安定した状態から次の状態へ移行する。複雑な適応システムをある状態から次の状態へ移行させる法則と、次の状態をマイナスの状態でなくプラスの状態にする方法を探ることに、一〇年近くを費やした。

その後ずいぶん経ってから、組織もチームも人も、同じように複雑な適応システムなのだと気づいた。細胞をある状態から次の状態へ移行させるものと、人をある状態から次の状態へと動かすものは同じなのではないか。細胞を変化させるには、まずシステムにエネルギーを注入する。最初は混乱が起き、何の法則も規則もない不安定な状態に見える。これを組織に置き換えてみるとどうだろう。組織を変えようとすると、中にいる人は驚いて落ち着きを失い、何が起きているのか把握できず、どうすればよいか戸惑う。だがそんな組織も、細胞と同様、驚くほどすみやかに、再び安定した状態に落ち着く。ただ一つ問題なのは、新しい状態が前よりもいいかどうかという点だ。この細胞はがん細胞なのか、正常な細胞なのか。より生産性が高く協力的で、気分よく仕事ができる、楽しく気持ちの高まるようなチームに導く基本的な法則は何なのか、解明できないだろうか？　この答えを求めることに、私は次の一五年をかけた。

レーガン政権の時代、政府は科学分野の研究への補助を大きく削減した。私が主任研究員としてデータ収集と分析に従事していた、コロラド地域がんセンターの臨床試験と疫学研究のための国立がん研究所の助成金もその一つだった。どうしようかと思っていると、ミッドコンティネント・コンピュータ・サービスという会社から連絡があった。現在開発中の技術があり、私の研究がその分野では先端だと聞いたという。ミッドコンティネントは北米で一五〇の銀行にシステム等を提供していた。今熱い視線を注いでいる新しい製品が「現金自動預入支払機（ATM）」だという。時は一九八三年、現金をおろすといえば銀行の窓口に並ぶか、車に乗ってドライブスルー式の窓口へ行くか、という時代だ。人々は必要な額を紙に書いて窓口の係に渡していた。ATMができれば、このわずらわしさから解放される。だがミッドコンティネントはATMをつなぐネットワークシステムで問題にぶつかっていた。これを解消できるシステムの考案に携わってきた人を探しており、私にその先端システムを担当する統括責任者にならないかという。ATMのネットワークで使用しているというコンピュータは、私が博士論文の研究で長年使っていたものと同じだった。ちょうどいい。

と、思ったまではよかった。だが何事もそう簡単にうまくはいかない。入ってみると、プロジェクトはウォーターフォール式で進められていた。数百人いるプログラマーが終日机の前に座り、仕事をしているように見えるが、何ひとつ完成しないまま期日も予算もオーバーしていた。ATM開発に関しては、コストが収益より三割も多い。プロジェクトとしての効率の悪さは目を覆うほどだった。

初めのうち私は様子をみて、どうやって仕事をしているのかを観察した。マネジャー陣がどう社員に接していたか、想像してみてほしい。叱咤する声が響き、細かな点まで口を出して管理する。間接的な言動で暗に攻撃する。もっと必死に、長時間働けと迫る。だがそうして上からプレッシャーをかけても、プロジェクトは慢性的に遅れたままで、予算も超過し続け、求めるものが一向にできあがってこなかった。
一から全部変えるのが一番いい、と私は考えた。仕事のやり方全体が崩壊していて、断片的に修復するのは不可能だ。社内に別会社を立ち上げよう。私はCEOのロン・ハリスのところへ行き、ATM開発に関わるチームを集めて別の組織を立ち上げたいと伝えた。営業部門も、マーケティング部門も財務部門も、全部自分たちで独自のチームを持つ。ロンは頭の切れるクリエイティブなCEOで、私の仕事を信頼してくれた。上に立つのが彼でなければ、話は違っていたかもしれない。私の案を聞いてロンは言った。「サザーランドくん。そういう面倒を抱える覚悟なら、やってみればいい」

私は動き出した。ディベロッパーとマネジャー陣のところへ行き、まず自分たちの首を絞めているやり方を全部やめようと伝えた。「やめたときにああよかったと思いたいためにレンガに頭を打ちつける」という話があるが、それと変わらない。「もっといい仕事の仕方を考えて、すぐに実行しよう」私は言った。

そうして私たちのチームは独立した一つの会社になり、小さないくつかのチームに分かれて仕事をした。賞与は個人の業績ではなく会社全体の業績を基準にした。仕事を進めるためのツールと手法を考案し、それが一〇年後にスクラムの形になった。詳細は後述するが、例えばプロダクトオーナー、プロダクトバックログ、一週間単位のスプリントといったコンセプトがそうだ。立ち上げから半年後、チームは全社の部門でもっとも利益を上げた。収益はコストを三割上回った。

開発したノンストップ・タンデムというシステムは、オンライン取引システムとして初めて多くの銀行の信頼を得て採用され、北米全土に展開した。今、国内のどこへ行ってもＡＴＭマシンがある。どのマシンでも口座にある額がきちんとわかる。これには私たちのチームの仕事が大きく貢献している。

ロボットのように考える

空軍からキャリアをスタートした後アカデミックな場に移った経歴から、私はビジネスの世界ではどこか自分を部外者のように感じていた。だが部外者としての外からの視点が大きな強みになった。ミッドコンティネントに来た一日目から、なぜ、皆が非効率で無駄だとわかっていて、人間性を奪われ気持ちが沈むようなやり方で仕事を進めようとしているのだろうと疑問を抱いた。多分、みんながそうしているからそれが最善の方法のはずだ、と考えていたのだろう。

ミッドコンティネントでの仕事は面白かったが、新しい挑戦をして自分の力を試したくなった。そしてその後二〇年間、大小さまざまな会社でエンジニアリング部門の統括責任者や最高技術責任者を務めた。どの会社でも、チームが協力して効果的に仕事ができるように努めた。その中の一つが、マサチューセッツ州ケンブリッジのとある建物にある会社だった。すぐ近くにはマサチューセッツ工科大学（ＭＩＴ）があった。当時、数人の博士号取得者や教授がロボット製作の会社を立ち上げたところで、ＭＩＴの研究室に十分な場所がなかったため、私がいた会社に間借りすることになった。

彼らが移ってきて二、三週間が経つころ、思わぬことがあった。ネコくらいの大きさの六本脚のロボットがオフィスに現れ、机の周りを走って私を追いかけてきたのだ。教授たちがやってきて恐縮したように謝ったが、数日するとまたやってきて、何度か同じことが起きた。研究室を出てビルの中を走り回るロボットもあった。機械音を立てながら廊下を走っていくのが聞こえた。

当時、私の会社では、金曜の午後はオフィスでビールとワインを開け、スタッフが一週間の終わりにゆっくり交流できる場を設けていた。スペースを貸しているロボット工学の教授陣にも声をかけていたのだが、ある日、ロドニー・ブルックスがやってきた。ブルックスはロボット製作会社を立ち上げた一人で、人工知能を専門にするＭＩＴの教授だった。あの走り回っているロボットはどういうしくみなのかと聞いてみた。

ブルックスはこう切り出した。「私たちはこれまで長い間、優れた知能を持つロボットを造ろうとしてきました。莫大な費用と長い長い年月をかけて、巨大なコンピュータとデータベースを構築して。でもできたのは、チェスで人間に勝てるコンピュータどまりでした」

ブルックスのロボットはまったく違うアプローチをとったのだという。中心となる頭脳を一つ備えるのではなく、六本の足それぞれが頭脳を持つロボットを設計したのだ。脊柱部分のプロセッサでは、いくつかのシンプルな動きをつかさどる。前に進む、後ろに下がる、他の足とぶつからないようにする、などだ。ロボットの頭脳に埋め込んだ神経ネットワークのチップがこうした法則を把握していて、それに従って全体を見る審判のような役目をする。障害物にぶつかると、チップはカメラを通して見た情報を足に伝える。

ブルックスの話によると、面白いことにロボットは電源を入れて立ち上げると、その都度どう歩くかを一から学習するのだという。部屋のどこに何があるかを記憶したデータベースがあるわけではない。いわば目の前の世界そのものがデータベースだった。ロボットはスイッチを入れるたびに一から学習する。何かにぶつかり、現実の環境から学んでいく。言い換えれば、どんな環境にも適応できるのだ。

「お見せしましょう」ブルックスは研究室へ連れていってくれた。まっさらの神経チップを入れると、昆虫型ロボットが命を吹き込まれたようによろよろと動き出した。最初はおぼつかない動きで、つまずきながら部屋の中を歩いていく。小鹿が初めて自分の足で立ち上がったときのようだった。一歩一歩進むにつれて、だんだん足取りが確かになっていく。六本の足はほどなく上手に連携できるようになっていった。三分もするとロボットは部屋の中を走り回った。歩くという動作について、何も記憶させたりプログラミングしたりしていない。ただシンプルな法則に従って各部分が連携して動いているのだった。それぞれの足は考えているわけではなく、ただ動いているのだ。創意あふれるシンプルなシステムに、私はすっかり圧倒されていた。これはまさに、私がベトナムで飛行訓練を受けたときに教えられた「観察、情勢判断、意思決定、行動」のサイクルではないか。周囲の環境を把握して、環境から得たデータを元にして動いているのだから。

私はブルックスにたずねてみた。「ロボットの足がこうして動くみたいに、人が連携して仕事に取り組めるようにするシンプルな枠組みが作れないだろうか？　自分たちで組織化して自分たちの力で効果的に動けるようにできたらと思うんだが――このロボットみたいに」

「どうだろう。やってみてどうなったか聞かせてくれないか」ブルックスは答えた。

流れる滝を追わない

考えるうち、確信に近くなっていった。あのロボットみたいに、個々の頭脳と、周囲の環境について得たフィードバックとを絶えず連携させられるシステムを人間のチームでも作れれば、仕事のパフォーマンスが格段に上がるのではないか。個々の「足」が持つ情報の流れを合理化すれば、これまでにないレベルの効率性が達成できるはずだ。

ブルックスとこのやりとりをしたのはもう二〇年以上前だ。ブルックスは長年にわたりＭＩＴでロボット工学と人工知能研究の先頭に立ち、私が見たあのクモのようなロボットはゲンギスと命名され、現在はスミソニアン博物館に収蔵されている。ブルックスが設立した会社の一つ、アイロボット社の名を聞いたことがあるのではないだろうか。ロボット掃除機「ルンバ」を作った会社だ。ルンバは六本脚でオフィスを走ったゲンギスと同じ適応知性を持ち、それで床をきれいにしてくれる。ブルックスの最新の発明はリシンク・ロボティクス社から発表したバクスターという産業用ロボットで、工場などで人間と一緒に作業することができる。

私はブルックスの仕事からインスピレーションを得た。一九九三年、イーゼル社にオブジェクトテクノロジーの責任者として招かれたとき、こうしたアイデアを持ち込んだ。イーゼルの役員からの依頼は、大手顧客向けの新しい製品ラインを半年で用意してほしいというものだった。イーゼルのソフトウェアを社内アプリケーションの設計や構築に使用している、フォードのような企業をターゲットにするためだ。私は開発チームを集め、この仕事は今までと同じ開発手法では太刀打ちできない、と話した。

それまでのやり方というのが、前に触れたウォーターフォール方式だった。プロジェクトに関連するあらゆる事柄を巨大なガントチャートに書き出し、それぞれの作業に必要な時間を見積もって、カラフルに色分けし、流れる滝のように矢印や四角が続く。こうしたチャートはよくできていて美しい。だが現実から離れた幻想でもある。

今回のプロジェクトもウォーターフォール方式でやっていたのでは、数年とは言わないが数カ月単位で目標の期日を過ぎるのは目に見えていた。まったく違うやり方でやるしかない。私はCEOのもとへ行き、あのガントチャートは使わないつもりだと伝えた。CEOは驚き、なぜかとたずねた。

「今までどれだけガントチャートを見てきましたか？」私は聞いた。

「何百と見てきたね」

「そのとおりに進んだものはありましたか?」

一瞬、間があった。「ないね」

そこで私は、破綻したガントチャートではなく、ちゃんと動くソフトウェアを月末に持ってくると宣言した。そこでCEOみずからが試して、よさそうか確認してもらう。期日に間に合わせるためには、やってみるしかない。

私たちチームはすぐに半月ほどかけて、チームの組織づくりと製品開発に関する論文や本や記事を読んでいった。そしてある日、一人の開発担当者の目に止まったのが、一九八六年に『ハーバード・ビジネス・レビュー』誌に掲載された、二人の日本人経営学者、野中郁次郎と竹内弘高の論文だった。タイトルは「新たな新製品開発競争(The New New Product Development Game)」といった。両氏は、ホンダ、富士ゼロックス、3M、ヒューレット・パッカードをはじめ、生産性の高い革新的な世界の企業を挙げて分析した。論文は、NASAに代表される段階的なプログラム開発、すなわちウォーターフォール方式には根本的に欠けているものがあると指摘した。そしてパフォーマンスの優れた企業には次のような特徴がみられたと報告した。開発プロセスは段階ごとに分断せず重なり合っていて、スピードも柔軟性も優れていた。チームは機能横断的で主体性があった。チームがみずから決定する力があった。境界を越えた大きな目標があった。自分たちの枠を越えた大きなものを目指していた。マネジメント部門は指図しなかった。

管理職はサーバント（奉仕型）リーダーでありまとめ役として、チームが仕事を進める際の障害を取り除くことに徹し、製品開発の中身や進め方を細かく指示したりしなかった。こうした特徴がみられる仕事の進め方を両氏はラグビーになぞらえ、優れたチームはスクラムを組んだラグビーのチームに似ているとして、こう表現した。「チーム内でボールをパスしながら、チームは一団となってフィールドを進む」[1]

掲載当時、論文は注目され高い評価を得たが、私たちがイーゼルでこれを読んだときは発表から七年が経っていた。多くの人が感心したが、それを何かに応用した例もなかった。トヨタがこのアプローチで市場シェアを急速に拡大しているにもかかわらず、平均的なアメリカの経営者は、この手法を自分のものにして取り入れることができずにいたのだ。イーゼルに失うものはなかった。そこで、論文が取り上げていたのは製造業でありソフトウェア開発ではなかったが、このアプローチを試してみることにした。両氏の考え方は、分野を問わず、人間がチームになって仕事をする際のプロセスの根本をとらえていると感じたからだ。そして私がミッドコンティネント社以来試してきた実験的なアプローチの数々が、これと一つになった。

こうしてスクラムは正式に誕生した。イーゼルのチームは、六カ月の期限内に、予算内で、それまでで一番バグの少ないプロダクトを完成させることができた。

新しいプロジェクトマネジメントのやり方に私は心躍らせ、その後は企業で使うためスクラムを改良していくことに注力した。一九九五年にはケン・シュウェイバーと共同で論文「スクラム開発プロセス」をまとめて実践法を体系化し、計算機学会（ＡＣＳ）で発表した。以来、スクラムの大文字表記をやめ、多少の手直しをしてきたが、基本的な原則は変わっていない。そして取り入れた企業の多くが、始めてすぐに効果を実感している。[2]

検査と適応

スクラムを使っていい仕事ができているチームは、超高生産性《ハイパープロダクティビティ》を実現している。にわかには信じがたいかもしれないが、スクラムをうまく実践しているチームでは、生産性が三〇〇〜四〇〇パーセント上がるケースが普通にみられる。突出したチームでは生産性が最高で八〇〇パーセント向上し、それを繰り返し達成している例もある。こうしたチームは、仕事の質も倍以上向上している。

ではどうすれば主体的で卓越した、量産化できるスクラムチームを編成し、それを武器に超高生産性を実現できるのだろう？　それをこのあとの章で解説していくが、ここで基本的な構造を紹介したい。

スクラムが日本の製造業の技術に端を発していることから、日本の企業がどこでそれを学んだのかをたどってみよう。皮肉なことに、大きな貢献をしているのは一人の米国人、Ｗ・エドワーズ・デミングだ。デミングは第二次世界大戦後、アメリカをはじめとする連合国軍の占領下にあった日本で、ダグラス・マッカーサー最高司令官のもとで顧問を務めた。マッカーサーは日本経済再建のため、それまで日本企業を経営してきた人々の多くを退陣させ、格下のライン管理者を要職につけて、デミングのような事業運営の専門家をアメリカから招いた。デミングが日本の製造業に与えた影響は多大だ。デミングは大勢の日本の技術者に「統計的工程管理法」を教えた。簡単にいうと、何をしたか、どううまくできたかを正しく把握し「継続的改善」を目指す手法だ。一度改善したら終わりではない。継続的に向上し続けなければいけない。まだどこか改善できる点はないかと常に考える。決して現状で満足しない。常に実験してみる。このやり方の方がいいだろうか？　こっちではどうだろう？　ここだけ変えてみたらどうなるだろう？

デミングが一九五〇年に日本のビジネスリーダーに向けて行なった有名な講演がある。聴衆にはソニー創業者の一人である盛田昭夫らが含まれていた。講演でデミングはこう呼びかけた。

　技術者がいかに優秀であっても、彼らにまだ改善できる能力があるかぎり、リーダーである皆さんは、製品の品質と均一性のさらなる改善を目指して努力しなければなりません。したがって、最初の一歩は経営者の側にあるのです。まず、皆さんの会社の技術者と生産現場に対して、製品の品質と均一性を高めることについて、また品質に対する責任感について、あなたが情熱を持っていることを示さなければなりません。
　口にするだけでは何も実現しません。行動することが大事なのです。[3]

そして行動するときの手法が、おそらくデミングがもっともよく知られているのはここなのだが、PDCAサイクルと呼ばれるものだ（Plan＝計画、Do＝実行、Check＝評価、Act＝改善）。このサイクルは、作るものが何であっても、車でもビデオゲームでも紙飛行機でも適用できる。

実際、スクラムの実践方法を解説する際に私は紙飛行機を使っている。参加者をチームに分け、目標はきちんと飛ぶ紙飛行機をできるだけ多く作ることだと伝える。チームのメンバーは三つの役割にわかれてもらう。一人は、実際に飛ぶ紙飛行機をいくつ作れたかを確認する。もう一人は、紙飛行機の組み立てもするが、製作工程に注目して、チームがよりよく飛ぶ紙飛行機をより速く作れる方法がないかを考える。残りのメンバーは、飛ぶ紙飛行機を与えられた時間内にできるだけ多く作ることに注力する。

紙飛行機作りは、六分間のサイクルを三回繰り返すことで進める。各サイクルでは、最初の一分間にどうやって作るかを計画し、三分間で実行、すなわちできるだけたくさん作って実際に飛ぶかを試す。そして最後に二分間で評価を行なう。ここで、チームは自分たちの紙飛行機製作プロセスをどう改善できるか検討する。どこがうまくいったか。うまくいかなかったのは何か。形を変えるべきか。製作手順で改善できるところはどこか。そして実際に改善してみる。デミングの手法でいう「改善《アクト》」は、結果と周囲の環境をもとに作業の進め方を変えることを意味する。ブルックスが作ったロボットの概念と同じだ。

このサイクルを三回繰り返すと、紙飛行機作りであれ宇宙船の製造であれ、目を見張るほど格段に進化する（スピードにしておよそ二倍から三倍、質は少なくとも二倍向上する）。デミングのPDCAサイクルの考え方は当時の日本では革新的なアプローチであり、これを導入してトヨタは世界一の自動車メーカーへと成長した。この考え方は、「リーン生産方式」（トヨタ生産方式のコンセプトを用いた生産管理手法を米国でこう呼んでいる）やスクラムによる製品開発にも取り入れられている。

変わるか、つぶれるか

新しい仕事の進め方が求められていて、これだけ多くの会社で取り入れられた背景には、それまでのソフトウェア開発の現状があまりに無残だったという現実がある。開発プロジェクトはほぼ常に遅れ、予算は超過し、そもそも完成しなかったり完成してもうまく動かなかったりすることも多かった。そしてそれは仕事をしている人が無能だからでも、個人的な欲にかられているからでもなかった。仕事に取り組む際の考え方の問題だった。ウォーターフォール型のやり方に固執し、一から一〇まですべて前もって計画できると考えていたのだ。数年におよぶプロジェクトの間も状況の変化などないと言う人さえいた。これはやはりおかしいと言わざるを得ない。

身をもってこれを感じたのが、ずいぶん前にコンサルタントとしてベルサウス社を訪れたときのことだ。ベルサウスには、名高いベル研究所から来た一流の技術者が揃っていた。ここではウォーターフォール型の手法を完璧に運用していた。一〇〇〇万から二〇〇〇万ドル規模のプロジェクトを入札し請け負っていた。顧客からの要求事項をすべて集め、着手すると、一年半後には要求されたとおりのプロダクトを期限内に予算内で完成させた。この手法で結果を出せた、世界でもごく稀な企業だったといえる。問題は、プロジェクトが完成したときには、顧客の欲しいものが最初の要求とは変わっていたことだ。状況が変化していたのだ。ビジネスの変化のサイクルは短くなり、顧客は変化に対応できるサービスを求めるようになった。

私はベルサウスのどこに問題があるかを一緒に探ってほしいと招かれた。すぐに、仕事の進め方そのものが間違っていると気づいた。表面上はすべてうまくいっているように見えれば、この指摘は受け入れがたいだろう。そこである日、私はベルサウスの技術者一五〇人を前に、顧客の要求にすばやく反応する新しいやり方に転換しなければ、このまま順調に成功し続けることは不可能だと伝えた。彼らは強硬だった。みな頭が切れる人ばかりだが、私の意見をよくあるマネジメントサイドの気まぐれだと受け取った。理解してもらうことができず、私は肩をすくめて最後に警告した。変わるかつぶれるかですよ、と。ベルサウス社はその後買収され、今は存在しない。

スクラムの原点は日本の考え方とやり方にある。先日、日本を訪れて野中郁次郎氏に会った際、氏は日本におけるスクラムの位置づけについて、一時的にはやっている手法のような受けとめられ方はしていないと話してくれた。物事のやり方、物事のあり方、ひいては生き方にも通じる、というのだ。スクラムの実践法について説明するとき、私はよく長年個人的に習っている日本の武道、合気道の話をする。

合気道でもタンゴでもそうだろうが、スクラムを真に修得するには実際にやってみるしかない。身体と心と精神が、不断の練習と上達でぴったり一つになる。武道には「守破離」と呼ばれる、その道を修得していく過程の段階を表す概念がある。「守」の段階では、決まりと型を学ぶ。ダンスのステップを練習するように、身体が覚えるまで繰り返す。決まりと型から外れることはしない。

型を修得し、「破」の段階になると、新たな工夫を試みてよい。踊りのステップにスイングを加えてみたりする。

「離」までくると、型から離れることができる。真に体得できている段階であり、制約から自由になって自分の創造性を加えられる。合気道であれタンゴであれ、本質を吸収し、身体で理解しているため、動きの一つひとつに本質が凝縮されて表れる。

スクラムもこれに近い。スクラムは最初は意識して実践することが必要だが、次の新たな次元

――考えなくても自然に動ける段階へ到達するため、たゆまぬ努力も必要だ。優れた踊り手や体操選手の動きが、何の苦労もなくごく自然に、何かをしているというよりただ自然にそうしているように見えることがある。今その瞬間、あるがままにしているだけ、といえばいいだろうか。あるとき、小柄な合気道の先生が私をいとも簡単に宙に投げたことがある。だが投げられた私の身体はあくまでふわりとマットの上に落ち、まるでゆりかごにそっと置かれた赤ん坊のようだった。

スクラムでもその境地を目指したい。すべての人がそれぞれの生活の中でその境地に達してほしいと思う。仕事は辛かったりつまらなかったりするべきではない。流れるように難なくできるもののはずだ。仕事は喜びの表現であり、より高い目標に向かって進むべきなのだ。不可能ではない。ただそれには練習がいる。

これからスクラムの核となる概念を各章で一つずつ取り上げていく。一つずつ掘り下げることで、コンセプトの背景とスクラムの構造を理解してもらえればと思う。次章から私にお付き合いいただけば「なぜスクラムではそうするのか」が見えてくるはずだ。

まとめ

● **躊躇は死につながる。観察し、情勢判断し、意思決定し、行動する**

現状を把握し、選択肢を吟味し、決断し、行動する。

- **外に目を向け答えを探せ**

複雑な適応システムは、周囲の環境から得たシンプルな法則に従っている。

- **優れたチームとは**

機能横断的で主体的、みずから動く力を持ち、枠を超えた大きな目標を掲げている。

- **推測ですませない。計画、実行、評価、改善のサイクルを**

何をすべきか計画する。実行する。望んだ結果が出たか評価する。それを受けてやり方を改善する。このサイクルを定期的に繰り返すことで、継続的な改善ができる。

- **守・破・離**

初めに決まりと型を学び、体得できたら工夫を加えてみる。それを越える段階へきたら型から離れ、流れに身をゆだねてみる。修得したことが自分の中に吸収され、意識しなくても動けるようになる。

第三章　チーム

どんな仕事でも、仕事を形にするのはチームの力だ。車を造るチーム、問い合わせの電話に応えるチーム、手術を執刀するチーム、コンピュータをプログラミングするチーム、ニュースを伝えるチーム、テロリストが占拠する建物に突入するチーム。もちろん、一人で仕事をする職人や芸術家などもいるが、チームの力が世界を動かしているといっていい。スクラムのベースもチームにある。

皆それをわかっているのだが、仕事になるともっぱら個人に目を向けることが多い。何かを作り出す作業はチームによる仕事であるにもかかわらずだ。業績に基づく賞与や、昇進、雇用を考えてみてほしい。どれもチーム全体ではなく個人に焦点をあてている。それが大きな誤りなのだ。

管理職は個人に目を向ける傾向にある。それが正しいと直感で思っている。優れたメンバーを集めたいが、人は皆それぞれ違う。であれば、最高の仕事をしてくれる人を集めればいい結果が生まれるに違いない、と考える。だがそう単純な話ではない。

学生の課題への取り組み方と成績との関連を調べた例を見てみよう。エール大学のスタンリー・アイゼンスタット教授が教えるプログラミングの授業、CS323は厳しいことで有名だった。出される課題に相当な時間がかかると学生たちがこぼすと、教授は課題を易しくはしなかったが、学生たちがどれだけ課題に時間をかけたか統計を取り始めた。そして一九八〇年代にアイゼンスタットのクラスを取っていた元学生で、現在ソフトウェア会社を運営するジョエル・スポルスキが、課題にかけた時間と取った成績を比較してみた。両者に相関性があるかを調べるためだ。結果は「相関性はない」だった。短時間で片づけてAを取った学生もいれば、非常に長い時間をかけて書き上げ、同じ成績を取った学生もいた。両者の違いは、かけた時間の違いだけだった。これをビジネスの世界に当てはめて考えてみたい。

経営者であれば、単にAを取れる人物でなく、できるだけ短時間の仕事でAを取れる人物を雇いたいと考えるだろう。先のエール大の例では、もっとも速く課題を仕上げた学生は、一番長く時間をかけた学生の一〇分の一の時間で終わらせていたという。一〇倍速く終わらせて、かつ同じだけいい成績を取ったことになる。一〇倍の速さというのはなかなかすごいことだ。であれば、企業も仕事の速い人を積極的に採用し、のんびりした人は除外する方がいいように思える。生産性を上げるには正しい考え方に思えるのだが、実は他にもっと重要な要素がある。

個人ではなくチームに目を向けてみると、興味深いことが見えてくる。三八〇〇にのぼるプロジェクトを分析した調査がある。プロジェクトの内容は会計事務所の業務や戦艦用のソフトウェア開発、ＩＢＭのＩＴ関連の仕事まで幅広い。分析では個人の業績を表すデータは見ず、チームのパフォーマンスに注目した。そしてチームの仕事ぶりを調べていくと、驚くべきことがわかったのだ。一番能力の高いチームが一週間でできた仕事を、一番能力の低いチームがするとどれだけかかったか。エール大の調査のときと同じ、一〇倍程度の違いだろうと考えるのではないだろうか（すなわち、仕事の速いチームが一週間で終えた仕事を、遅いチームは一〇週間かけてやる）。だが実際の結果は、チームのパフォーマンスの違いは個人のパフォーマンスの違いよりはるかに大きいことを示すものだった。仕事の遅いチームが同じ仕事をするのにかかった時間は、一〇倍の一〇週間ではない。なんと二〇〇週間だった。もっとも優れたチームと最下位のチームにはそれだけ大きな差があったのだ。ということは、力を入れるべき点はどちらだろう？　メンバー個人の力量に注目して、奇跡的に天才ばかりを集めることがかなえば、一〇倍伸びるかもしれない。だがチームの力に注目すれば、最下位から並みのチームに引き上げるだけで格段に生産性を上げられそうだ。もちろん、並みを目指せば並み止まりだ。だが並み以上のチームを目指せるとしたら？

あるとき、ある場所に、ある何人かが揃ったところ、すべてが可能になる。自分がそんなチームの一員になったことがなくても、そんなチームを目にしたことはあるのではないか。話に聞くこともあるだろう。こんな偉業を成し遂げたという伝説が語り継がれたりする。ボストン近郊で育ち、今もそこで暮らす私の頭にまず浮かぶのは、バスケットボールなら一九八〇年代のボストン・セルティックス、アメリカンフットボールならトム・ブレイディ時代のニューイングランド・ペイトリオッツだ。のっているときの彼らは、他のチームとはまったく別の次元にいるように見えた。不可能に思えたプレーや猛攻が、突然実際に試合で展開される。選手に神様が降りてきて、不可能などないかのようだ。ラリー・バードがコートを駆け抜け、誰もいない場所へノールックパスを出す。するとボールが転がった先に、ケヴィン・マクヘイルがまさにここしかないという絶妙の位置に現れる。そしてやはり視線を向けずにサイドへボールを投げると、ロバート・パリッシュが完璧な位置にいてシュートを決める。それぞれの意図と信頼がぴったり呼応した連携が、強さを生む。

誰でもこういうチームを目にしたことがあるだろう。幸運にも自身がそんなチームの一員になった経験のある人もいるはずだ。私はスクラムの構想を練りながら、ずば抜けた仕事をするチームにあってそうでないチームにないものは何だろうと考えた。世界を動かすチームもあれば、凡庸にとどまるチームもあるのはなぜだろう？　真に優れたチームが備える要素は何だろう？　そしてこれが大事なところなのだが、そういうチームを再現できるだろうか？

答えはイエスだった。

スクラムの基礎となった論文「新たな新製品開発競争」で、野中、竹内の両氏は、世界の優れた企業のチームにみられる特徴をこうまとめている。[1]

1．境界や限界を越える

優れたチームには通常とは違う高い目的意識がある。みずから認識しているゴールがあるからこそ、通常のレベルを超え、卓越した領域に達することができる。平凡なレベルでよしとしない決意、すばらしい仕事をするという決意そのものが、みずからを見つめる目を変え、能力をも変えることができる。

2．主体性

優れたチームは自己組織的かつ自己管理的である。どう仕事を進めるかを自分たちで決める力があり、決めたことを守り実現していく力を持っている。

3．機能横断的

優れたチームはプロジェクトの完成に必要なスキルをすべて備えている。計画、設計、製造、営業、販売など、こうしたスキルはそれぞれ支え合い強化し合っている。キヤノンで革新的なカメラを考案したチームのメンバーはこう表現する。「広い部屋にチームの全メンバーが集まると、一人が持つ情報は自然と自分の情報になる。すると自分一人の立場からだけでなく、チーム全体にとって何がベストか、次にいいのは何か、という視点で考えるようになる」

　では、高い目標を掲げ、主体的に動き、メンバーそれぞれのスキルを常に活用していけるチームをどう作ればいいのか。私はこれを長い間考えてきた。結局のところ、自分たちで動け、枠を越えろと外から呼びかけても人を動かせるわけではない。チームの中からそうした意志が生まれなければだめなのだ。外から押し付けようとしたのでは意味がない。シンプルな魔法の法則のようなものはないのだろうか？

変革のときのスクラム

　優れたチームについて語るとき、「卓越した目的意識」だけに注目が集まることが多い。確かに不可欠な要素には違いないが、三脚椅子でいえば脚の一本にすぎない。同じように不可欠ながらあまり認識されていないのが、自分が一番いいと思う方法で仕事を進められる自由があること、言い換えれば主体的でいられる自由があることだ。優れたチームに共通しているのが、組織のトップが目標を設定したら、それをどう実現していくかは実際に仕事をするメンバーにゆだねられている点だ。

　カイロのタハリール広場といえば、エジプトで起きた革命とその後も続く混乱を象徴する場所となっているが、二〇一一年一月の革命以前は、カイロの中心地に位置する、車で混雑する埃っぽい巨大ロータリーにすぎなかった。北側にはばら色の壁のエジプト考古学博物館、南側にはアメリカン大学カイロ校の高い壁と、象徴的な政府の建物が立つ。独裁者ホスニー・ムバラク元大統領の政党、国民民主党の本部と、アラブ連盟本部が西側にある。広場の東側には、ケンタッキー・フライドチキンが陣取る。

二〇一一年一月末、広場のロータリーで少人数による抗議デモが計画された。ハーリド・サイードという青年がエジプト警察に暴行され殺されたことへの抗議だった。特にめずらしくはない、抑圧的な政権への小規模な抗議デモがきっかけとなり、エジプトの人々の心に火がついて、大勢の市民が広場に集まった。それからひと月の間に、考えもしなかったことが起きた。人々が集結し、抗議の声を上げた結果、中東でもっとも強大で長い歴史を持つ独裁政権が崩壊したのだ。民衆が連日連夜集い、広場を埋め尽くして、独裁者ホスニー・ムバラクのいない、人々が自分の胸の内を口に出せる新たな国を誕生させた。民衆がみずからの手で自分たちの世界を変えたのだ。

ジャーナリストにとっては、じつに歴史的に重大な意義のあるニュースだった。カイロに駆けつけた多くの報道陣の中に、アメリカを代表する報道機関の一つ、ナショナル・パブリック・ラジオ（NPR）も含まれていた。当初、NPRは不意をつかれて出遅れ、プロデューサーや記者は情勢を追い切れず、報道できる記事を書けずに、ワシントンの本部の期待に応えられなかった。

そこへ私の息子JJ・サザーランドがエジプトへ送り込まれた。長年、戦争や紛争問題を扱うプロデューサーや記者を務めていた彼は、報道体制を立て直すよう派遣されたのだった。エジプトでの一連の出来事は注目度も高く、毎日どころか毎時間のニュースで取り上げないわけにはいかない。ＪＪはエジプトへ向かった。複数の空港が閉鎖され、外国人は何とか出国しようと奔走し、携帯電話やインターネットのネットワークは遮断されていた。シニアプロデューサーという肩書はあったが、ＮＰＲのプロデューサーも調整役でありまとめ役だ。いわゆる管理職やリーダー的な立場ではなく、助っ人や後押しをする役割である。彼の仕事はチームがベストな仕事をできるよう力を尽くすことだった。こうしろと指示を出すのでなく、必要なものを提供する役目だ。本部からの指示は、現地の状況を伝え、一日に数回放送にのせることだった。現場にいるチームは、どう要求に応えるかを考え、ラジオという媒体をどう使ってどのニュースを伝えるかを決めた。

　不思議な話だが、ワシントンのオフィスにいる上層部と連絡を取るのが困難だったことが、まさにチームがいい仕事を成し遂げられた理由だった。文字どおり、カイロにいたチームはすべてを自分たちの力でやるしかなかった。本部による指示や管理ができず、情勢がめまぐるしく動いていく中で、みずから考えて動かなければならなかった。スクラムの鍵となる考え方の一つが、どう仕事を進めていくかをチームのメンバーが自分たちで決めることだ。戦略としての最終目標を決めるのは経営陣の責任だが、どうやってその目標を達成するかを決めるのはチームの仕事だ。このときのカイロで、現場にいない人間が刻々と変わる情勢を把握するのは不可能だった。ＮＰ

Rのメンバーは翌日のニュースに使うため取材した内容をほぼ毎日レポートしたが、事態がめまぐるしく動くため、前日の内容はすぐに古くなり使えなくなった。広場での衝突があり、演説があり、退陣や攻撃がたたみかけるようにあって、せっかくの仕事も無になった。そうなると、タイムリーな情報を何とか放送しようと奔走するのだった。

うまくいったのはスクラムを取り入れた結果だった。「モーニング・エディション」と「オールシングス・コンシダード」の二つの番組でレポートするため、一二時間ごとに締切が設定された。一二時間のサイクルごとに、JJはごくシンプルな問いを三つ、チームのメンバーに投げかけた。前回集まったときから何をしたか？　次の一二時間ですることは何か？　仕事を進める上で妨げになっているものは何か？　この問いはスクラムに欠かせないミーティングの核なのだが、このやりとりを通じて取材する記者たちは情報を交換し、状況を共有できた。スクラムでいうところのスクラムマスターにあたるJJの仕事は、仕事の支障になっているとわかった事象を次のミーティングまでに解消することだった。障害の種類はじつにさまざまだった。エジプトの官僚主義への対応から、安全なホテルの部屋の手配、運転手や通訳のできる現地スタッフの確保、ムハーバラートと呼ばれるエジプト秘密警察に連行された記者の解放まであった。

どうしたらうまく回るようになったのだろうか。初めは混乱状態で、チーム内で個人攻撃もあり、タイムリーにニュースの提供ができなかったのが、上からの管理がいらないほどうまく回るチームに変貌した。メンバー自身がみずからチームを管理できた。それからの数週間、カイロの

NPRチームは相当な数のニュースを上げた。内容も他社のニュースより質が高く、のちにいくつかの賞を受賞したほどだった。チーム全体に目的意識（自分のキャリアをかけて重大なニュースを伝えるんだという意識）が浸透していなければ、またチームに主体性（ニュース全体の中のさまざまな切り口をどう伝えるかを自分たちで決める力）がなければ、なし得なかった見事な仕事だった。

現在、NPRではウェブデザインからデータジャーナリズム、新しい番組の制作に至るまで、あらゆる場面でスクラムを導入している。シカゴ・トリビューンやニューヨーク・タイムズ、ワシントン・ポスト等の新聞社や、NPOメディアのプロパブリカもスクラムを採用している。締切までのスケジュールが厳しいとき、大切なのはスピードなのだ。

チームが一つになる

三脚椅子の三本目の脚は、仕事をこなすのに必要なスキルがチームに備わっていることだ。昔ながらの構造の組織では、まず計画を立てるチームがいて、組み立てるチームが続き、テストをするチーム、生産チーム、出荷チームと続く。それぞれのチームが担当の仕事を終わらせなければ、プロジェクトは次の段階へ進まない。ひとつのチームが単独で製品を世に送り出すことはできない。

この古典的な例がNASAのフェーズゲート管理だった。六〇年代から七〇年代、八〇年代のNASAのスペースシャトル開発やその他のプロジェクトは、このマネジメント方法で進められた。現在はかなり違うが、昔の工程はこんな感じだ。まず「発見のフェーズ」で、何を達成するかを決める。例えば、月へ行くロケットを造る、などだ。戦略担当者が会議室に顔を揃え、空想をめぐらせる。そこには「ゲート（関門）」が設けられ、このプロジェクトは進める価値があると経営陣が認めると、実際に動き出す。次の「スコーピング（調査）」のフェーズに入り、「要件を決めるメンバー」が何をするかを決める。最後にまたゲートがあり、一連の話し合いを経て、大量の文書が次のフェーズ「ビジネス戦略とプロジェクト計画の策定」に回される。戦略と計画はすべてまた会議にかけられ、承認を受けると、次の「開発」フェーズで実際の開発作業に入る。再び会議と文書化を経て、製品はまた別のチームへ引き渡され、「テスト」フェーズに入る。テストチームはこの段階まで実際の製品を目にしていないのだが、ともかく試験を行ない、合格のサインをする。製品はまた次のゲートに向かうか、誰も読まない文書の束とともに果てしなく続く会議にかけられる。そしてここまできてようやく六番目のフェーズにたどり着き、市場へ投入される。書くだけで疲れてくるが、NASAは実際にこうしたプロセスを踏んで開発していた。

一九八〇年代初め、富士ゼロックスの幹部が訪米し、名高い宇宙開発機関の手法を学ぼうとNASAを訪れた。帰国して同じ手順を取り入れてみると、ほどなく品質は低下、欠陥率は上がり、納品率が明らかに落ちた。これでは致命的な間違いを犯しかねないとすぐに手順を取りやめたという。一九八六年に起きたスペースシャトル・チャレンジャー号爆発事故の原因を調査したロジャース委員会も、同じ結論を出している。メンバーの一人、物理学者のリチャード・ファインマンの見解は委員会の報告書に「付録Ｆ」として収められ、いまや語り草となっている。「目的が何であっても、内部向けであれ外部向けであれ、ＮＡＳＡの幹部は幻想といっていいレベルまでプロダクトの信頼性を誇張しているように見える」[2]

実際のところ、突出したチームでは――野中、竹内両氏が論文に書いたトヨタや３Ｍ、または現在のグーグルやセールスフォース・ドットコム、アマゾンなど――こうした役割の分断はみられない。必要な仕事はチーム内ですべてできるようになっている。

ニコラ・ドゥランベイスは、セールスフォース・ドットコムのアジャイル開発実践を担当する。フォーチュン誌の「働きがいのある会社ベスト一〇〇社」やフォーブス誌の「世界で最も革新的な企業」ランキングの常連である同社で、二〇〇ほどあるスクラムチームをまとめる責任者だ。ドゥランベイスはスクラムを「料理でいう秘伝のソース」と表現する。「まだスタートアップだったころ、主要なプロダクトのリリースを年に三、四回していました。会社が成長して規模が大きくなり、例にもれずウォーターフォール方式でプロジェクトを進めていたところ、二〇〇五年から二〇〇六年にかけてリリースが年一回に減ったんです。これは何とかしなくちゃいけない。そこでスクラムを導入しました。以来、年三回のリリースを続けています。大手企業でこれができるところは多くないと思います」

ドゥランベイスがチームに求めるのは多様性だ。多様なスキルに多様な考え方、多様な経験。チームは利他的かつ主体的であってほしいし、同時に機能横断的でもあってほしい。プロジェクト全体を自分たちで完成できるチームを求めている。

ドゥランベイスは、チームがうまく機能しているかをみるとき、例えばネットワークエンジニアなどにこうたずねてみるのだという。「あなたはどこのチームなの？」答えがその人の専門分野（ネットワークエンジニアなど）ではなく、今取り組んでいるプロダクト（オートメーション、インテグレーションなど）であれば、いい感触だと感じるそうだ。専門職のメンバーが、現在関わっているプロダクトよりも自分の専門分野をみずからのアイデンティティとして意識している場合、スクラムはまだ徹底されていないことになるからだ。

戦場におけるスクラム

非常に印象的な機能横断的チームの例が軍にある。アメリカ陸軍の特殊部隊は、まさに機能横断的に任務をこなす。特殊部隊は通常、一二人の隊員から構成される。将校がなる隊長をトップに、准士官、日々の任務の先頭に立ちチームをまとめる軍曹、諜報活動担当の軍曹、そして特殊兵器、爆破、医療、コミュニケーション担当の軍曹がそれぞれ二人ずついる。各部隊が、初めから終わりまで任務を遂行できる能力を備えているのだ。さらに、隊員は自分の担当以外のスキルを修得する訓練も受けている。例えば医療担当が二人とも命を落とした場合、負傷した特殊兵器担当の隊員を、コミュニケーション担当の隊員が応急手当できるようにするためだ。もう一つ特殊部隊の運営で特徴的なのが、他の一般部隊と異なり、機密情報の収集と作戦計画を分けない点にある。一つのチームから別のチームへの引き渡しは行なわない。そこでミスが発生する可能性があるためだ。特殊部隊はチャレンジャー号のような不幸を繰り返したくない。特殊部隊内では、機密情報を収集する者とそれを元に作戦を練る者、実際に現場で突入する者との間で常にやりとりがされている。

イラク戦争中、特殊部隊は非常に高い攻撃力を示した。ターゲットを突き止めると、その日の夜には一掃した。二〇〇三年から二〇〇七年にかけて、イラク国内の抵抗勢力、とりわけアルカイダの崩壊を狙った作戦を数えきれないほど成功させている。戦術の面でも作戦の面でも、ほぼすべての任務を成功させた。チーム内にすべての機能を備え、高度な訓練を受けたチームは、歴史的に見ても世界で有数の強力な部隊といえた。が、それだけ優れた力と適性を備えているにもかかわらず、戦略上の影響力はほとんどないに等しかった。開戦後の四年間、米軍側とイラク市民に対する攻撃は日々激化の一途をたどった。もっとも戦況が悪かった時期には、米軍側への攻撃は一日に一〇〇回を超え、特殊部隊の威力をもってもその流れを食い止められなかった。二〇〇六年末から二〇〇七年初頭には、事情に詳しい評論家は誰もが対イラク戦を勝ち目のない戦いとみるようになり、アメリカ側に死者が出るたび、また無駄な犠牲を払ったという空気が広がり始めた。

そこで二〇〇七年、デビッド・ペトレイアス大将の指揮で「サージ」と呼ばれる作戦が取られ、イラクに数万人の部隊を増派してイラク市民の近くに駐留させた。するとこの戦略はめざましい効果を上げる。理由の一つには、イラク市民に、米軍側は自分たちの味方であり、市民の暮らしを破壊し民族浄化を企てる勢力と戦っているのだと理解してもらったことが挙げられる。また、米軍が金を支払って抵抗勢力側を取り込んだ「イラクの息子たち」と呼ばれる取り組みも功を奏した。だがこの作戦にはもう一つ、大事な戦略があった。ジャーナリストのボブ・ウッドワードが戦車や飛行機の発明にも匹敵するほど革命的だと評した戦略があったのだ。

この秘密兵器は最新のツールでも無人機でもない。このとき統合特殊作戦コマンドの司令官だったスタンリー・マクリスタル中将は、これを「協力的戦闘」と呼んだ。米国のさまざまな政府機関が協力して、アルカイダネットワークの破壊を目指す作戦だった。二〇〇八年九月六日のワシントン・ポスト紙はこう記している。


CIA（中央情報局）は諜報分析官を送り、標的の人物や車、装備などを最長一四時間にわたって追跡できる探知機やカメラといったスパイ操作の道具を提供する。FBI（連邦捜査局）の科学捜査専門班はデータ分析を担当、携帯電話の情報から過激派メンバーのポケットの中身に至るまで分析する。財務担当官は過激派の間を動く資金や政府からの金の動きを監視する。国家安全保障局は会話やコンピュータの通信データを傍受し、国家地理空間情報局はハイテク機器を駆使して、疑わしい過激派メンバーが電話やコンピュータを使っている場所を割り出す。[3]

任務遂行のために必要な技術や能力をすべて備えた、機能横断的なチームを編成する作戦だった。各分野の専門家のチームをそれぞれ個別に設けて、チーム間での情報共有がほとんどされない体制ではなく、皆が同じ部屋でともに仕事に取り組み、情報を共有してアルカイダメンバーの追跡、掃討を目指したのだ。

従来は、諜報機関がターゲットを定めると、実際の作戦は特殊部隊にゆだねられた。特殊部隊が収集した機密情報は別のチームが分析した。こうして別のチームに作業をゆだねていくやり方は、一九八〇年代に富士ゼロックスがＮＡＳＡのフェーズゲート管理を取り入れたときと同じ結果に行きつく。それが、スクラムが誕生した背景の大きな要素でもあった。チームから別のチームへ情報や作業を引き継ぐと、失敗につながる可能性が生まれてしまう。『ジョイント・フォース・クォータリー』誌の記事「ＩＳＲの導入――特殊部隊のベスト・プラクティス」は次のように表現する。

複数の政府機関にまたがるチームを編成したことにより、イラク問題に携わる複数の組織がシームレスに連携し、重要なターゲットを「まばたきしない目」で注視し続けることが可能になった。……部署や組織の間で責任の受け渡しをしていると「組織ごとのまばたき」が生じ、その隙に仕事の流れが滞って標的を逃してしまう可能性が出てくる。[4]

このように人や情報を共有するのは、どんな状況でも簡単にはいかない。部下が自分の管理下ではない別のチームの仕事に招集されたとたん、機能停止に陥りかけたマネジャー陣を私は見てきた。毎日細かな点まで管理していたのをやめるのは難しい。機密情報を扱い、特殊な作戦を伴う仕事ならなおのことだ。そのため、こうして編成したチームが効果的でありながら、サージ戦略が功を奏するとほどなく、イラクに駐留していたチームは解散された。クリストファー・ラムとエヴァン・マンシングは「秘密兵器——重要人物追跡チームが組織に起こすイノベーション」と題した意欲的な論文でこれに触れている。

……あきらめかけた戦況が回復するとじきに、官僚的な組織や人々の間で、機関横断型のチームに対する支持はかげりを見せ始めた。二〇〇八年には他の部署や機関、とりわけある情報機関がスタッフの派遣や協力を取りやめた。情報の共有も連携も行き過ぎていると判断したためだ。[5]

米国最強の武器、ボブ・ウッドワードが戦車や飛行機の発明にも匹敵すると書いた武器は、偏狭な縄張り意識と、みずからのキャリアを案じた中間管理職の危惧の前に解体を余儀なくされたのだ。同じ状況を、私はボストンにある大手金融機関で目にした。私が彼らに呼び出されるのは、失敗が許されない重要なプロジェクトに問題が発生したときだ。私は頼まれて大勢のスタッフにスクラムを教え、目の前の危機に対応するチームを立ち上げる。社内全体から部署を越えて人を集め、機能横断的なチームを編成し、仕事をしてもらう。そして問題が解決する。そうして危機が去ると、チームは解体され、メンバーはそれぞれの部署、それぞれの縄張りへ戻される。透明性や情報共有は、秘密やわかりにくさを残すことで保ってきた組織の構造を揺るがす脅威になるからだ。管理職はしばしば、他の管理職や自身のチーム、権力構造の中にいる他の人々に、自分の仕事の内容や成果、スピードなどについて知られるのを嫌う。そうした面を周囲に知らせないことが自身の権力を守るために大事だと考えている。大きな利益を目指すのでなく、しばしば我欲や野心に行きつく個人的な動機で動く。近年の経済危機をもたらした大規模な経営破綻も、もとをたどれば同じ考え方からきている。多くの企業で、それぞれの人が自分にどんな目先の利益があるかだけを考えて動いた結果なのだ。どうすれば皆のためになるか、グローバル経済への打撃を小さくするにはどうすべきかといった発想はなかった。

大きさは大事だが、意外な限界がある

とはいえ、機能横断的なチームが結果を出せるといっても、ノアの方舟のようにあらゆる方面から二人ずつ連れてきてチームを作ればいいわけではない。チームの力をうまく発揮するためには、チームは小さくなくてはいけない。標準的な人数は五人から九人までだが、わずか三人で高いレベルの成果を上げたチームもあった。非常に興味深いのは、九人を超えるチームになると、プロジェクトのスピードは落ちることがデータにも表れている点だ。つまり、人を投入しすぎるとチームの機動力は下がってしまう。

ソフトウェア開発の世界に「ブルックスの法則」と呼ばれる法則がある。一九七五年に刊行され話題を呼んだフレデリック・ブルックスの著書『人月の神話』で提唱された考え方だ。端的にいうと「遅れているソフトウェアプロジェクトへの要員追加は、プロジェクトをさらに遅らせるだけだ」[6]という主張である。これは数々の研究で裏付けられている。ソフトウェア開発の世界の第一人者、ローレンス・パトナムは、ものを作るのにどれだけ時間がかかるか、またその理由は何かを研究することをライフワークにしてきた。パトナムの研究では、二〇人以上のメンバーを抱えるプロジェクトは、五人以下のプロジェクトと比較してより多く労力を要するという結果が繰り返し出ている。多少増えるというレベルでなく、かなりの差だ。大きなチームは小さなチームの約五倍の時間がかかる。こうした例が繰り返しみられたのを受け、一九九〇年代半ば、パトナムは適正なチームのサイズを割り出すため、大々的な調査を行なった。調査対象には数百社の中規模プロジェクト四九一件を選んだ。どれも新しいプロダクトや新しい機能の開発を伴うプロジェクトで、すでにある製品の焼き直し等ではない。プロジェクトをチームの規模で分類すると、パトナムはすぐに気がついた。チームが八人を超えると、プロジェクト完成までの時間がぐっと長くなるのだ。三〜七人のチームは、九〜二〇人のチームの二五パーセント程度の力で同じ量の仕事ができてしまう。この結果は数百のプロジェクトに共通していた。チームが大きすぎると生産性が下がるのは、人間の習性として確実な法則だといってよさそうだ。

　だが、なぜだろう？　答えを知るためには、人間の脳の限界について知っておく必要がある。心理学者ジョージ・ミラーが一九五六年に発表した研究結果を聞いたことのある人は多いだろう。平均的な人が短期記憶で保持できる情報の数は最大七つである、というものだ。電話番号が七桁なのはそのためとも言われた。だが、ミラーの説はのちの研究で否定されている。

　二〇〇一年、ミズーリ大学のネルソン・コーワンは、この七という「マジカルナンバー」を再考するため、改めて大規模な研究調査を行なった。すると、人間が短期記憶で記憶できる情報の数は七ではないことがわかった。四だったのだ。[7] 覚えやすくする工夫をしたり集中したりすればもっと覚えられるのではないか、と考える人も多いだろう。だがコーワンの調査では、私たちが四つのデータの「かたまり」しか記憶できないことがはっきり示されている。よく挙げられる例が「ｆｂｉｃｂｓｉｂｍｉｒｓ」の一二文字の文字列だ。普通、記憶するときには四文字ずつまとめて覚えることが多い。ただし、なじみのある頭字語と同じ「かたまり」にできるときは別だ。

この例では「ＦＢＩ」「ＣＢＳ」「ＩＢＭ」「ＩＲＳ」になる。短期記憶にある情報を長期記憶に変換できれば、もっと覚えることもできる。だが脳の中の短期記憶をつかさどる部分が保持できるのは一度に四つまでなのだ。

というわけで、人間の脳が一度に覚えられる情報量にはどうしても限界がある。ここでブルックスの法則に戻ってくる。人を多く投入するほどプロジェクトに時間を要するのはなぜかを探るうち、ブルックスは二つの理由にたどり着いた。一つは、人が力を発揮できるようになるまでにかかる時間の問題がある。知ってのとおり、新しく来た人に慣れてもらうためにあれこれ教えている間、他の人のペースは落ちる。二つめは、私たちがどうやって考えるかに加えて、私たちの脳が「何を考えることができるか」に関連している。チームの人数が増えればコミュニケーションのルートもあっという間に増えるが、私たちの脳はそれをさばききれないのだ。

チームの人数による影響の大きさをつかむため、チームの人数に「人数から一引いた数」を掛け、二で割ってみるといい。出た数字がコミュニケーションのルートの数だ。五人のチームならルートが一〇あることになる。六人なら一五ルート、七人なら二一ルート、八人なら二八ルート、九人で三六ルート、一〇人で四五ルートになる。人間の脳はそれほど大勢とのやりとりを一度にはできない。ほかのメンバーが何をしているのか把握できなくなる。把握しようとすると、スピードが落ちる。

特殊部隊と同じく、スクラムチームも、他のメンバーがしていることを知っておく必要がある。

進めている仕事、抱えている課題、仕事の進捗等のすべてがメンバー間で見えるようにしなければならない。チームが大きすぎると、メンバー全員がいつでも明快にコミュニケーションを取り合える力が失われてしまう。やりとりの流れが複雑になりすぎる。チームはコミュニケーションの上でも機能の上でもさらに小さなチームに分裂し、それぞれ違うものを目指して動き始める。複数の機能を備えていたチームは崩壊する。数分で済んだ会議が数時間かかるようになる。

こうなってはいけない。チームは小さくすべきなのだ。

スクラムマスター

最初にスクラムチームを結成した際、私はニュージーランドのラグビーナショナルチーム、オールブラックスの試合前の映像を繰り返し見せた。オールブラックスはニュージーランドの伝説的なラグビーチームであり、卓越したチームだ。オールブラックスは試合前の儀式として必ずマオリ族の戦士の踊り「ハカ」を踊る。ハカは戦いの前に士気を上げるための踊りだ。この儀式を見ていると、一人ひとりの選手からエネルギーが湧きあがり、それが一つの大きな力になっていくのが感じられる。チームが一体となって手をたたき、足を踏み鳴らして歌う姿、敵の首を切る動きを表す動作は、男たちが強く大きな存在に進化していく姿を見るようだ。踊りを通して、負けや弱さを寄せつけない戦士の精神を奮い立たせるのだろう。

この映像を何度か見せるうち、ややお腹のたるんだスクラムチームのプログラマーたちも、どうすれば自分たちもその域に到達できるか話し合うようになった。そして出てきたのが、自分たちにも取り入れられる四つの要素だった。まず、チームが儀式を通じて高めていった、ゴールに向かう高い集中力。次に圧倒されるほどの力強い共同作業。選手たちは互いに腕を組み身体を合わせ、一つのゴールを目指して突き進んでいく。三つめが、何があっても突き抜けるという意志。立ちはだかる壁を崩す強さがある。そして最後に、仲間がボールを奪い攻め込んだときの歓喜。誰のプレーかは関係ない。達成したことそのものが称賛に値する。

ここからスプリントやデイリースタンドアップ、レビュー、レトロスペクティブといったスクラムのフレームワークが誕生した。すると各プロセスがうまく進むよう目を配る人が必要になった。マネジャーのような管理者ではなくサーバントリーダーで、いわばキャプテンと監督の中間のような人物。オールブラックスの映像を毎日見ながら、この役割を何と呼べばいいだろうとチームのメンバーに意見を聞いた。そして「スクラムマスター」という名が生まれた。スクラムマスターはチームのミーティングで進行役を務め、チーム内に透明性が保たれるよう気を配る。そして何より大事な役目が、チームが仕事を進める際の障害になる事柄を率先して把握することだ。ここで鍵になるのが、仕事の障害というのは単にマシンが動かないとか経理担当のジムが使えないといったことよりも、仕事のプロセスに問題があるケースが多いという点だ。チームを継続的に改善し前進させていくのがスクラムマスターの仕事だ。「どうすれば今の仕事をもっとうまくやれるだろう?」と常に問いかけながら。

できれば各スプリントの終わりに、メンバー間のやりとり、業務、プロセス等についてチームで見直し、「プロジェクトの進め方で変えられるところはないか」「仕事を進める上でどこが一番の難関だろう」という二点について考えてみることだ。この二点に明確な答えが出せれば、チームは思いもしないほどの速さで仕事を進めていけるようになる。

プレーヤーを憎むな、ゲームを憎め

チームの士気や結束力、生産性の低さには、人間の本質についての根本的な誤解が根底にあることが多い。同僚と、その場にいない誰かのことをこんなふうに批判したことはないだろうか。「あいつは自分の仕事をしていない」「いつもみんなの足を引っ張る」「意味のない無駄なことを決める」あるいはチームが何か問題に直面したときに、メンバーがまずそれを誰かのせいにしようと非難し始める、そんな光景を目にしたことはないだろうか。

これを読んでいる人のおそらく全員が、ミーティングなどでこうした経験をしていると私は思う。そして同じく全員が、「問題が起きたのはあなたが悪いからだ」と非難される側になったことが一度はあるのではないだろうか。一方で言えるのが、他人を非難するときはその人個人のミスや欠陥を責めたのに対し、自分が非難される側になったときは、問題の発生に至った背景や、自分がなぜそう行動したのかといった全体像にもっと目を向けているのではないかということだ。これはどういうことだろう？　そう、自分の行動を分析するときのあなたは正しいのだ。だが他者の行動について分析するとき、他人の行動を判断する際に非常によくある過ち、しかもかなり有害な過ちを犯してしまっていることになる。実はこの傾向にはちゃんと名前もついている。「根本的な帰属の誤り（Fundamental Attribution Error）」というものだ。

これに関するすばらしい研究が『インダクション——推論・学習・発見の統合理論へ向けて』（ジョン・H・ホランド他）にいくつか収められている。同書で引用されている研究論文の一つは一九七〇年代初頭に発表されているから、新しい話ではない。ずっと前から変わらず繰り返されている、本質的に何が人を動かすかという話だ。研究グループでは男子大学生の被験者に、「あなたが今の専攻を選んだ理由は何ですか」「今の恋人と交際しているのはなぜですか」という二つのシンプルな質問をした。そしてその後同じ質問を、今度は自分の親友について答えてもらった。するとそこには重要な違いがあった。自分について聞かれたとき、被験者の学生たちは自分自身について説明するのでなく、質問された対象について客観的に説明した。専攻については「化学を専攻すればいい仕事につけるので」、恋人については「今の彼女は思いやりのある温かい人なので」という具合だ。一方、自分の親友について答えるときは、その人の能力や性格に言及して答えたという。「彼は数学が得意だったから」「彼はちょっと人に頼りたいところがあるので、引っ張っていってくれるタイプの女性が合っているから」といった具合だ。[8]

他人事ではない。私たちはみんなそうなのだ。人間は、自分は状況に反応して行動を決めていると考える一方で、他者についてはその人の性格的な傾向が行動を左右しているのだととらえる。この習性が興味深い形で表れたのが、自分の性格と友人の性格について説明してくださいと言われたとき、必ず自分の方が地味な性格であると評価する、という結果だ。私たちは友人と比較すると自分の方がはるかにつまらない人間とみる傾向がある。

人間の行動の大半は、その人の持つ特性そのものより、われわれを取り巻くシステムが左右している。スクラムはこのシステムを変えるためにある。スクラムは犯人探しやあら探しをするのでなく、メンバーが協力して仕事を進め形にしていくことに注力してもらい、建設的な行動に報いるやり方といえる。

人が自分が置かれたシステムにどう反応するかを観察した有名な実験が、一九六〇年代にエール大学のスタンレー・ミルグラム博士が行なった、権力への服従に関する実験だろう。心理学の入門クラスでは必ず取り上げる実験だ。

ミルグラムの実験では、一般の人から集めた被験者が、白衣を着た人物（白衣を着ることで、研究者のような権威ある人物という印象を与える）から、隣室にいる別の人物に徐々に強さを上げながら電気ショックを与えていくよう言われる。隣室にいるのは実際は役者で、実験の協力者であり、被験者には声は聞こえるが姿は見えない。被験者が電気ショックの強度を上げていくと、別室にいる役者は苦痛の声を上げ、やめてほしいと懇願する。やがて壁をたたき出し、実験をやめるよう大声で叫ぶ。そしてついには声がしなくなる。

　被験者の中には、一三五ボルトを加えて役者が苦痛を訴えたところでやめ、実験の意図をたずねた者もいた。だがほぼ全員が、被験者は責任を問われないと告げられると実験を続けた。被験者が実験をやめたいと伝えると、研究者役は「続けてください」と指示し、被験者がためらっていると「あなたが続けないと実験が成り立ちません」と告げる。それでも続けようとしなければ、研究者は「あなたが続けることが絶対に必要なのです」とたたみかける。被験者の多くは非常に大きなストレスを感じ、心拍数と体温も上がった。それでも電圧ボタンを押そうとしなければ、研究者役が最後にもう一度「選択肢はありません。続けてください」と告げる。

　結果は、被験者の大半が、隣室からの叫び声が静まる第五の段階までボルト数を上げた。ミルグラムはこの実験に関する考察を「服従の危険」と題した記事で次のようにまとめている。

> 　普通の人々が――単に与えられた自分の仕事をしていて、その人自身はとくに敵意など持っていない普通の人々が、残虐な破壊行為の代行者となり、みずから手を下すことができてしまう。さらに、自分の行為が害をおよぼしていることが明らかであっても、また基本的な倫理に反する行為を命じられた場合でも、権威に異を唱える術を持つ人は比較的少ないのだ。[9]

この実験を授業で取り上げる際の論点は、とがめるべきは行為をした人自身というよりも、そうした普通の人々が動かしているシステムの方だという点だ。これが事実だとすれば、私たちはどうすればいいのか。

つまりわれわれはみな、自身が埋め込まれているシステムの一部である、ということだ。スクラムはこの事実を受け入れたうえで、非難する人間を探すのではなく、過ちや失敗を生むシステムを精査し正していく枠組みだといえる。

同様の現象を浮き彫りにした別の実験が、七〇年代初頭に神学校で行なわれている。被験者の神学生は、キャンパスの向こう側の建物で説教をするように頼まれる。被験者は、聴衆がすでに待っていて開始時刻を過ぎているので急ぐように言われているグループと、とくに急ぐよう言われていないグループがある。各神学生が会場に向かってキャンパスを歩いていくと、苦しげな声を出して助けを求める人の横を通りかかる。急ぐように言われた被験者のうち、足を止めて助けようとした人は一〇パーセントだった。あわれみ深いと思われる神学生であっても一〇パーセントだったのだ。

それでも人はシステムではなく個人を責める。その方が気持ちが治まるのだろう。根本的な帰属の誤りは私たちの正義感にぴったりくる。誰か個人のせいにできれば、自分自身が同じことをしてしまう可能性——ある状況下に置かれたら、自分も他の人と同じように電気ショックを与えるボタンを押してしまう可能性——を認めずにすむ。

システムでなく個人の非にするという過ちをビジネスにあてはめたいい例がある。カリフォルニア州フリーモントの自動車製造会社、ニュー・ユナイテッド・モーター・マニュファクチャリング社（ＮＵＵＭＩ）だ。同社はゼネラルモーターズ（ＧＭ）とトヨタの合弁会社で、ＧＭが一九八二年に閉鎖した工場を使っていた。経営陣はこの工場の従業員を全米最低の質と評していた。仕事中に酒を飲む、職場へ来ない、生産を妨げる悪ふざけをする（自分が造っている車のドアの中にコーラのボトルを仕込むなど）。トヨタが閉鎖されていた工場を一九八四年に再開する際、ＧＭはトヨタにこう伝えた。ここの従業員はひどいものだがマネジャー陣は優秀なので再雇用すべきだ。だがトヨタはマネジャー陣の再雇用を受け入れず、元々の従業員の大半を再雇用し、一部を日本へ研修に行かせ、トヨタ生産方式を学ばせた。ほどなくして、ＮＵＵＭＩは日本の工場と同じくらい正確かつ欠陥の少ない車を生産できるようになった。働く人は同じで、システムを変えた結果だ。ＧＭは自社の国内工場で同じレベルの質を確保できたことがない。ＧＭは破産した年、合弁事業の契約を解消した。

卓越の境地に到達する

チームが一つにまとまりシンクロし始めると、魔法にかかったようになる。チームがいる部屋に一歩入ればそれを感じる。チームが仕事に取り掛かると見えてくる。スムーズに流れるような動き。チームが一つになることで、個々の集まりを超えた境地に到達した状態だ。

先日、コペンハーゲンの友人を訪ねたときのことだ。ヨーロッパ人の例にもれず、友人も大のサッカーファンだ。ひいきのチームの試合を見ながらテレビの前で跳びはねたり声を上げたりして熱いエネルギーを発散していた。熱が入ったときのスポーツファンというのはそういうものだ。そこへ目を見張る場面が訪れた。スコアは同点、残り時間が刻々と減っていく中、友人の応援するチームがボールを持っていた。フィールドの四分の一ほどの所まで来たときだったか、フォワードの選手は味方のいる場所を見もせずに、ゴール前に何人か集まっていた選手に向けてボールを蹴った。だがそこにいたのは全員相手チームの選手だった。ああ、だめだ、と思った瞬間、突然味方選手が絶妙のタイミングで絶妙の場所に現れ、ボールを頭でゴールへ押し込んだ。フィールドの中ほどから相手チームの選手がひしめくゴール前へと全力で走り込み、ヘディングを決めるチャンスをつかんだのだ。思いもしない展開だった。ゴール前へボールを蹴ったフォワードの選手も、味方が来るべきところへ来てくれるはずだと信じて蹴ったのだ。ボールを受けた方も、自分が何とかできる位置にボールが来ると確信していたわけだ。見ていて引きつけられずにいられないシンクロニシティだった。

私がスクラムを通して到達してほしいのはこの境地だ。不可能な話ではない。エリートや一流アスリートや特別な人たちにしかできないことではない。意欲を引き出す適切なフレームワークを用意し、自分たちで仕事を進める自由と権限を与え、それを尊重する姿勢があればいい。卓越した境地は外から与えられるものではない。内側から生まれなくてはいけない。だがわれわれ全員の中に、それは備わっている。

まとめ

● **正しいレバーを引く**

チームのパフォーマンスを変えること。個人のパフォーマンスを変えるより、その方が格段に大きな違いを生む。

● **境界や限界を越える**

優れたチームには個人の枠を超えた大きな目的がある。

● **主体性**

仕事をどう進めるかを決める自由をチームが持つこと。仕事を主体的に進めるプロフェッショナルとしてチームを尊重すること。現場で状況に合わせて工夫する力があれば大きく変わってくる。中東情勢の取材チームでも物を売るチームでも同様である。

● **機能横断性**

チームはプロジェクトの達成に必要なスキルをすべて備えていなくてはならない。

セールスフォース・ドットコムのソフトウェア開発でもイラクのテロリスト捕獲作戦でも同じだ。

●小さなチームが勝つ

小さなチームは大きなチームより速く仕事を進められる。一般的には五人から九人までのチームが望ましい。小さい方がよいと思って間違いない。

●非難は無意味

非難する相手を探すのでなくシステムの悪い点を見つけて改善する。好ましくない行動を誘発し低いパフォーマンスを増長するシステムを変える方が大切だ。

第四章　時間

時間ほど人間の営みに制限を課すものはないだろう。どれだけ仕事をするか、何かをするのにどれだけ時間がかかるか、どれだけいい仕事ができるかなど、すべてに時間が影響してくる。容赦なく一方通行で過ぎてゆく時間の流れは、世界のとらえ方や自分自身との向きあい方の根底にあると言っていい。一七世紀のイギリスの詩人、アンドルー・マーヴェルの有名な詩の一節にあるように、「もしもわたしたちに世界と時間が十分にあったなら」、あらゆることが成し遂げられたかもしれない。だが現実には、人間はいつか死ぬ運命にあるという思いが何をしていても頭のどこかにある。与えられた時間には限りがあることを、私たちはわかっている。であれば、それを無駄にするのは究極の罪なのではないか。先のマーヴェルの詩はこう結ぶ。

このように、太陽を止めることはできなくても、

追い立ててやることはできるというものだ[1]

でもどうしたらいいのだろう？　「その日をつかめ《カルペ・ディエム》」と呼びかけるのは簡単だ。だがどうすれば実際にうまくやれるのか。やるべきことをたくさん抱えた私たちは、机に向かい、体勢を整えて、長い時間働かなくてはいけない。「仕事以外の世界のことは考えるな」上司は暗に言う。「子どものこと、趣味のサーフィンのこと、場合によっては夕食にだって、かまけているときじゃない。とにかく仕事をして、仕事に励めば報われる。昇進できる。売り上げが上がる。プロジェクトが完成する」

私は昇進にも売り上げにもプロジェクトにも異論はない。ただ現実には、人間はそんなふうにして働くようにはできていない。われわれ人間は、集中することにかけてはまるでだめで、職場にいる時間は必要以上に長い。何かをするのにどれだけ時間がかかるかを予測するのもまったく下手だ。どんな人でもあてはまる。人間はそういう生物なのだ。

私がスクラムの構想に取り掛かったとき、新しい「プロセス」を作ろうというつもりはなかった。成果が上がる仕事のやり方に関する長年の研究例を集め、それを真似してみようと考えていただけだ。ベストプラクティスを取り入れ、いいアイデアがあれば盗もうと思っていた。一九九三年に初めてスクラムの手法を実践する直前、私はＭＩＴメディアラボにほど近い会社で働いていて、メディアラボのあるアイデアを盗ませてもらっている。それがのちにスクラムの核であるコンセプト、スプリントになった。

スプリント

一九九〇年代初め、メディアラボはさまざまな面白いものを生み出していた。インターネットが世に出たばかりの時代で、メディアラボではロボットや、電子リーダーの電子インクや音声をエンコードする新しい技術など、あらゆるものを開発していた。高揚感のみなぎっていた時代で、私はよくメディアラボ出身の学生を採用した。アイデアにあふれ、洗練された面白いものを作り出すすばらしい才に長け、しかも短期間で形にすることのできる人材だったからだ。

彼らのスピード感は、メディアラボが当時どのプロジェクトにも採用していたシステムによるところが大きい。ラボでは三週間ごとに、進行中のプロジェクトについて各チームが研究所内で発表する場を設けていた。これは開かれたデモンストレーションで、誰でも見ることができる。このデモできちんとうまくいっているところを示せなければ、ラボのディレクターにプロジェクトの中止を言い渡される。そのため学生たちは洗練されたいいものを速く形にしなければならないのと同時に、すぐにフィードバックを得る機会が持てた。

これまで関わってきたプロジェクトを思い出してみてほしい。完成するまでフィードバックを得る機会がない場合が大半だったのではないだろうか。完成まで数カ月、ときには数年かかるのにだ。間違った方向へ進んでいても、認識しないまま最後までいってしまうかもしれない。人生の貴重な時間を無駄に捨てていることになる。ビジネスでいえば、それが成功と失敗の差になる。こうしたケースはどこにでも転がっている。始めたときはいい案に見えたプロジェクトが、何年も費やして完成するころには完全に市場が変わっていたりする。ものをすばやく提供できれば、顧客もそれがニーズに合っているかをすぐに伝えられる。

イーゼル社で初めてスクラムを取り入れた際、こまごました長いガントチャートが無意味なのはわかっているのでチャートで進捗を見せることはしない、とＣＥＯに告げると、こう聞かれた。

「いいだろう。では代わりに何を見せてくれるのかな？」毎月実際に動くソフトウェアを作ってお見せします、と私は答えた。バックエンドで動くものやアーキテクチャではない、顧客が実際に使えるソフトウェア。ちゃんと機能を実装したプロダクトだ。

「わかった。そうしてくれ」ＣＥＯは答えた。

こうして私のチームはスプリントと名づけた概念を取り入れて動き出した。スプリントという名は力強い集中力をイメージさせる。短い期間で仕事を形にし、立ち止まって現状を確認する進め方だ。

チーム・ウィキスピードは、ジョー・ジャスティスが立ち上げた集団だ。自動車を造っている。一ガロン（約三・八リットル）で一〇〇マイル（約一六一キロ）走行可能、公道を走れて、衝突試験は五つ星評価、時速一四〇マイル（約二二五キロ）まで出て、トヨタのカムリより低価格の車だ。今も常に改良を加えているが、購入したければ公式サイトへ行き、二五〇〇〇ドルを支払えば三カ月後には車ができてくる。彼らの仕事にもスクラムが導入されている。近年、パフォーマンスの高いチームでは主流なのだが、ウィキスピードもスプリントを一週間に設定してプロジェクトを進めている。毎週木曜になるとチームのメンバーが集まり、ダッシュボードの新デザインの試作からウィンカーのテストまで、タスクをすべて並べた巨大なリストを検討する。タスクには優先順位がつけられていて、今週はリストの中から何件できるかを話し合う。「できる」というのは「完成させる」という意味だ。新機能が実際に使えなくてはいけない。車なら実際に走れるということだ。毎週、スプリントのたびにこれを行なう。

いつもどおりの木曜、シアトル北部にあるオフィスを訪ねると、そこはあらゆるものが揃うきらめくカオス、まさに機械工場のようだった。いくつもある箱には工具にのこぎり、電子部品、締め具やレンチが入っている。隅にはCNCルーターが置かれ、隣のエリア3には半分できあがった車のフレームがある。ボール盤と金属折り曲げ機が端に腰掛けるように並ぶさまは、遊んでもらいたがっている子犬のようだ。私が訪ねた日、できかけのフレームの上には、その車を購入するティム・マイヤー氏の写真が掛けてあった。山登りとポテトチップスとサイダーを愛する男性だ。常に現状を把握し、何事も選択肢がある方がいいと考えている。週末には山を歩き、月曜夜は隔週でシアトル市内の店へ行きスクエアダンスを楽しんでいるそうだ。

正面のエリア1にはチーム・ウィキスピードが最初に造った車が置かれている。一ガロンで一〇〇マイル走る燃費を達成した車を対象に開かれた、賞金一〇〇〇万ドルのコンテスト、ＸＰｒｉｚｅに参加した車だ。一〇〇以上の大手自動車メーカーや大学が参加した中、一〇位に入った。それを受けて二〇一一年のデトロイトオートショーに招待され、シボレーとフォードの間にはさまれて、堂々と展示されたのだった。現在、この車は開発試験用に使われている。

車の横にあるのが、高さ三・五メートルを超える、部屋の端まで続く大きなホワイトボードだ。ボード上にはスクラムで一番よく使われるツール、付箋がたくさん貼ってある。カラフルな付箋の一つひとつに「ステアリングラック用ドリルチューブ」「内装のモールド作製」「タイヤの泥除け」など、するべきタスクが書かれている。

ホワイトボードは「バックログ（Backlog）」「作業中（Doing）」「完了（Done）」の三列に区切られている。スプリントの初めに、メンバーはその週にできそうだと思うタスクを選んで「バックログ」の列に貼る。そして一週間のスプリントの間、各メンバーはそこからタスクを選び、「作業中」の列にその付箋を貼っていく。タスクが完了すると「完了」の列に移す。これを見れば、メンバーがそれぞれ今何に取り組んでいるのか、チーム全員で常に共有できるわけだ。

大事な点は、実際にユーザーが使える状態でなければ「完了」にはできないことだ。ウィキスピードの場合なら、実際に走る車でなくてはいけない。誰かが走らせてみて「ウィンカーが出せなかったよ」と言えば、次のスプリントで解決にあたる。

スプリントは「タイムボックス」とも言われる。決められた時間枠の意だ。今回のスプリントは一週間で次のスプリントは三週間というように長さを変えたりはしない。スプリントの長さは常に一定にする。仕事のリズムを確立して、一定の期間の中でどれだけのタスクがこなせるかを把握するためだ。意外にたくさんこなせることに驚くチームも多い。

個々のスプリントで大切な原則は、いったん何を達成するかを決めて合意したらタスクの変更はしないことだ。外部からタスクを追加させることもできない。理由はあとで詳しく説明するが、基本的には、チームの外から干渉したり口を出してかき回したりすると、チームの仕事のスピードが著しく落ちるためだ。

前に述べたとおり、イーゼル社で初めてスクラムを取り入れてプロジェクトに取り組んだとき、スプリントは四週間に設定した。最初のスプリントが終わりに近づくころ、私たちはまだスピードが足りない、もっとやれるはずだという思いを抱いた。ハカを踊り相手サイドに攻め込むオールブラックスの映像を見て考えた。なぜこうなれないのか。こういうスピリットを持てないのはどうしてか。私たちは単なるいいチームではなく最高のチームを目指していた。どうしたらそうなれるだろう？　その答えが、これもまた他から拝借してきたシンプルな方法、毎日のミーティングだった。

デイリースタンドアップ

詳しくは明かせないが、あるところに、人をどう宇宙へ送り込むかを毎日話し合っている会社がある。宇宙ロケットは言ってみれば人間を搭載した大陸間弾道ミサイルであり、民間宇宙旅行の試みにもある程度のセキュリティと秘密事項が存在する。さらにはビジネスでもあり、単なる億万長者の抱く空想というわけではない。こうして書いている間にも、民間の宇宙ロケットが国際宇宙ステーションとの二度目のドッキングを果たしたところだ。アメリカ連邦政府にだって今のところその力はない。

ともあれ、今日もその会社では人々が頭を突き合わせて、宇宙ロケットに搭載するアビオニクス機器を収める箱の大きさを検討している。アビオニクス機器はロケットの現在地や目標軌道を確認する、いわばロケットの頭脳みたいなものだ。

チームはハードウェアとソフトウェアの二つに分かれており、七人ずつのメンバーがいる。チームはそれぞれ毎日、壁の端から端まで一面を使ったホワイトボードの前に集まる。ウィキスピード同様、ホワイトボードはバックログ、作業中、完了の三つに区切ってある。ボード上には今のスプリントで達成するタスクだけが並んでいる。回路基盤のベンダーとの作業から、加速度計と機体とのデータのやりとりの設計まで多岐にわたる。ミーティングでは、スクラムのプロセスを進める役割を担うスクラムマスターが、各メンバーに次の三点を問いかける。

1．チームがスプリントを終了するために、昨日何をしたか

2．チームがスプリントを終了するために、今日何をするか
3．チームの妨げになっていることは何か

ミーティングの内容はこれだけだ。一五分以上かかるようなら、やり方が間違っている。目的は今のスプリントの現状をチーム全員が把握することにある。やるべきタスクを期間までにすべて完了できるか。壁にぶつかっているメンバーを助ける方法はないか。上からタスクが与えられるのではない。チームは自主的に動く。自分たちが決めて動くのだ。管理部門にこまごまと報告する必要もない。管理部門でも他のチームでも、誰でもスクラムボードを見ることができ、それを見ればプロジェクトの進捗がわかる。

そこで、イーゼルのスクラムチームがどうしたらオールブラックスのようなチームになれるか考えたとき、チームのメンバーは優れたチームの手法を調べようと資料にあたった。ソフトウェア開発の分野が恵まれているのは、過去にかなりの失敗を重ね多大な予算を無駄にしてきた歴史があるため、長年にわたって原因を分析してきた蓄積があり、あらゆるデータが手に入る点だ。

そんなソフトウェア業界の開発プロセスについて研究してきた人物の一人が、ＡＴ＆Ｔのベル研究所にいた「コープ」ことジム・コプリエンだ。コプリエンは数百におよぶソフトウェア開発プロジェクトを分析し、大多数が悲惨な結果をたどる中で、ひとにぎりのプロジェクトが成功している理由を探った。一九九〇年代初め、コプリエンはＷｉｎｄｏｗｓ向けの新しい表計算ソフ

ト、クアトロプロを作っていたボーランド・ソフトウェア社に招かれ、プロジェクトを視察した。プロジェクトで書いたコードは一〇〇万行。八人が三一カ月で完成させた仕事だった。一人あたり一週間に一〇〇〇行書いた計算になる。他に例を見ない速さに、コプリエンはなぜそれが可能だったのかを知ろうと乗り出した。

コプリエンはチーム内のコミュニケーションフローを明らかにしていった。誰が誰とやりとりし、情報がどう流れ、どこで止まったか。進行の妨げになるものや自分のところに情報をため込む人を把握するのに使われる手法だ。コミュニケーションが充実しているほど、言い換えればメンバーが共有している情報が多いほど、チームのスピードは上がる。この分析ではじき出された数値は、その仕事を達成するために必要なことをどれだけチーム全員が知っているかを示していると言っていい。ボーランドは九〇パーセントという他に類を見ない値を示した。大半の企業が二〇パーセント前後の中で、突出していた。

ではどうすればそれだけ充実したコミュニケーションがとれるのだろう？　コミュニケーションを妨げるのは、仕事を専門化することだ。グループ内の役割や肩書の数と言ってもいい。何かに特化した肩書がつくと、人は概してその名前に合致した仕事しかしなくなる。そしてその役割についてくる権限を守ろうとして、自分の持つ知識にしがみつこうとするものだ。

というわけで、イーゼルのチームでは肩書をすべて廃止した。私はメンバーを部屋に集め、名刺を捨てようと言った。履歴書などに肩書を書きたいのなら、社外向けにだけ使ってよいことにした。だがこのチームで仕事をするときは、上も下もなく全員が対等なチームのメンバーだ。

ボーランドチームの「秘伝のソース」にはもう一つの要素があった。チームのメンバー全員が毎日必ず集まり、仕事の進捗を話し合ったことだ。全員が集まって直接話すというのが鍵だった。おかげで、問題があったときに自分たちで解決に導くきっかけになったからだ。メンバーの誰かが、例えば加速度計と高度計が連携しないなどの問題を抱えていると、それが妨げになってスプリント全体に影響するのが他のメンバーにもわかる。そこで皆が一緒になって考え、助け合って、すみやかに解決するよう努める。

ボーランドのチームは毎日のミーティングに一時間はかけていた。それは長すぎると私は思い、これだけは確認しておくべきという要点をおさえて、先の三つの質問にまとめたのだった。

こうしてデイリーミーティングの方式が誕生した。いくつか決まりがある。まず、ミーティングは毎日同じ時間に行ない、必ず全員が参加すること。チーム全員が揃わなければコミュニケーションは成り立たない。時間は一日のうちいつでも構わないが、毎日決まった時間であること。ポイントはチームに規則正しい決まったリズムを持たせることにある。

二つめは長さを一五分以内に収めること。ミーティングはてきぱきと短く、要領よくまとめたものにしたかった。さらに話し合いの必要な事項があれば、デイリーミーティングの後で改めて場を設けた。ミーティングの肝は、実行に移せて有益な情報を短時間で共有することにある。

三つめは全員が能動的に参加すること。そのために、私は立ったままでのミーティングを提案した。その方が進んで話したり聞いたりできるし、ミーティングも短時間でまとまる。

ここから、毎日の打ち合わせをデイリースタンドアップまたはデイリースクラムと呼ぶようになった。呼び方は何でも構わない。毎日同じ時間に、全員が立って参加し、先の三つの質問をして、一五分に収めればいい。

ミーティングについてときに見受けられる問題が、デイリースタンドアップを個人の進捗報告の場にしてしまう点だ。「昨日はこれをやりました。今日はこれをやります」と言って、次のメンバーに移ってしまう。そうではなく、効果的なアプローチとしてはフットボールのハドル〔訳注　次のプレーを決めるために選手がフィールド内で行なう作戦会議〕に近い。ワイドレシーバーが「あのディフェンシブラインマンに困ってる」と言うと、オフェンスのブロッカーが「こっちで何とかするよ。俺がラインを崩す」と答える。あるいはクォーターバックが「ランプレイがうまくいっていない。左にパスを出して相手の意表を突こう」と返す。チームの勝利を導くために何をすべきか、短い時間で協議するのが目的だ。この「勝利」はスクラムでいえば「スプリントを計画どおりに終了する」ことだ。消極的な姿勢は怠慢なだけでなく、チームのパフォーマンスを損なう行為になる。そうした姿勢がみられれば、すぐに一掃しなければならない。

チームはアグレッシブであってほしい。デイリーミーティングを終えたとき、その日にやり遂げるべき最重要事項を全員がわかっている。誰かがこのタスクは一日かかると言えば、他の誰かが一緒にやれば一時間でできると提案する。毎日のミーティングのあと、「よし、今日はこれを完成させよう。これに取り組もう」と声が上がる。チームみずからがいい仕事をしたいと思う気持ちが必要なのだ。

どんな規模のチームでも、私はよくこう言う。「ずっとくすぶったままで本当にいいのか？　それで人生のモチベーションになるか？　道は自分で選べるんだぞ――今のままでいる必要はないんだ」チームが自分で進んですばらしい仕事をしようとしなくてはだめなのだ。

イーゼルでの最初のスクラムチームは、三回めのスプリントでデイリースタンドアップを取り入れた。四週間のスプリントでは前の月とほぼ同じ量のタスクをこなす計画だった。が、ふたを開けてみると一週間ですべて終わらせてしまった。四〇〇パーセントの生産性向上だ。その週の金曜日、チームの全員が顔を見合わせて言った。「すごいな」これはいけるかもしれないという感触を私がつかんだのは、このときだった。

何回でも繰り返す

こうした伸びがスクラムに現れたのは、その三回めのスプリントからだった。スクラムが目指したのはこれだ。鍛え抜かれた優れたチームが生産性を八倍伸ばした例もあった。スクラムはそれだけ革命的な変化を起こせるのだ。短い時間でもっと多く仕事がこなせる。予算も少なくてすむ。倍の仕事が半分の時間でできる。そして時間が貴重なのは仕事に限った話ではない。時間の積み重ねが人生になる。つまり、時間を無駄にすることはじわじわと自分の首を絞めていることでもあるのだ。

スクラムはまさに時間のとらえ方をがらっと変えてくれる。スプリントやスタンドアップミーティングを実践するうち、時間は未来に向かう一本の直線の矢というより、本質的には循環するものだととらえるようになる。スプリントは毎回まったく新しいことをする機会であり、毎日が進化するチャンスだ。スクラムでは物事の全体像をつかむ見方を目指している。そうすると、どの瞬間も、巡る時間サイクルの一部として大切にする生き方につながる。

これまで、家のリフォームをしようとすると、とにかく時間がかかることにいつも気力をくじかれてきた。妻と二人で、想定した倍の時間と倍の予算がかかるものなのだと言い聞かせ合った。実際のところ、倍ですめばいい方だ。私のこんな体験と同じような話を聞いたことのある人は多いはずだ。二週間で終わるはずのキッチンのリフォームに六週間かかり、その間ずっとテイクアウトでしのいだこと。電気工事の費用が見積もりの三倍かかったこと。ちょっとした作業なのに手間取って一向に終わらないこと。二、三年前に夕食の席で、アジャイル実践の仲間エルコ・ルステンブルクから家全体の改築をするという話を聞いたことがあった。すべての部屋をリフォームし、配線工事をして、家の設備や家電製品も入れ替えて、すみずみまで新しくきれいに塗り替える。これが六週間でできるというのだった。

それを聞いた私たちは笑い出し、過去に経験した災難を口々にエルコに聞かせた。「六週間で家全体をリフォーム？　絶対に無理だね。うちのキッチンをやるだけで六週間かかったんだ。最初は二週間でできるって言われてた。ま、年内はホテル暮らしになるのを覚悟した方がいいな」

エルコは答えた。「いや、時間も予算も予定どおりで終わらせる。スクラムを取り入れてやってみようと思ってるんだ」

これは面白いぞと私は思った。ソフトウェア開発とはまったく違う分野でスクラムを使うというのだから。半年後、エルコに会ったときにどうだったのかとたずねてみた。「できたよ。ぴったり六週間。でも近所の家はそうはいかなかった」

話はこうだった。エルコは自宅のリフォームを頼んだ業者に、スクラムのチームを作って仕事を進めてもらうことにした。完了すべきタスクを週ごとに設定し、家の前に停めた業者のトラックには、タスクを書いたたくさんの付箋を貼ったスクラム用ボードを用意した。毎朝、大工や電気工事士、配管工をはじめ、その週のスプリントで必要なタスクに携わるメンバーに集まってもらい、前の日にした仕事とその日に終える予定の仕事、そして仕事を滞らせる要因について情報を共有した。

このやり方で、職人チームのプロジェクトに対する考え方とコミュニケーションのとり方が変わったという。大工と配管工はどう協力すれば速く仕事ができるか話し合った。資材が足りなくなってきたら、そのせいで仕事が止まる前に把握できた。中でも最大の成果は、毎日のスタンドアップミーティングのおかげで互いに依存しなくてすんだことだという。建築作業は概して、次の仕事に移る前に進行中の作業が終わるのを待つ時間が長い。かつ、各作業は例えば電気設備工事や乾式壁の取り付けのように、それぞれ異なる種類の仕事からなることが多い。デイリースタンドアップは、こうした異なる仕事をするスタッフに集まってもらい、チームとしてどう仕事を進められるかを決める場になった。こうして、異なるスキルを持つ職人たちは単なる個人の集まりではなく、一緒に家全体を「完了」に持っていくためのチームになったのだ。

そしてうまくいった。六週間後、リフォームプロジェクトは完了した。エルコは家族とともに新しくなった家へ戻った。すばらしいことだ。私はこの話に驚き、いい業者に恵まれてよかったなと言った。だがエルコはまだ続きがあるという。近所にちょうど同じように家をリフォームしようとしている家があった。エルコとその隣人はオランダの同じ古い街に住み、どちらの家もまったく同じころにまったく同じ設計で建てられた。隣人はエルコが頼んだ業者が見事な仕事をしたのを見て、同じようにやってもらうことにしたのだった。

そうして同じ職人が仕事にあたったが、結果は三カ月かかってしまった。同じスタッフ、同じような家、同じような仕事だ。倍の時間がかかり、当然、予算も倍かかった。違いはスクラムを取り入れなかったことだけだ。スクラムのプロセスではその都度気づけた問題点が、今回は問題が大きくなるまで表に出てこなかった。前回のように協力し合って動くことがなく、次の作業にとりかかるまで他の人が仕事を終えるのを待たなくてはいけなかった。結局、エルコのときの倍の費用がかかった。その多くは別の工程が終わるのを待っている人に支払われたといえる。

自分の仕事にあてはめてみてほしい。待っているだけで無駄にしている時間がどれくらいあるだろう？　他の人が仕事を終えるのを待つ時間。情報がくるのを待つ時間。あるいは一度にたくさんのことを進めようとしすぎた結果、無駄にした時間。ずっと仕事に埋もれていたいのならそれでいい。でも私なら、サーフィンにでも出かける方がいい。

まとめ

- **時間には限りがある。それを心して使うこと**

  やるべき仕事を分割し、決まった長さの短期間（理想的には一〜四週間）で達成できるようにする。スクラムらしくやるならば、これをスプリントと呼ぶ。

- **デモで実物を見せる**

  スプリントの最後には必ず完了した仕事、すなわち実際に使えるもの（実際に飛ぶロケット、走る車等々）を見せること。

- **肩書を捨てる**

  肩書は仕事内容を冠した呼称にすぎない。呼称よりも実際の仕事で自分を知ってもらおう。

- **全員が情報を共有する**

充分なコミュニケーションが仕事のスピードを上げる。

●**ミーティングは一日一回**

チームが集合するのは一日一回でよい。集まってデイリースタンドアップを一五分間行ない、どうすれば仕事のスピードアップを図れるかを考えて、実行に移す。

第五章　無駄は罪である

スクラムの真髄は周期性にある。周期性、すなわちリズムは人間にとってきわめて重要だ。リズムは私たちの身体をめぐる血液の流れにも刻まれ、脳の深いところに根ざしている。人間はパターンを求める生物であり、生のあらゆる側面でリズムを求めるのだ。

だが私たちが求めるパターンは、必ずしも有益だったり幸せをもたらすばかりではない。例えば、何かの依存症やうつの状態にある人にはネガティブなリズムがある。どこのオフィスにも、そんなネガティブなパターンが目につく。行く手を阻まれて肩を落としている人や、非情なシステムに足を取られ必死にあがく人、あるいは機械の歯車とみなされることに憤慨する人。

これは人間に共通する体験だ。はるか昔の人も、なすすべなくシステムに囚われた悲しみについて書き残している。だが私たちは二〇世紀が終わるまでに、そんな気持ちを封じ込める術を学んだようだ。とりわけ仕事の場ではそれが宿命であるかのように非人間化を進めている。

スクラムはそれとは違うパターンを作り出す。人間は惰性で動く生きものであり、リズムを求め、ある程度予測できる範囲に収まる一方、ときにすばらしい力を発揮し、すごいことをやってのけることができる。スクラムは人間のこうした側面をすべて受けとめる。スクラムを考案したとき、私の頭にあったのはこんな思いだ。人間の行動パターンをつかみ、ネガティブでなくポジティブなパターンを作れたら？　みずから強化していけるいい循環を作って、人間のよい面を伸ばし悪い面の影響を軽減できたら？　スクラムの中に日ごと週ごとのリズムを取り入れて私がしたかったのは、すべての人が鏡に映る自分を好きになれるチャンスを作ることだったといってもいい。

が、落とし穴がある。いいパターンに思えたものがまったくの無駄になる場合もある。本章では、このわれわれの仕事を侵食する無駄、生産性を損ない、組織、生活、社会をむしばむ悪ともいうべき無駄について考えてみたい。

先日、私の会社、スクラム社で採用面接をしたときのことだ。スクラム支援の会社で働きたい理由をたずねると、面接に来た男性はこんな話をした。男性は教科書とワークブックなどの補助教材を扱う会社に勤めている。各分野の優れた学者に依頼し、一緒に教材を作るのが仕事だ。なかなか面白い仕事だった。学生時代は歴史専攻でアメリカ植民地時代について学んでおり、その分野で一流の学者と仕事をする機会もあった。

「ここで一年仕事をしました。一年間で結構な数の教材を形にしてきました。一年が経って、それまでの仕事をまとめてレビューしたんです。私が一年かけてした仕事の半分は使われずに破棄されました。質が悪かったからではなくて、使われる市場がなかったか、方向性が変わったからです。人生の半年分がまったくの無駄になったわけです」

男性の声には憤りがにじみ出ていた。そして、決意をこめるようにして続けた。「スクラムならそのようなことはないと思うのです。ちゃんと目的のある仕事ができて、何らかの価値がある仕事ができると思うんです」

仕事の半分が無駄になるというのは極端な例だと思うかもしれない。だが実は結構いい方なのだ。私がみてきたかぎり、一般的に会社の仕事の八五パーセント程度は無駄になっていると言っていい。実際に何らかの価値を生み出しているのは、やった仕事の六分の一程度にすぎない。そして毎日の営みのリズムを繰り返しながら、確かにそのとおりだと私たちは心の奥底でわかっている。だからこそ、現代の企業社会にみられる自分たちの抱える狂気と無駄をからかうジョークに、私たちはどこか自嘲気味に笑うのだ。

だがこれは笑える話ではない。むしろ恥ずべきことのはずだ。人生の時間と可能性を無駄にしていると嘆くべきなのだ。第一章でトヨタの大野耐一の言葉を紹介した。無駄は企業にとってのロスというよりは、社会にとっての罪悪といっても言いすぎではない、という。この無駄についての大野の考え方に私は大きな影響を受けた。それについてここで触れてみたい。

大野は三つの要素を挙げている。過度の負荷による「ムリ」、一貫性に欠けることからくる

「ムラ」、結果の「ムダ」だ。この考え方は先に述べたデミングのＰＤＣＡサイクル、計画、実行、評価、改善と通じる部分が大きい。計画でムリを避ける。実行でムラをなくす。評価してムダを削減する。改善はこのすべてを行なうという意志、意欲、決意になる。このステップを一つずつ検証し、在庫の無駄や「最初にきちんとやらないことに」よる無駄、働きすぎの無駄、理不尽な期待による気持ちの上での無駄[1]まで、避けるべき無駄について考えていきたい。

一度に一つのことをする

複数の作業を同時にこなすマルチタスクの能力を誇る人は少なくない。自分はそうではなくても、得意げにそう話す人が周りにいるはずだ。プロジェクトを三件同時進行で進めているという人、携帯電話で話しながら車を運転する人、毎日あれもこれもやらなきゃいけないことがたくさんあると大きな声でぼやきながら、自分の能力をアピールする人。こうしたいわば「忙しい自慢」は、今や仕事文化の一部になっている。職務内容の記述に「五件のプロジェクトを同時にバランスよく進められること」などとあったりする。

いくつも同時にこなせる能力は魅力的に映る。膨大な数のルートを情報が行き交い、何でも「急ぎでやること」になっている現代では特にそうだ。いくつものタスクを同時にこなせる「スーパージャグラー」になりたい、と思う。なれるはずだと自分に言い聞かせる。が、残念ながらそれは不可能なのだ。できると思えば思うほど、実際はそううまくはできない。

わかりやすいのが、日常的なマルチタスクの代表例「運転しながら携帯電話で話す」だ。データにもはっきり出ている。携帯電話で話しながら運転していると(ハンズフリー機能を使っていても)、そうでない場合より事故を起こす確率は高い。米国の高速道路安全交通局の調査ではドライバーの八パーセントが運転中に携帯電話で話しているというから、これは非常に怖い問題である。

マルチタスクとはそういうことなのだと教えてくれる一つの例だ。

この件については、次の論文の一節によく表されていると思う。

たとえ車の外に見えるものに視線を向けていたとしても、運転しながら携帯電話で話していると実際には「見えていない」ことが多い。話していることで周囲に払う注意がそがれ、電話での会話に関連する頭の中の認識に注意が向かうためだ。[2]

そう、追突しそうな車やぶつかりそうな木など、物体が目に入ってはいても、実際見えていないのだ。それでも人は運転しながら電話をしようとする。

あなたは今、こう思っているかもしれない。「他の人はそうかもしれないが、やり手で活動的な自分にはできる」あるいは「他の人にはできなくても、自分は器用だからできる」しかしこれも明白な研究結果が出ている。自分はうまくできると思っている人は、実のところ他の人よりもできていないというのだ。ユタ大学はこの分野で興味深い研究実績が多数あり、被験者に携帯電話で話しながらの運転などのマルチタスキングが得意だと思うかをたずねた上で、実際はどうかをみる実験を行なっている。研究グループの結論は次のとおりだった。

人は自身のマルチタスク能力について実際よりかなり過大評価しているという結果が得られた。被験者の多くが、自身のマルチタスク能力を平均以上だと評価した。しかしこの自己評価には実際の裏付けがほとんど得られなかった。すなわち、同時に複数のことをする傾向にある人、運転しながら携帯電話で話すような人は、自分のマルチタスク能力を過大評価してとらえている人だということができる。[3]

この実験の中心となったデヴィッド・サンボンマツは二〇一三年一月、ＮＰＲのブログ「Ｓｈｏｔｓ」の記事の中でこうコメントしている。「得意だからマルチタスキングをするのではありません。注意力が散漫なため同時にあれこれやろうとするのです。他のことに手をつけようとする衝動を制御できないということです」つまり、常にマルチタスキングをする人は集中できていないだけだという。そうせずにいられないのだ。

だがマルチタスキングは賢い行動ではないということは心に留めてほしい。ここで一つちょっとした実験をやってみよう。スクラム実践のトレーニングでも毎回取り入れているものだ。シンプルだが、集中力と作業の流れには強い関連があることがわかる。また複数のことを同時にするのがいかに脳にとっては負担で、作業のスピード化を意図したはずが実際にはスピードが落ちてしまうことも示してくれる。マルチタスキングは無駄の多いやり方だということを実感させられる。

手順はこうだ。アラビア数字の1から10と、ローマ数字のⅠからⅩ、アルファベットのAからJを書き出していき、かかった時間を計る。できるだけ速く書く。最初は、アラビア数字1、ローマ数字Ⅰ、アルファベットA、といった順で、横に一行ずつ書いていく。つまりこうだ。

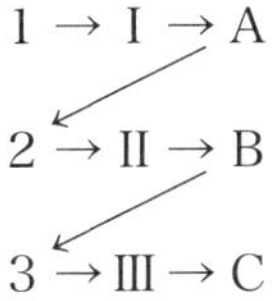

一〇行まで書き、かかった時間を計ってみてほしい。私も今やってみた。三九秒。次に縦の列ごとに同じように書いてみる。まずアラビア数字で10まで書き、次にローマ数字、アルファベットの順だ。これもやってみよう。今度は一九秒でできた。背景の違う作業を同時に進めるのでなく、まとまった作業を一つずつやるだけで、半分の時間でできたわけだ。

またここでこんな声が聞こえてくる。まあ、わかった。運転しながら電話で話すとか変な数字の表を書くとかならまあいい。だが私は事業を経営しているんだ。いくつものことを同時にこなさなくてはやっていけない。会社ではチームに五つのプロジェクトを同時に進めてもらわなきゃいけない。競争に勝っていかなくてはいけない。だからそうせざるを得ないんだ。

ここで再び、ソフトウェア開発に関する山のような研究成果の出番だ。もともとこの研究の数々は、開発現場で毎年膨大な予算を無駄にし、プロダクトの質も向上するどころか下がっていたことから始まったものだ。開発に携わるエンジニアの人々は、エンジニアらしくデータをもとに事態を分析していった。ソフトウェア開発文化を論じたジェラルド・ワインバーグの著作『ワインバーグのシステム思考法　ソフトウェア文化を創る』に、明快な表がある[4]（図２）。

この中のコンテクストの切り替え、すなわちタスクの切り替えによる損失はまったくの無駄だ。そう、プロジェクトを五件同時に抱えていれば、その仕事の七五パーセントは何の成果も生み出さない。一日の四分の三の時間を捨てたのと同じだ。数字とアルファベットの縦の列と横の列を同じ速さで書けなかった理由はここにある。脳の構造上、限界があるからだ。

心理学者ハロルド・パシュラーは、一九九〇年代初めにこれを実験で明らかにし、「二重課題干渉」と呼んだ。実験はシンプルだ。あるグループに「ランプが点灯したらボタンを押す」のようなごく単純な課題を行なってもらう。別のグループにはこれと同じ課題と、もう一つ「ランプの色によって異なるボタンを押す」という別の単純な課題の両方をやってもらう。すると課題が

同時進行する プロジェクト数	プロジェクトごとに かけられる作業時間（%）	コンテクストの 切り替えによる損失
1	100%	0%
2	40%	20%
3	20%	40%
4	10%	60%
5	5%	75%

図２

追加されたとたん、それがどんなに単純なものでも、かかる時間は倍になった。物事を処理するのに何らかの妨げになるものがあるのだろう、人間は実質的に一度に一つのことしか考えられないのだろう、とパシュラーは理論を立てた。一つのことを処理するための準備には労力が必要で、記憶領域にアクセスして記憶を引き出し、作業を行なう。そしてタスクが変わるたびにこの処理に時間を要するのではないかと考えたのだ[5]。

　結論として、マルチタスキングはできないのだ。一度に一つの仕事に集中する。運転しながら携帯電話で話をしていて、それが帰りに牛乳を買ってくるというだけの話だったとしても、目の前にいる車が目に入らなくなる。人間の脳は二つのことを同時にこなせない。近年、ｆＭＲＩ〔訳注　機能的ＭＲＩ。脳の活動を血流変化等を通して計測する〕を使って、脳が機能しているときの活動の様子を明らかにする研究がされている。データによると、脳の各葉で一件ずつ処理していれば同時に二件の事柄を考えられることが示されている。ただその場合も、二件の事柄を考える行為は同時に起こっているのではなく、一件からもう一件へと二つのタスクを連続して切り替えながら処理していることがわかっている。[6]

話を戻そう。私たちが仕事をこなすとき、これは何を意味するだろうか。一般的なチームの例を考えてみよう。今年、チームは三件のプロジェクトを受け持つことになった。それぞれプロジェクトA、B、Cと呼ぶことにする。チームは一年の間、この三件を同時に少しずつ進めていく。スケジュールは図3のようになる。

全部を同時進行していく、従来一般的だった進め方をした場合、三件のプロジェクトが完了するのは七月末になる。だがスクラムを取り入れ、各プロジェクトを一件ずつ「完了」にもっていく進め方にすると、コンテクストを切り替える、つまりタスクを切り替えるときに生じるロスは最小限に抑えられる。結果、三件のプロジェクトは五月初旬には完了する。

プロジェクトの規模は変わらないし、中身も同じだ。だが一件に集中し、終わってから次のプロジェクトに移る進め方にするだけで、かかる時間は半分近くまで短縮される。

では残りの半分は何なのか。純粋な無駄だ。何も生み出さない。予算の節約にもならない。新しいイノベーションも生まれない。人生の時間の無駄づかいでしかない。何の成果も生まない仕事なのだ。

マルチタスキングにはこうしたロスがある。私たちは毎日、同時にいくつものことを要求される。いろんな人がしじゅういろんなことを持ち込んでくる。大事な電話がかかってくる。子ども

図3　プロジェクト間の優先順位づけ

プロジェクトA
A1
A2
A3
=
A
プロジェクトB
B1
B2
B3
=
B
プロジェクトC
C1
C2
C3
=
C
A
B
C
従来の進め方:「全部重要だから並行して進める!」
A1
B1
C1
A2
B2
C2
A3
B3
C3
一月
二月
三月
四月
五月
六月
七月
アジャイルな進め方:「優先順位をつけて集中する!」
A1
A2
A3
B1
B2
B3
C1
C2
C3
一月
二月
三月
四月
五月
六月
七月
A
B
C

たちが学校から帰ってくる。上司がデスクへやってくる。だがコンテクストを切り替えると損失があることを意識してほしいと思う。明白にそうなので、このロスを最小限にとどめるよう努めるべきだ。

込み入った仕事、例えばレポートを書く、プレゼン資料を作成する、ソフトウェアを開発する、あるいは本を作るといった仕事をするとき、頭の中はじつに多岐にわたる複雑な事柄を扱っている。たくさんの要素を考慮に入れ、どこまでやったか、このあとは何をするのか、何がネックになるのかを頭に入れておかなければいけない。じつに手間がかかるし、簡単にはいかない。そこへきて少しの間でも邪魔が入ったり、別の仕事にぱっと切り替えさせられたりしたらどうだろう？　頭の中で組み立て積み上げてきた構造が崩れてしまう。頭の中を同じ準備状態に戻すだけでも数時間単位の時間がかかってしまう。これがロスなのだ。したがって、集中してやった方がいいひとかたまりのタスクは一気にまとめてやり、この無駄をできるだけなくす方がいい。こうしたタスクを時間の区切りで分割し、できれば電話にも出ず、邪魔をされなくてすむ環境で取り組む。

マルチタスキングは時間のロスを生むだけでなく人の知能を下げるという報告もある。二〇〇五年、ロンドン大学で行なわれた調査で[7]（学会等の審査を受けていない、ごく小規模な調査ではあるが）、マルチタスクをすると頭の回転が鈍くなるという評価がされている。精神科医グレン・ウィルソンは男女四人ずつを対象に、静かな環境と気が散る環境（電話が鳴る、メールが届く）でＩＱの測定を行なった。被験者の皮膚伝導度と心拍数、血圧のデータも取った。すると、気が散る環境に置かれたときの方がＩＱの平均値が一〇パーセント以上低いという興味深い結果が出た。さらに、この差は男性のほうがより大きかったという（何らかの理由で女性の方が邪魔されることに慣れているのかもしれない）。

「半分できた」はできていないのと同じ

スクラムが、大野耐一の名著『トヨタ生産方式』に体系化されている生産方式から多くのヒントを得ていることは先に触れた。トヨタの生産方式はアメリカでは「リーン生産方式」ともいわれている。生産現場の無駄をできるだけ排除するのが基本的な考え方だ。その基本的な考え方は、自動車工場だけでなくどんな仕事にも応用できる。

ここで指摘したいのが「仕掛品〔訳注　製造途中の製品〕」あるいは単に「在庫」と呼ばれる存在だ。ものを造るために使うわけではないものが工場にたくさんあるのは無駄である。車のドアであれ他の部品であれ、そうしたものにもコストがかかっている。それが工場にごろごろ転がっているとしたら、今必要ではないものに多大な予算が使われていることになる。こう考えると、製造途中の製品に対する見方も変わってくる。例えば自動車メーカーに途中までできた車ばかりが大量にあるとしたら、たくさんの予算と労力を費やしながら、実際に価値があるものは何も造り出していない状態になる。リーン生産方式は、この途中までできた状態の車の数を最小限にすることを目指すやり方だ。

この考え方はどんな種類の仕事にもあてはまる。世界の既婚男性の多くにとっておそらく身近な、妻が夫に頼む「やることリスト」を例にとってみよう。毎週、私のリストには一〇件から二〇件ほど、やるべき家の用事が書かれている。バスルームの壁の塗り替えから、ドッグフードを買うこと、住宅ローンの支払い、庭の落ち葉集めまでさまざまだ。日々の暮らしの営みとはまさにこういうものであり、これをこなすのが社会の一員としての務めを果たすことになるわけだ。このリストを片付けていくにはさまざまなやり方がある。ここで犯しがちな最大のミスが、リストにある五つの仕事すべてに同時に手をつけることだ。つまりマルチタスキングであり、それをするとおそらくどれも完了せず、「やりかけの仕事」が生じてしまう。

五つの仕事がどれも途中になっている状態を想像してみてほしい（あるいは不幸にもそんな経験のある人は、思い出してみてほしい）。バスルームの壁は一面だけ塗ってある。買ってきたドッグフードの袋は車のトランクに入ったまま。住宅ローンの小切手は書いたもののまだ郵送せず手元にある。庭の落ち葉は集めただけで袋に詰めず、庭の隅で山になっている。そう、労力はかけたが何ひとつ価値を生み出していないのだ。壁を全部塗り終えてペンキの缶と養生シートを片付け、あるいは買ってきたドッグフードを犬に食べさせ、銀行が小切手を受け取り、庭の落ち葉がきれいに片付けられたときに初めてそれぞれの仕事が完了し価値が生まれる。やるべき仕事の途中までやった状態というのは、本質的には何もしていないのと同じだ。

スクラムは仕事にリズムを作る。スプリントごとに、チームはいくつものタスクを完了させていく。この「完了」には、完結したプロダクト、顧客に引き渡せて実際に使えるプロダクトができているこことが要求される。スプリントの終わりに何かがやりかけの状態であれば、そもそも手をつけない方がよかったことになる。リソースを使い、時間と労力を費やしたのに何も形にできていないのだから。できたのが造りかけの車だとしたら、それなら何か小さくても実際に使えるものを作る方がよかったかもしれない。

仕掛品あるいは在庫について、別の視点から考えてみたい。自動車の場合、大量の新車が売れずに自社に並んでいるのはメーカーとしてはまずい。だがすぐに売れる状態の車が手元にないのもまずい。メーカーもディーラーもそのあたりをよく考えてバランスをとっている。在庫を確保できるようちょうどいい台数の車を生産したいが、売れもしないものに多額の費用をかけるはめになるほど多すぎてもいけない。

実際の数字でみてみよう。二〇一二年一二月、ゼネラルモーターズは米国内のいくつかの工場で従業員のレイオフを始めた。理由は会社が車を造りすぎたからだ。その年の一一月末、全米の工場に合計二四万五八五三台のピックアップトラックの在庫があったという。在庫日数にして一三九日分だ。平均価格から計算すると、じつに七五億ドルに相当する。七五億ドル。途方もない額だ。それだけの価値に相当する車が売られずにただ社内にあったことになる。そして会社は工場の縮小を始め、クリスマスを前に従業員を解雇していったのだった。

自動車メーカーが目標とすべき在庫日数はどのくらいだろう？　業界の標準は六〇日程度とされている。このときのGMの半分以下だ。考えてみてほしい。ドッグフードを買うとき、半年分まとめて買いたいとはあまり思わないのではないか。場所を取りすぎるし、まとまったお金が必要になる。その月のローンが払えなくなるかもしれない。

ここであなたはこう言うかもしれない。とはいえ車は実際にできている。完成しているわけだ。途中までしかできていないわけじゃない。何が問題なんだ？　ここで問題なのは、過剰な在庫は製造途中の製品と似たようなものだという点だ。価値を生み出さないものに多大なリソースを費やしていると、そのリソースを他の有益な活動、例えば市場開拓やセールス強化、新しいアイデアの開発などに割けない。在庫は必要だが、最小限に抑えるのが鍵だ。

最後まで完了していない仕事と、売れていない、使われていない製品。両者は一つの同じ状態を表している。労力はかけたがプラスの成果が何もない状態。これはやめるべきだ。

最初から正しくやる

ＭＩＴのリーン・エンタープライズ・インスティチュートの創設者であり、リーン生産方式に関する著作も多いジェームズ・ウォマック博士は『リーン生産方式が、世界の自動車産業をこう変える。——最強の日本車メーカーを欧米が追い越す日』で、いわゆる「やり直し」の危険にまつわる面白い例を紹介している。ウォマックのグループは、人類がもっとも力を注いできた製造業である車づくりの現場を、長年にわたり世界中を訪ねて調査してきた。他社より短い時間で、欠陥の少ない車を造れるメーカーの秘密を探りたいと考えてきた。今でこそしかるべき会社はみな、彼が名づけ親になったリーン生産方式を採用しているが、昔はそうではなかった。

メーカーによって差が大きく出たのが高級車の現場だった。日本では、トヨタ、ホンダ、日産といった会社が平均一六・八時間で高級車を一台製造していた。工場のラインの最初にパーツが投入され、一七時間後にはレクサス一台が誕生するわけだ。車一〇〇台あたりの欠陥数は三四件だった。悪くない。

だが欧州では違った。メルセデス・ベンツ、アウディ、BMWは一台製造するのに五七時間を要し、欠陥は一〇〇台あたり七八・七件だった。

欧州ではなぜそれほど時間がかかったのか。欠陥がこれほど多いのはなぜか。BMWは決して質の悪い車を造る会社ではない。理由はこうだ。トヨタの工場では、ラインのどこかで問題が起きると、誰でもライン全体を止めることができる。誰かがラインを止めると、止まった箇所に皆が集まってくる。止めた従業員を責めるためではない。そこで起きたトラブルを解決するためだ。ラインの最後まで来て車がひととおりできたときに、直さなくてはいけない箇所があるのは避けたい。問題点は一度で直し、その後、同じ問題は二度と起きない。最初に直さないと、同じ欠陥がその後何百台もの車に出てしまう。

欧州の高級車メーカーのやり方は違った。生産ラインの最後に白衣を着た人が大勢いて、あらゆる問題点をチェックして直していく。BMWのドアを閉めたとき、あの重い音がちゃんとして閉まるか、エンジン音が正しい音を奏でているかを確認する。すべてのパーツが調和して一つになっているかを確かめるのだ。自動車メーカーというより、工芸品を生み出す職人か技工と自分たちをとらえているのだろう。少ない台数を造るならそれもすばらしい。だが大量生産するには、それではコストが上がってしまう。ウォマックは著書にこう記す。

このドイツの工場は、完璧に近い車を組立ラインで作ってしまう日本の工場よりも多い作業量を、欠陥を直すために費やしていたのである。[8]〔沢田博訳より引用〕

読み間違いではない。ドイツ人は造ったばかりの車を直すのに、日本人が一台車を造るよりも長い時間をかけているというのだ。トヨタが世界一の自動車メーカーになったのには理由がある。最初から正しくやっていたのだ。

とはいえ、私たちは常に最初から完璧にできるわけではない。私たちは人間だ。人間は間違いを犯す。この間違いにどう対処するかによって、どれだけすばやく仕事ができるか、どれだけ質の高い仕事ができるかに非常に大きな違いが生まれてくる。先に触れたようにトヨタでは工場で働く誰もがラインを止められる。そこには、工程は常に改良できる、問題の解決には後からではなく問題を発見したその場であたるのがベストである、という考え方が根底にある。

二、三年前、カリフォルニアにあるパーム社を訪ね、開発チームに話を聞いた。携帯情報端末と呼ばれるもの（今は携帯電話が近い機能を持っている）を初期のころに開発した会社だ。パームでは作業内容をすべて自動的に追跡しテストしていた。数ある評価項目の中の一つが、バグの修正に要する時間だった。つまり、ソフトウェア開発の担当者がシステムに見つけたバグを修正するのにどれだけかかったかだ。この修正作業が発生すると毎回、自動的にコンピュータが追跡した。

例えばある日、開発担当のマットが書いたコードをシステムに統合しテストしようとしたところ、バグが発見されたとする。開発者はたいていそうだが、マットもその場ですぐにはコードの修正をしない。代わりに、後でやるからと約束する。そしてひとまず新しくコードを書く。

多くの会社で、こうしたテストはそもそも書けたその日のうちには行なわない。何週間、何カ月先になってから全部のコードをテストし、そこで初めて問題が見つかる。だがパームでは毎日、自動的に全コードのテストを実施していたため、問題があればすぐに把握できた。

パームでは、社内全体に何百といるマットのような開発者を調査し、バグが見つかったときにすぐに修正するのと数週間後に修正するのではかかる時間がどう違うかを分析した。ソフトウェア開発は非常に複雑な仕事だということを頭に置いて考えてみてほしい。どんな違いがあっただろうか？

なんと、その差は二四倍だった。バグに気づいたその日のうちに対処した場合、一時間で修正できたとすると、三週間後では二四時間かかるのだ。バグの大小や複雑さの程度に関係なく、どんなバグでも三週間経ってから取りかかると二四倍の時間がかかったのだった。当然、社内の開発担当者は全員、コードができたらその日のうちにテストと修正をするよう言い渡された。

人間の脳には限界がある。私たちが記憶できる量は限られている。真に集中できるのは一度に一つのことだけ。物事を修正するプロセスは時間が経過するほど困難になるという事実も、同じく人間の限界を示している。プロジェクトに取り組んでいるとき、人は頭の中のかなりのスペースをその仕事のために使う。それぞれのタスクにはそれぞれ理由があることを常に頭に置いている。頭の中にはいろんな要素を組み立てて構成した絵ができていて、この絵を一週間後にそっくり再現するのは難しい。ある決定をしたときに考慮した要素をすべて思い出さなくてはいけない。その決定に至るまでの思考プロセスを再構築する必要がある。もう一度過去の自分になってみて、もうそこにはいない過去の自分の頭で考えてみなくてはいけないのだ。これには相当な時間がかかる。最初に問題に気づいたときに手を打った場合の二四倍の時間というわけだ。

あなたもきっと仕事でこんな経験をしたことがあるだろう。ここで得られる教訓は、おそらく子どものときに聞かされたのと同じ「最初からきちんとやる」ことだ。これに付け加えるとすれば、ミスをしたときは――人間はみなミスをするものだ――気づいたらすぐに対処すること。でなければその分あとが大変になる。

働きすぎが生む悪循環

ベンチャーキャピタルのオープンビュー・ベンチャー・パートナーズを創立したスコット・マックスウェルが、一九九〇年代初め、マッキンゼー・アンド・カンパニーでコンサルタントをしていたとき、ちょっと変わったエピソードを聞かされたことがあったという。当時のディレクターで、現在はブーズ・アレン・ハミルトンのカッツェンバック・センターのトップを務め著作もあるジョン・カッツェンバックが、スコットに印象に残る助言をしたそうだ。ジョンによると、彼が若手だった七〇年代、マッキンゼーではみな週七日働いていた。それが会社の文化であり、そうすることが暗黙のうちに求められていた。それだけ長時間仕事をしなければ責任を果たしているとはみなされず、チームに貢献していないと受けとめられた。

宗教上の信条から、ジョンは週六日しか仕事をしなかった。そしてふと、あることに気づいた。仕事をしている時間は短いのに、ジョンは毎日休みなく働いている同僚たち——当時は全員男性だった——よりたくさん仕事をこなしていたのだ。そこで週五日だけ働くようにしてみた。するとさらに仕事が進んだ。長い時間働くほどこなせる仕事の量が減る。本当は週四日か三日だけ働いたらどうなるか試してみたいが、会社がいいというかどうかはわからない、とジョンはスコットに話したそうだ。

当時、スコットや同じ若手コンサルタントの同僚たちは、それを聞いて半信半疑で笑ったという。働く時間を減らす？　やる気がないってことじゃないか？　だがこの話はその後スコットがキャリアを積んでいく間もずっと頭の中にあった。やがてオープンビュー・ベンチャー・パートナーズを創設しＣＥＯになり、ＩＴテクノロジー企業に投資するようになると、スクラムを導入している企業を見かけるようになった。スコットは私がスクラムの考案者だと知り、同じボストン在住ということから、あるとき私に声をかけ、朝食を共にした。コーヒーとクロワッサンを前に、スコットは投資先のある企業が開発チームでスクラムを取り入れたところ、生産性が二五パーセントから三五パーセント上がったという話をした。かなり感心しているようだった。だが私はまずこう返した。「二五パーセントから三五パーセント？　それはやり方が間違ってるな」

スコットはオープンビューにもスクラムを導入すると決め、全社を挙げて実行に移した。投資部門、リサーチ部門、シニアマネジメント陣、管理部門、全員がそれぞれスクラムチームを編成した。やがてスクラムの効果の一つが表れてきた。建前とは異なる、彼らの働き方の実態がつかめてきたのだ。

当時、オープンビューはいかにもやり手の会社だった。夜も週末も仕事をするのが当然という空気が、会社の文化の根底にあった。アグレッシブな野心家の集まりだった。だが疲労で燃えつき、気持ちが沈んで意欲を失う人も多かった。タフな環境についていけず、辞めていく人もいた。

しかしチームにスクラムを取り入れると、生産性に変化が表れた。働く時間を長くしても成果につながるわけではなくなった。スコットは私をオフィスへ呼び、ホワイトボードに図4のような曲線を書いた。

縦軸が生産性、横軸が労働時間を表している。生産性のピークは労働時間が週四〇時間を少し切るところで下がっている。このデータを根拠に、スコットは社員を早く帰らせることにした。

「私が本気だとわかってもらうのにしばらくかかりました。でも最終的には私の考え方に同意してくれました」

遅くまで働くのはコミットメントのしるしじゃない、うまくいっていないことの表れなんだ。スコットはそう言ったという。「みんなにバランスのとれた生活をしてほしいから言ってるわけじゃない。その方が仕事がはかどるからなんだ」

こうして遅くまでの残業も休日出勤もなくなった。休暇をとるときはちゃんと休暇をとる。メールをチェックしたりオフィスに連絡したりする必要はない。もし休み中にオフィスで仕事が回っているか確認しなくてはいけないとしたら、おそらくチーム管理がうまくできていない。

スコットは言う。「多くの会社で、労働時間の制限を実際にやってはいません。でも直結してるんです。仕事は進む。働く人は幸せになる。仕事の質も上がる」簡単なことだ。働く時間を短くすると、仕事は進み、質も上がる。

先程の曲線は人によって違い、同じ人でも時とともに変化する、とスコットは説明する。「私

図4　**仕事量を減らすと成果が倍増する**

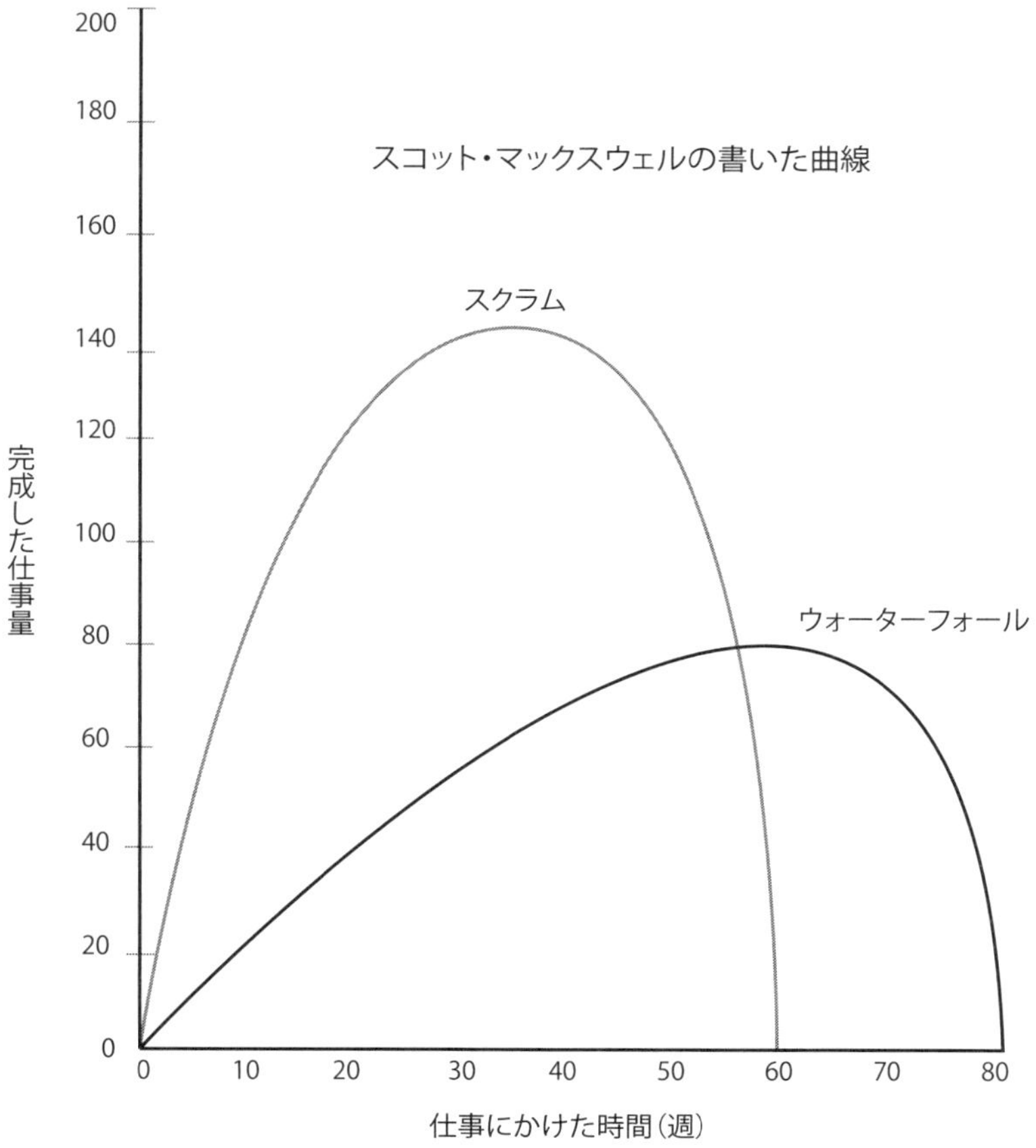

自身、年を重ねて立場が変わるにつれ、一番成果が出せる労働時間数は二〇年前にくらべて少なくなっています」健康状態や食生活、個人的な事情、さまざまな要素が関係していると考えている。同時に、みずからが成長し働き方について深く考察を重ねてきた結果、成果のピークに到達するのが速くなったのだとも思っている。「絶好のチャンスにも挑戦できるようになりました」

労働時間を少なくすると片付く仕事量が増えるのは一体なぜだろう。考えてみれば変な話に思える。スコットはこう分析した。人は長時間仕事をし続けるとミスをするようになる。そして先にみたように、一からやるよりミスを修復する方が労力がいるのだ。働きすぎると人は集中力を欠き、他の人の気を散らすようになる。ほどなくして誤った判断をするようになる。

ジョン・カッツェンバックの直感は正しかった。残念ながら、私たちの意思決定能力は非常に限られていて、エネルギーを消耗すればするほど、また休憩時間がなくなるほど落ちる。それを示す興味深い研究がある。

二〇一一年四月、イスラエルの研究者グループが意思決定に関する研究を行ない、「司法判断における外部要因」と題した論文を米国科学アカデミー紀要に発表した。研究では、二つの仮釈放委員会に所属する八人のイスラエル人判事が下した一〇〇〇件余りの判決の分析を行なった。判決を受けるのはユダヤ系とアラブ系双方のイスラエル人男女で、罪状は横領、殺人、強姦罪などだ。ほとんどのケースで、判事が問われたのは仮釈放を認めるかどうかの判断だった。[9]

シンプルな話だと思うだろう。立派な判事が知識と経験をもとに、収監されている人や被害者、ひいては社会全体の福利に関わる重要な決定を下す。判事が審理する件数は一日一四件から三五件だった。

では、被告人が釈放されるか否かを決める最大の要素は何だったのか。心から悔い改めているかどうか？　刑務所内での態度と更生したかどうかだろうか？　あるいは罪の重さによるのだろうか？　答えはどれでもなかった。実際に決定を左右していたのは、判事が食事をしてからどのくらい時間が経っていたかだったのだ。

研究では、判事が判決を下した時間と、仮釈放を認めたか、そして食事をとってからどれくらい経っていた時点での判決だったかを分析した。朝、出勤して仕事を始めたばかりの時間や、休憩して何かつまんだ後、また昼食の後の判決では、六〇パーセント以上が仮釈放を認める寛大な決定を下した。一方、次の休憩の直前の時間帯ではほぼゼロになった。

つまり、休憩直後の判事は前向きな姿勢で判決に臨み、寛大な決定を下したのだ。世界も人も変われる、変えられる、という想像力と受容力の表れといってもいい。だがみずからのエネルギーが切れてくると、現状を変えない選択をするようになったのだった。

この判事のグループに、本当にいつも平等な決定をしていると思いますかなどとたずねれば、おそらく憤慨されるだろう。だが数字と食事休憩には明らかに関連がある。活力がなくなると人は正当な判断をしにくくなるのだ。

この現象は「自我消耗」と呼ばれている。何についてであれ、何かを選択し決断する行為は消耗する、というものだ。ちょっと変わった種類の疲労ではある。身体は疲れたとは感じていないけれど、正しい決断をする力が衰えてしまう。自制心、すなわち自分を律し、深く考え、先を見通す力に影響が出る。

これについては面白い実験がある。あるグループが、何かを選択し決断することが自制心にどう影響するかをみる実験を行なった。大学生のグループを被験者として集め、二つに分けたうち一つのグループには次々にたくさんの決定をしてもらう。さまざまな製品の選択肢を提示し、どちらがいいかを選ぶ形式のテストだ。答えたものが実験の最後に無料でもらえるため、よく考えて選ぶようにと説明される。もう一つのグループにはこのテストはしない[10]。

テストでは、ろうそくの香りはバニラとアーモンドではどちらが好きか、好きなシャンプーのブランドは何か、このキャンディーとあのキャンディーではどちらが好きか、といった質問に答えていく。それが終わると、自制する力を試す古典的なテストを行なう。冷たい氷水にどれだけ長く手をつけていられるかをみるのだ。

選択する行為に使ったエネルギーは、自己を統制するのにも使われる。二つの製品でどちらを選ぶかの決断を繰り返した学生の方が、そうでない学生より氷水に手をつけていられる時間が短いという結果が出た。

というわけで、人間が一日にきちんと下せる決断の数には限界があり、たくさんの決断をすればするほど消耗して、自分の行動を律する力が低下していく。ミスが出るようになり、ミスはやがて大きくなる。スコット・マックスウェルが書いた曲線からもわかるように、間違った判断は生産性に影響する。だから五時になったら仕事を終えて帰る方がいい。週末は携帯電話をオフにする。映画を見に行く。あるいは一番大切なのはサンドイッチをかじることかもしれない。仕事ばかりにならないことによって、仕事は進み、質も上がるのだ。

スクラムでは、労働時間だけで評価するやり方からの脱却を求められる。かけた時間はかかったコストを意味する。時間ではなく成果を評価すべきなのだ。その仕事にどれだけ時間をかけたかが大事なのではない。大事なのはどれだけ速く、どれだけいい仕事ができたかだ。

無理をしない

大野耐一は、人を必要以上に働かせる原因には「ムダ」「ムラ」「ムリ」の三つの要素があると指摘した。必要以上に長時間仕事をするのがいかに無意味かを先に述べたが、中でも「ムリ」を認識しておくことが、変化を起こすには最大の手段になるかもしれない。

まず、非現実的で不合理な要求をする「ムリ」がある。チームにはやりがいのある高い目標を持たせたい、高きを目指してほしい、と思うだろう。だがありえないような不可能な目標を掲げ、それに向かって走らせるのは違う。

また、理不尽な期待をする「ムリ」もある。驚異的な頑張りをみせてプロジェクトの危機を救ったという話を、誰かが自慢げに語るのを聞いたことがないだろうか。こうした話はたいてい、よくやった、頑張ったと称賛をもって迎えられる。だがこれはプロセスに根本的な欠陥がある証拠だ。スケジュールどおりに完成させるため派手な起死回生の努力にたびたび頼っているようなチームは、本来あるべき形で仕事ができていない。一つピンチを乗り越えたらまた次のピンチ、とやっていたのでは燃えつきて続かないし、一貫した継続的な改善が望めない。たまたま通りがかったカウボーイが悪漢に襲われている女性を助け出すのと、訓練された海軍の小隊が戦闘地域で敵を一掃するのでは違う。

仕事の障害になる煩雑な会社のポリシーや、書式を埋めること自体が目的になっている無駄な報告書の作成、時間だけを食って意味のあるものを何も生まない会議等々を強要するという「ムリ」もある。

「ムダ」「ムラ」「ムリ」に、私は「感情の無駄」を加えたいと思う。困ったタイプの人間が会社で幅をきかせるケースだ。周囲の人間を巻き込んで困らせる人を指す。この手の人は、自分は仕事をうまく回してほしいと思っているだけだ、と自分を正当化する。だが実際には、自身のマイナス面は意に介さず、意のままにふるまっているだけで、これほどチームの伸びる力をそぐものはない。

こうした困り者になってはいけない。そしてチーム内でこうした行為を許したり、助長したり、受け入れたりしてはいけない。

流れ

　理論上完璧な世界であれば、プロセスもミーティングも、様式も報告も必要ない。ただ顧客が求めるものをそのとおりに作るだけでいい。たとえ顧客自身が、それが求めているものだと自分で気づいていない場合でも。スクラムを含め、プロセスを使うこと自体が無駄になる。

でも私たちの世界は完璧ではない。うまくいかないやり方が思考様式に根付いているため、代わりにできるだけシンプルなプロセスを取り入れて、最大限の効果を仕事にもたらしたい。スクラムが目指すのは、私たちの仕事の一部になってしまっている無駄の排除に目を向けさせることだ。スクラムはフレームワークとしては極力妨げにならないものでありながら、誰もがついていけるものにしたかった。

　仕事をする際に目指したいのは、努力しなくても自然にできる「流れ」だ。武術であれ瞑想であれ、自分の心と動きが一つになっているのを感じたら、もはや努力はいらない。意識しなくてもエネルギーが自然に流れ身体を動かしてくれる。優れた踊り手や歌い手を見ていると、自分の意志を超えた大きな力に身をまかせ、導かれるままに踊りなり歌なりを表現しているように感じられることがある。仕事でもその域に達することを私たちは目指したい。

　中国拳法の名人も、踊り手もオペラ歌手も、流れるような仕事の根底には鍛錬があるという。

無駄な動きはどこにもない。ただ持てる力を引き出しているだけだ。それを妨げるものはすべて無駄なのだ。鍛錬と流れに注目して仕事をとらえてみると、すばらしい仕事ができるようになる。

まとめ

- **マルチタスクは失敗の元**
  同時に複数のことをしようとすると、スピードが落ち、結局どれもうまくいかない。マルチタスクはしないこと。自分はできると思っているとすれば、それは間違いだ。人間はそのようにできていない。
- **「半分できた」はできていない**
  造りかけの状態の車は、本来価値を生み出したりコストを削減したりするために使えるリソースを消費してしまう。完了していないやりかけの仕事は、コストと労力がかかっていながら何も生み出さない。
- **最初から正しくやる**
  ミスがあればすぐに修正する。何をおいてもすぐに対処する。後でやろうとするとその場でやるより二〇倍以上の時間がかかる。
- **仕事のしすぎは悪循環を生む**

長時間働けばその分だけ仕事が片付くわけではない。逆に長く働きすぎるとできる仕事の量は減る。働きすぎると消耗し、消耗がミスにつながり、できたばかりの仕事を手直しするのに時間をとられる。週末や夜遅くまで働く時間を延ばすのではなく、決まった日にだけ、続けられるペースで働く。休暇もとる。

● **無理はしない**

挑戦しようという意欲を湧かせる目標はモチベーションになる。どう考えても不可能な目標はやる気をくじく。

● **ヒーローはいらない**

仕事を完成させるのにヒーローの登場が必要なら、仕事の仕方が間違っている。華々しい頑張りや努力は仕事の進め方に問題があるものと認識するべき。

● **無駄なポリシーはいらない**

無駄でばかげて見えるポリシーは実際に無駄でばかげていると考えてよい。無駄な様式、無駄なミーティング、無駄な承認プロセス、無駄な決めごとはすべて不要だ。

● **困り者は無用**

困ったやつになってはいけないし、ならせてもいけない。感情面でチームをかき回したり、不安や恐怖心をあおったり、信用や名誉をおとしめる行為はただちにやめさせること。

● **流れるような境地をめざす**

一番スムーズでトラブルの少ない仕事の進め方を選ぼう。スクラムはどんな流れも可能にするやり方だ。

第六章　幻想を捨て、現実的なプランニングを

「やあ、ジェフ。困ったことになったよ」

私にかかってくる電話はたいていこう始まる。みな、窮地に立たされてかけてくるのだ。このときの電話の主はメドコ社のソフトウェア開発チーフアーキテクト、マーク・ランディだった。米国で処方箋をメールオーダーするとお世話になる会社だ。マークから電話を受けた当時、メドコはフォーチュン誌の「働きがいのある企業ベスト一〇〇」に名を連ね、収益約三八〇億ドル、従業員数万人を抱える、全米最大の医薬品関連企業だった。その経営陣が社員を窮地に立たせているという。

電話があったのは二〇〇六年一二月。その年の七月、社長のケニー・クレッパーは金融界に向けて最新の構想を語った。マーク・ランディはこう説明した。「会社は処方箋のメールオーダーの利用者が増えるよう働きかけてきました。でもそれを阻む要因がいくつかあったんです」例え

ば一見して不便に感じるという問題だ。だが打開策はあるとランディは考えていた。「薬局へ行ったときのことを考えてみてください。最低限のやりとりしかないでしょう。処方箋を渡して、薬剤師と話す必要はありませんという書類にサインして、出て行く。これをもう少し充実したやりとりにできるのではないかと」

メドコが検討していた一つの例が、薬剤師と患者が電話で話せるシステムだった。薬剤師はそのとき処方された薬だけでなく、同じ患者が過去に処方されたあらゆる薬の情報を持っている。後者の情報は、糖尿病や心臓病などの慢性疾患を抱える患者にとってはとくに重要だ。定期的に薬を服用している患者の八割がこれにあてはまる。そしてこうした患者の多くが、高齢なら当然そうなるが、六種類以上の薬を同時に処方されているという。それぞれ各分野の専門に分かれている医師の側では、常にそれを把握できているわけではない。

「医師同士で情報が共有されているとは限りません。われわれ薬局の方が医師よりよく知っていたりするんです。それもリアルタイムでつかんでいる。健康保険会社に情報がいくよりも先に」

ランディはそう説明した。

そこでクレッパー社長の考えはこうだった。国内に五カ所、それぞれ専門分野をもつ薬局を設立する。心臓病専門の薬局、糖尿病の薬局、喘息の薬局などだ。薬剤師には研修を受けてもらい、薬同士の相互作用や副作用について学んで各薬局についてもらう。そうすると薬剤師は患者の状態を総合的に把握しているため、この患者にこの薬は適用できないといった禁忌の可能性があれば医師に伝えられる。例えば糖尿病の患者がいるとする。この患者はおそらく体重オーバー気味で、肝臓に問題がある可能性が高い。そうすると薬の作用の仕方にも影響が出てくる。そこで今回新たにかかった医師が血圧の薬を処方した場合、メドコの薬剤師が医師に連絡して、肝機能を検査して必要に応じ投薬量を調整してはどうか、とアドバイスを伝えることができる。

目的は、当時主に事業所や健康保険会社を相手にしていたメドコに新たな顧客を呼び込むことだった。治療リソースセンターと呼ばれる新しいスタイルの薬局の導入により、処方箋のコストだけでなく医療費自体が削減され、患者の負担が減る。薬を正しく服用しなかったり、薬の組み合わせがよくない、あるいは薬そのものが合わないせいで効果が得られなかったりして医療費に無駄が生じることがあるからだ。さらに、メドコ自身が患者のコスト削減を保証するしくみもある。メドコが見積もったコストダウンができなければ、利用者に代わって差額を負担するのだ。

金融界はこの構想に好意的な反応を示した。いい案じゃないか。コストは減って、サービスの質は上がる。利用者が増えて売り上げも上がる。ウィンウィンだ。ただ一つだけ問題があった。クレッパーはマネジャー陣と話し、こうしたしくみが技術的に可能なのは確認していたが、実際に実現するまでどの程度かかるのか、具体的に詰めていなかった。実際の作業にあたる社員らがこのことを知ったのは、二〇〇七年七月一日には新システムを導入するとクレッパーが金融界に約束した後だった。

メドコにとってこの期日は重要だった。メールオーダー式の薬局を最初に開設したのはメドコだが、他にもライバルが現れ、市場拡大のチャンスをねらっていたからだ。メドコには越えなければならないハードルがたくさんあった。まず、現場のロボットを動かすソフトウェア類の多くが、かなり旧式になっていた。五つの巨大施設では四〇〇〇人の薬剤師が処方箋を扱い、ロボットが薬の調達から包装、発送準備までを行なう。各システムは一〇〇パーセントミスがないよう連携しなくてはならず、さもなければ患者の命にかかわる。

クレッパーの華々しい計画では、メドコは年季の入ったシステムを一新し、ライバル企業の一歩先を行くというシナリオだった。だが半年近くかけて見積もった結果、発表した期日には間に合わないと判明した。計算では一番うまくいっても一年遅れになるという。それ以上かかる可能性は高い。私に電話があったのはこのときだった。

期日までにできないとわかるのになぜ半年もかかったのかは、吟味する必要があるだろう。社員の頭脳が優れていなかったからではないし、適したチームや適した技術がなかったからでもない。熱心にやらなかったわけでも、競争心に欠けていたわけでもない。こうした要素に欠けていたらそもそも業界一位の企業にはなれないものだ。

原因は非常に基本的な誤りにあった。彼らはすべてのことが前もって計画できると思っていたのだ。数カ月間、労力をかけて、詳細にわたるあたかも実行できそうな計画を立て、段階ごとに細かく分けたきれいなチャートにした。ほぼ、架空の現実を描いた計画だ。

前にも述べたとおり、計画を立てていく行為そのものは魅力的な作業であり、計画の中身そのものより計画を作る行為自体が大事になってしまう。そして現実よりも計画が大事になる。だが地図は実際の地形ではないことを忘れてはいけない。

新たなプロジェクトの構想を練るため、チームが最初に集まるとき、部屋には熱意と意気込みがみなぎるものだ。自分たちの可能性、新しく開けていく世界、試したいアイデアの数々。他ではなかなか味わえないすばらしい気分だ。

やがて、インスピレーションを現実の予測にしていくとき、前向きなエネルギーはいくらか失われる。そして考え始める。ここから次の地点までどうやって行けばいいのか。それがわかったとして、どれくらいの時間がかかるのか。

残念ながら、この予測の段階はいわゆる「ゴミ入れゴミ出し」〔訳注　入力するデータが信頼できないものなら出力結果も同じであること〕にあてはまる。たとえ優秀なメンバーが揃っていても、チャートに書き込んでいる計画が現実ではなく願望にもとづいていることに気づいていない場合が多いのだ。

マーク・ランディからメドコの現状を聞き、私は口を開いた。「確かに困ったね」ひと呼吸おいて続けた。「でも何とかできるはずだ」

クリスマス直前、私はニュージャージーのメドコ社を訪れ、今後の見通しを考えた。半端な仕事ではなかった。要求事項やコンプライアンス、あらゆる報告書類、フェーズゲート、品質保証等に関する書類が山のように積まれていた。この中に真にやるべきことが埋もれているのだが、誰も実際にどう進めればいいのかわかっていなかった。

プロジェクトの中心メンバーとしばらく話した後、私は他のプロジェクトで一緒に仕事をしたスクラムのトレーナー、ブレント・バートンに電話をかけた。「ブレント、君と他に誰か協力してもらえる人に、年明けに来てもらいたい。大きな仕事が一件ある」

初めて訪れたときのメドコを、ブレントはのちに「行き詰まった状態」だったと表現した。社内に利害関係と対立が多く、いい仕事ができない。初日に七つほどのグループと面談したが、それぞれプロジェクトを担っていたものの、新しいことに挑戦しようという意欲のあるチームはなかったといっていい。ブレントはこう語る。「『くそっ、何だよ』みたいな声があちこちから聞こえてきた。でもこういうとき、コンサルタントとしては痛みと不安を味方につけるんだ。抵抗にあったらこう言えばいい。『まあ、今と同じやり方でやればいい。現状のままで、期日には間に合わない。それでいいんだろう』そうすると向こうから言ってくる。いや、それはよくない、って」

私たちはまず全員を会議室に集めた。チームの中心になる人はもちろん、実際の仕事をする人をすべて呼んだ。そしてブレントが、プロジェクトでやるべきことを書いた文書を全部プリントアウトするよう指示した。メールではなく、紙の書類でなくてはいけない。

部屋は大きく、壁の一面は一五メートル以上あったかもしれない。窓はなかった。不思議なことにこの手の部屋はなぜかきまって窓がない。真ん中にテーブルがあり、そこへ皆が持ってきた書類を積み上げた。六〇センチは超えていた。

「これを全部読んだ人はいますか」私はたずねた。

沈黙。

「でも、ここを見てください」私はマネジャーの一人に言った。「あなたが承認してます。あなたのサインですよね。読んでないんですか」

気まずい沈黙が続く。

個人を攻撃したいわけではなかったが、現実はプロジェクトに次ぐプロジェクトで切り貼り仕事をし、決まった型にはめ込むだけで、膨大な書類を実際にすべて読んでいる人はいなかった。というよりも全部読むのは不可能だった。ポイントはそこだ。まったくの幻想にゴーサインを出すシステムを作ってしまっていたのだ。

ブレントと私は、はさみとのり、テープ、付箋を取り出した。そう、まるで図画工作のように。ブレントが説明した。「今からやってもらうことを説明します。この文書の山に目を通して、プロジェクトを完成させるのに実際に必要な部分を切り抜いていきます。それからそれを全部壁に貼ってください」

数時間、その作業をしてもらった。最後には何百という付箋が三枚の壁一面に貼られた。テーブルの上には、六〇センチあった書類の山の半分以上がまだ残っていた。無駄な重複、中身のない定型文、テンプレート。まったくの無駄だ。

私はチームに呼びかけた。「ではこれから、それぞれの付箋に書かれたタスクが、どれだけの仕事量になるかを見積もっていきます」どれだけ時間がかかるかではない。どれだけの仕事量か、だ。

人間はこの仕事量を見積もる作業が絶望的に下手なので、うまく見積もる方法はこの章で詳しく紹介したい。ともかくこのとき、私たちはこの厄介な作業を手っ取り早くすませる最良の方法を伝授し、メドコチームは真剣に取り組んだ。

少し時間はかかったが、完成した。プロジェクトの完成に必要な作業すべてを、取り組みやすい大きさのタスクに分け、壁に貼る。そして各タスクがどれだけの仕事量になるかを見積もっていく。チームの雰囲気は前向きになっていた。読みきれなかった書類の山が、把握できるサイズのタスクになったのだ。有名な「どうやって象を食べる?」「ひと口ずつ食べる」のやりとりと同じだ。

大事なポイントは、付箋に書き出したタスクについて、何を作れば完了なのかだけでなく、どうすれば完了と判断できるのかも一緒に書いたことだ。これにより、食品医薬品局のコンプライアンス要求事項から品質保証、プロセスレポートまで、考慮するべき事柄をすべて含めることができた。タスクを完了するにはこのゴールをすべてクリアしなければならない、と伝えた。プロジェクトを構成するタスクごとに目標を組み込んでいったのだ。すべてのタスクが終わるまで待ってから、ふたを開けてみると国の規定や社内の品質基準を満たしていない、という事態にはしたくない。こうすると、コンプライアンス部門だけでなくチーム全体が、必要な基準を満たしているのを確認してから次のタスクに進む流れになる。このやり方でプロジェクトを進めると、作業のやり直しが驚くほど少なくなる。この「タスクが完了するための基準」をスクラムでは「完了の定義」と呼んでいる。あるタスクが完了したかどうかを誰が見ても判断できる、明確な基準を決めておくことだ。

壁にずらりと並んだ付箋を前に、メドコのメンバーは達成感を覚えていた。これで、すべきことが何かはわかった。

ブレントが口を開いた。「よし、では何から始めていけばいい？」

五人ほどが意見を言った。

「その次は？」

また別の五人ほどがそれぞれ考えを口にした。

「その次は？」

ここでやってほしかったのは、ときに誰もあまりやりたがらない作業、仕事の優先順位づけだった。優先順位をつけるというと、全部大事だという答えが返ってくることも多い。だがブレントが問いかけたのは、これから取り組むプロダクトにもっとも付加価値を与える要素は何かを考え、それに最初に取りかかろう、ということだ。

最終的に付箋は六つに分類された。それぞれ色分けされ、六つのチームを表している。付箋に書いたタスクのリストは壁三面分におよんだ。まずはこれで着手できる状態になった。

結婚式をプランニングする

こうして書いてみると簡単に見えるかもしれない。ここで、もう少し規模の小さい身近な例を使って、具体的な方法を段階ごとにみてみよう。結婚式のプランを例にする。正式な結婚式をするとなると、期日付きのさまざまな作業をともなう一大プロジェクトだ。やったことのある人ならおわかりのとおり——またこれからしようという人はおそらく思い知るように——、結婚式の準備はなかなか思いどおりに進まず、予測していた四倍の労力がかかったりするものだ。

もちろん、逆に数時間かかると思っていた作業が一五分で終わる場合もある。つまり問題は、私たちはなぜ、ある作業にかかる時間の見積もりがこう下手なのか、ということだ。

結婚式のプランニングの例を考える前に面白いグラフを紹介したい。その名も「不確実性のコーン（円錐）」という（図5）。

グラフによると、プロジェクトの初期段階に出す見積もりは、実際にかかった時間の四倍から四分の一までのばらつきがある。誤差の範囲は一六倍だ。プロジェクトが進行し中身が固まってくると、見積もりは実際の状況に近づいていき、最終的には全容が見えてくる。

メドコの例を振り返ってみよう。メドコのメンバーは何カ月も費やして、どんなプロダクトを

図5　不確実性のコーン

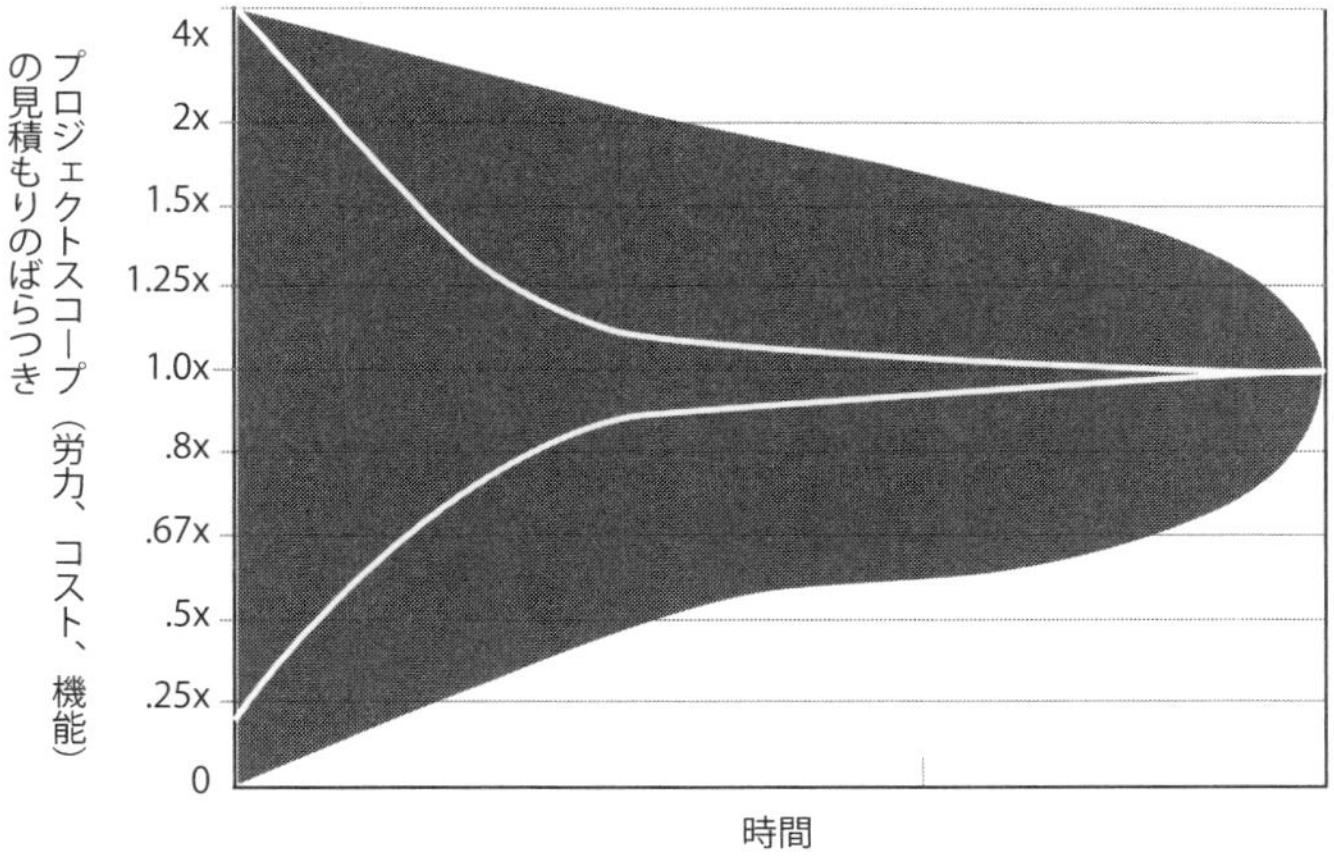

作るか、どれくらいの時間が必要かを吟味し計画を立てた。しかしそれだけ時間を費やしても、その計画には最大四倍の誤差があることが研究でわかっているのだ。ウォーターフォール式の進め方が無意味だと私が思う理由はそこにある。

　わかった、人間は作業の見積もりが下手だ。とはいえ、何かしら計画は必要だ。そう思うかもしれない。確かにそうだ。ポイントは最初にすべて計画するのでなく、プロジェクトを進めながら手を入れて計画を洗練していくことにある。何らかの価値を形にできる次のタスクに必要な分だけ詳細な計画を立て、プロジェクトの残りの部分については大まかな見積もりだけを出しておく。スクラムでは、各サイクルの最後に必ず、目で確認できる、あるいは触れたり顧客に見せたりできる付加価値がなければいけない。これが望んでいたものなのか、これで今抱えている問題が少しでも解決するのか、あるいは現時点でプロジェクトの方向性は合っているかなどを、プロダクトを受け取る側である顧客に直接聞いてみる。答えがノーなら、計画を立て直す。

ではどうやって進めていくか。

結婚式のプランニングの例で考えてみよう。まず、結婚式を挙げるのに必要なものをリストアップする。次のようなリストができたとしよう。

新郎と新婦
花
招待状
教会
パーティー会場
料理
司式者
衣装
結婚指輪
音楽（ＤＪやバンド）

次に、リストに挙げたものに優先順位をつける。これは人によって違ってくる。どの新婦もどの新郎も、それぞれの価値観がある。私が友人のアレックスに聞いてみたところ、優先順位はこうなった。

新郎と新婦
司式者
結婚指輪
パーティー会場
招待状
料理
音楽
衣装
花
教会

この作業の目的は、何が重要な項目なのかを見極めて、重要度の高いものから取りかかることにある。アレックスは花や教会より料理と音楽の方が重要だと考えたわけだ。このリストは大事なデータになる。計画にあたって日程や費用の面で制約が出てきたとき、どこからカットすればいいか明らかだからだ。つまりリストの一番下から、ということになる。これについては第八章で詳しく述べるが、今はこれだけにしておこう。

メドコで作った必要なタスクのリストには数百件の項目が並び、六つのチームで取り組む大がかりなプロジェクトだった。だがコンセプトは全く同じだ。価値が大きい順に並べていく。価値はプロジェクトによってさまざまだ。メドコの場合はビジネス上の価値であり、結婚式のプランなら花嫁が満足かどうかだといえるかもしれない。

サイズは大事だが「相対的サイズ」でよい

やるべきことのリストができ、優先順位もつけた。次はどれだけの時間と労力、コストが必要かを把握する作業だ。すでに触れたように、われわれ人間はこの見積もり作業が絶望的に不得意なのだが、相対的に規模を把握する、つまり他と比較して大きさを把握するのは得意らしい。例えばTシャツのS、M、Lサイズの違いなどにそれが表れている。

他との比較でサイズを判断するときの例として、私が好きなのは「ドッグポイント」だ。数年前、アジャイル開発手法の第一人者であり友人でもあるマイク・コーンは、私と同様、どうしたらプロジェクトを時間内かつ予算内にまとめられるのか、またどうすればうまく見積もりができるのか試行錯誤していた。犬が好きなのだが妻から飼う許可が出ないというマイクは、プロジェクトのタスクを犬の大きさで表してみたらどうかと提案した。例に挙げたのはこんな犬だ。

ラブラドールレトリバー
テリア
グレートデーン
プードル
ダックスフンド
ジャーマンシェパード
アイリッシュセッター
ブルドッグ

マイクはこんなふうに進めていった。「よし、ではこの仕事は——ダックスフンドかな、グレートデーンかな？　あれがダックスフンドだとすると、こっちはラブラドールレトリバーだよな？」そうしてチームのメンバーはこれから開発する機能を検討し、犬のサイズを使ってタスクの大きさを判断していく。マイクはさらに続ける。「それぞれの犬種に数字をつけてみよう。そうすればもっとわかりやすいはずだ。ダックスフンドを1として、グレートデーンを13にしてみようか。そうするとラブラドールレトリバーは5で、ブルドッグが3かな」[1]

同じことを、先に作った結婚式の準備リストでやってみよう。まず、会場を決める作業。これにはリサーチもいるし、費用の情報もほしい。いくつか下見する必要もある。結構な仕事になる。これはジャーマンシェパードサイズの5としよう。新郎と新婦？　これは簡単。二人が揃えばいいだけだ。ダックスフンドの1だろう。招待状の作成はかなり作業が多い。新郎新婦の招待客と、新郎の家族、新婦の家族それぞれの招待客のリストを用意して、カードを選び、印刷して、手書きで宛名を書かなきゃいけない。かなり大きなプロジェクトだ。これはグレートデーン、13だろう。もしかしたらグレートデーン二頭分かもしれない。そこまで大きいとしたら、おそらくもう少し扱いやすいサイズに分けた方がいい。送る相手のリストを作る部分を一つのプロジェクト、招待状を作成する部分をもう一つのプロジェクトとして分けたらどうだろう？　こうするとそれぞれがブルドッグサイズになるんじゃないか？　これを3にしよう。宛名書きはジャーマンシェパードの5になるな。こんな具合だ。

これが相対的に大きさを把握する方法、タスク同士を比較して大きさを表すやり方だ。みんなが犬を基準に使うわけではないが、犬につけた数字にパターンがあったのに気づいただろうか。1、3、5、8、13——それぞれの数は、前の二つの数字の和になっている。これはフィボナッチ数列と呼ばれ、使ったのには理由がある。実際、あらゆるところで見かけるのだ。

この数列は自然界のさまざまな現象にみられ、オウムガイの殻のらせんや木の枝分かれの仕方、

図６　**フィボナッチ数列はあちこちにある**

・フィボナッチ数列は次の数が前の二つの数字の和になるよう数字を並べたパターンを指す。すなわち0、1、1、2、3、5、8、13、21、34、55……と続く

・自然界のさまざまな現象にみられ、太古の昔から人間にはなじみがある

パイナップルのうろこ片、松ぼっくりの笠などにもある。カリフラワーにも人間の脳のつくりにもみられるし、シダの葉や銀河の形状もそうだ。じつに不思議な現象である。
　この数列は、黄金の中庸あるいは黄金比率にも表れている。人は建築物にも芸術にもこれを取り入れてきた。アテネのパルテノン神殿、チュニジアはケルアンのグランド・モスクはその例だ。本のページの大きさと形を決めるのにも、トランプの縦横の比を決めるのにも使われた。私たちは本能的にこの比率に惹かれるようにできている。スクラムで取り入れる際は、人間はフィボナッチ数列の比率を深いところで理解しているということを知っていればいい。感覚でつかんでいるのだ。
　フィボナッチ数列の数はそれぞれ、違いが明確にわかるくらい離れている。つまり悩ま

ずにどちらかを選ぶことができる。誰かが5と見積もったものを別の誰かが8と見積もったとしたら、感覚的にその差がわかる。でも5と6だったらどうだろう？　差が小さくて、私たちの脳ではきちんとつかみきれない。

よく知られていることだが、医学の世界では、患者の症状に改善がみられたと報告できるのは六五パーセントを超える改善が確認できたときだという。私たちの頭はなだらかな変化を徐々に感じとるわけではない。それよりも、ある状態から次の状態へ移行する変化の方が気づきやすい。それも徐々に起きるなめらかな移行でなく、ぎざぎざの線を描く段階的な移行だ。

タスクの大きさの見積もりにフィボナッチ数列を用いるメリットは、一〇〇パーセント正確な見積もりでなくてよい点にある。実際のサイズが5や8や13というわけではないが、メンバーが同じ基準を使って見積もることにより、タスクサイズの認識について意見を集められ、それをもとにチームの一致した見方ができあがることになる。

チーム全体でこうして見積もりを行なえば、一人でするよりも格段に精度の高い見積もりが出せる。

デルファイの神託

さて、私たち人間は物事を比較して把握するのは得意だとわかった。そのために最適な数列もわかった。だが、どうすればその段階までたどり着けるのか。各タスクに優先順位をつけたリストはいいが、これが5であれば8だと――これはゴールデンレトリバーであればシュナウザーだと――どうしたら判断できるのだろう？　それに、誰か一人がいい意見を出したとして、その見積もりと他のメンバーの意見がまとまるだろうか？　いい意見だと思った案が、実は大事な要素が考慮されずに抜け落ちていたりしたら？

これも今に始まった問題ではない。長年、人はまさにこの問題と格闘してきた。背景の一つにはチームのメンバー間で把握している事柄に違いがあることが挙げられるが、もう一つが「バンドワゴン効果」と呼ばれるものだ。あなたも会議の場で経験しているはずだ。誰かが会議で案を出し、他のメンバーがそれについて各々考えを言う場面を思い描いてほしい。最初、あなたはその意見に反対だったとしても、チームがみな同意していればやがてあなたも同意する。そしてこれはすばらしい案だとチームの意見が一致するのだが、のちにまったくいい案でなかったことが判明する。そこで同意したメンバーに突き詰めて聞いてみると、ほぼ間違いなく、それぞれが何かしら懸念を抱きながら、自分以外の全員がいい案だと乗り気だったため口に出さなかった、というパターンなのだ。自分を除く全員が何かに賛成しているとき、人は自分の懸念や疑念はおかしいか間違っているのだと考え、みんなの前で間の抜けた発言をしたくないという気持ちが働く。大事なのは、集団による意思決定の際に生じるこの問題は個人の資質の問題ではなく、人間の習性なのだということだ。

これは研究文献では「情報カスケード」と説明される。スシル・ビクチャンダニ、デヴィッド・ハーシュライファー、イヴォ・ウェルチは論文「情報カスケードとしてのブーム、流行、習慣および文化の変容の理論」で、「情報カスケードは、先行する人の行動を見た人が、自分の持つ情報に関係なく、先行する人々と同じ行動をとるのが合理的な場合に起きる現象」と記している。[2]

論文では、学術雑誌へ論文を提出するケースをわかりやすい例として挙げている。ある論文について、最初の雑誌が掲載申請を却下したとする。論文の著者は同じ論文を次の雑誌に提出する。一度掲載を却下されたのを知った二冊目の雑誌の担当者が掲載を却下する確率は、より高くなる。さらに三冊目の雑誌に提出した場合、すでに二度却下されているのを知った担当者が却下する確率はさらに上がる。人間は、たとえ自分自身の判断とは異なっていても、他の人が下した判断は正しいという前提で行動するのだ。これはまずい。数十億ドルのプロジェクトがかかった判断をするときも、結婚式に間に合うようすべての作業を終われるか判断するときも、自分自身で判断することが重要であり、他者の評価等は自身の判断の精度を上げるために参考にするべきで、そのまま自分の判断に置き換えるものではない。

もう一つ、有名な「ハロー効果」の問題がある。対象についてのある一つの特徴が、直接関係のない他の特徴のとらえ方に影響することを指す。ハロー効果を最初に実証的に実験したのが、一九二〇年のエドワード・ソーンダイクの研究だ。ソーンダイクは論文「心理的評価における恒常誤差」の実験で、将校のグループを対象に、体格、知性、リーダーシップ、人格等さまざまな資質を基準に兵士の評価をさせた。そしてある資質の評価が他の資質の評価に影響しているかを調査した結果、各資質の評価はそれぞれ非常に近いものになった。その人の体格が高く評価されていれば、リーダーシップも高い評価が付けられた。知性も、人格も同じく高く評価された。この研究はその後も年月をかけて繰り返し検証され、結果は立証されている。例えば容姿の優れた人について、おそらく頭もよく信頼できる人物なのだろうと推測する、というわけだ。[3]

ハロー効果は単に容姿の問題にとどまらず、あらゆる場面でみられる。例えば、ＮＧＯというだけで、実際にそうかどうかに関わらず、社会のためになるよい行ないをする団体だとみなされる、一つ輝か《ハロー》しい車を造ったメーカーは他の車種についてもよいイメージを持たれる（ｉＰｏｄを生んだアップルの製品がすべて洗練されていると受け取られるのはこれにあたる）等は研究者も指摘している。

バンドワゴン効果同様、後光《ハロー》の輝きだけに目を向けていると、事実をありのままに評価できず、プラス要素の輝きをもつものに引きずられてしまうといえる。だがこれも、個人の意識の問題ではない。人は本質的にそういうものなのだ。これを否定しようとするのは重力に逆らうようなもので、生産的ではない。

それより、これを人間の傾向だと認識したうえで賢く対処する方がいい。一九五〇年代、アメリカのシンクタンク、ランド・コーポレーションはある依頼を受けた。時は冷戦時代、恐ろしげな計画がうわさされていたころのことだ。古代ギリシャで未来を予言する神託で知られた「デルファイの神託」から命名した手法を、ノーマン・ダルキーとオラフ・ヘルマーは一九六三年の論文「専門家の活用におけるデルファイ法の実験的適用」およびその要約版「メモランダムＲＭ７２７／１要約版」にまとめている。論文は、アンケート調査を使ってある一人の意見に影響されずに複数の人の意見を集める方法の確立をねらいとしていた。集められた複数の専門家は経済専門家が四名、脆弱性に関する専門家、システムアナリスト、電気関係の技術者が各一名という構成で、実験の設定は次のようなものだった。

専門家の意見を集め、ソ連の戦略担当の立場から、米国の産業から最適な標的を選び、軍需品の生産に打撃を与えるために必要な原子爆弾の数を推定する。[4]

言い換えると、アメリカの核兵器生産を阻止するにはソ連はどれだけの核兵器が必要か、とたずねているわけだ。核戦争が現実に起こりうるだけでなく、勝ち目があると考えられていた時代の話である。

ダルキーとヘルマーの実験のポイントは、それぞれの専門家が互いに影響されずに自分の意見を出す点にあった。ある一人が大規模な総合大学の学部長で、別の一人が小さなカレッジの一講師だとしたら、どうだろう？　一人の人の誤った考えに他の人の意見が引きずられないようにするにはどうすればいいだろうか？

実験は匿名のアンケートを繰り返す形で行なわれた。集められた七名の専門家は、他のメンバーが誰なのか知らされていない。それぞれ自分の考えで回答を出す。得られた回答は取りまとめ、回答に関わるデータをとった上で、どんな人がどの意見を出したかがわかる情報を除き、七名にフィードバックする。フィードバックを受け、七名はそれぞれ自分の意見を再考する。これを繰り返した。

一回目の回答では、アメリカの軍事産業を壊滅できると五〇パーセントの確信をもって言えるために必要な原子爆弾の数として、もっとも少ない人で五〇、もっとも多い人で五〇〇〇という数字が挙げられた。七名の回答を分析すると、各専門家が意見の根拠とした項目は、標的の脆弱さや各産業の復興力、もともとの備蓄量などいくつかの共通点がみられた。そこで次の質問では、この分析が正しいと思うかをたずね、回答にあたって他に考慮した要素があれば挙げるよう依頼した。

すると、生産工場が頑強かどうかや、物理的および経済的な脆弱性、各種部品の製造に要する時間等が挙がってきた。

この回答を再び七名にフィードバックした上で、ではこれを考慮するといくつ原子爆弾が必要だと思うかとたずねると、今度は最小が八九、最大で八〇〇との答えが返ってきた。同様にプロセスを繰り返していくと、この差は縮まっていった。最終的にはもっとも少ない人で一六七、もっとも多い人で三六〇個必要という答えになったのだった。

かくして、最初の一〇〇倍の開きから最終的には二倍程度になるまで意見が集約されたことになるのだが、これは政策や方針を決めるにあたって非常に有用だといえる。バイアスを排除して専門家の意見を集約できることになるからだ。この手法の効果は認められ、ランド・コーポレーションでは現在も使われている。最近では二〇一一年のアフガニスタンでの戦闘の際に、米軍の勝利の確率を分析するために用いられた。ちなみにこのときの見解は、情勢は芳しくないというものだったそうだ。

見積もりポーカー

デルファイ法の強みは、幅広い意見を集め、バイアスをできる限り排除しながら、匿名で他の意見を知った上で、広く受け入れられる意見へ集約できる点にある。逆に弱みとしては、スクラムの視点で見ると、時間がかかりすぎることだろう。メドコ社でプロジェクトチームをまとめた際、匿名での質問調査などはしていない。数百件に上るタスクの見積もりにかけられる時間は数時間であって、何日も何週間もかけるものではない。

だが短時間で正確な見積もりを出す手段はある。見積もりポーカーといわれるものだ。

やり方はシンプルだ。チームメンバーには、ここでもフィボナッチ数（1、3、5、8、13）が一つずつ書かれたカードを配る。見積もりたいタスクを決め、メンバーはそのタスクに必要な

仕事量に近いと思う数字のカードを伏せて机に置く。カードが揃ったら全員で一斉に表を向ける。全員の数字がすべて連続する数なら（5が一人、8が二人、13が一人など）、合計して平均値を出し（この場合6・6になる）、次のタスクに移る。覚えておいてほしいのは、数字はあくまでも見積もりであって、絶対的なスケジュールを決めるわけではない点だ。かつ、プロジェクト全体を分割したタスクの見積もりであることにも注意してほしい。

　出た数字の種類が四種類以上にまたがっていた場合、最大値と最小値を出したメンバーは選んだ根拠を説明する。それからもう一度見積もりポーカーを行なう。あるいは全部の数字の平均値を出してもいい。統計上、ランド社が出す数値に近くなるはずだ。

　具体的な例で見てみよう。家の内壁を塗り

替える計画を考えているとする。リビングとキッチン、寝室二室を塗るのにそれぞれどれだけ時間がいるかを見積もりたい。仕事は、以前にも頼んだことのある人たちと一緒にやることにしている。まず、寝室から始めてみよう。全員が3と見積もった。誰も異論はない。前にもやっていて、寝室はとくに難しくはなかったというのが共通の認識だ。次にリビング。かなり大きな部屋ではあるものの、作業自体は難しくない。5から13までの数字が出た。平均すると6だ。特に問題はないだろう。最後のキッチンには、3があり、5があり、8と13もある。3を出した人は、スペースとしては狭く、壁面積は寝室と比べるとだいぶ小さいからと理由を説明した。逆に13を出した人は、棚やキッチンカウンターをカバーするのに時間がかかること、またこまごまとした狭い壁面を塗るのにローラーではなく刷毛を使わなくてはいけないことを時間のかかる理由に挙げた。そしてメンバーがもう一度カードを出す。最初に3を出した人が数字を8に変えた。他のメンバーは変えなかった。一回目よりまとまっている。数字を合計して平均を出し、次のタスクに移る。

非常にシンプルな方法だが、これでバンドワゴン効果やハロー効果のような他の要素に影響された判断を避けられるし、チーム全体でタスクに対する認識を共有できる。鍵は実際の仕事をする人が見積もりをすることにある。「完璧な」見積もりをする見積もり専用要員ではない。

私はこれを苦い経験から身を持って学んだ。ペンシルベニアにあるeコマース企業、GSIコマースと仕事をしていたときの話だ。現在、会社はイーベイに買収されている。オンラインショップの構築を手がけ、顧客にはリーバイスやトイザらス、メジャーリーグベースボール、ゼールズ・ダイアモンド等が名を連ねる。小さなプロジェクトではない。ＧＳＩはこの分野で実績があった。

あるとき、ＧＳＩは個別のチームに各プロジェクトの見積もりをさせるのでなく、社内の優秀な専門の部門に見積もり作業を一手に任せる方針を打ち出した。いい案に見えた。プロジェクトと技術を理解していて、何が求められているかをわかっている、頭の切れるスタッフを揃えた。早速いくつかのプロジェクトの見積もりを始めた。このプロジェクトはこれくらいの時間がかかる、あっちはこれくらいの時間が必要、といった具合に。数百万ドル規模の八〇のプロジェクトについて、顧客と実際に仕事をするチームのために見積もりを出していく計画だった。合理的なやり方に見える。

だが結果はうまくいかなかった。四〇ほどのプロジェクト分を終えたところで、この方針は中止された。私の頭には、病気が治るどころか死者を出して中断された薬の治験の話が浮かんだ。出された見積もりは現実とはかけ離れ、無駄に終わった。計画通りに完成した仕事は皆無。顧客の間には不満が募った。仕事にあたったチームは自信も意欲も失った。完全な失敗だった。マネジャー陣は仕事の進め方を元に戻し、仕事をするチームが見積もりも行なうやり方にした。すると再び、見積もりと現実とが一致するようになったのだった。

この例で私が学んだのは、実際に作業をする人でなければその仕事にかかる時間や労力を把握できない、ということだ。そのチームが飛び抜けて得意な仕事がある反面、苦手な作業があるかもしれない。ある分野に秀でたエキスパートがチームにいる反面、詳しい人が誰もいない分野もあるかもしれない。チームは一つひとつ違う。それぞれ異なる仕事のペースがありリズムがある。それを考慮せず型にはめて考えると、失敗が待っている。

タスクではなくストーリーを

やるべき仕事をリストアップするとき、各項目をただ羅列してしまいがちだ。先に挙げた「教会、花、料理」という結婚式のリストでもそうだった。リストにある項目を別のチームに引き継ぐと、花はバラなのかデイジーなのかといった決定に直接関わっていない別のチームからは、思い描いていたのとは違う結果が返ってくるかもしれない。

何のためにやっているのか目的のわからないまま仕事をさせられた経験はないだろうか。ある地域の、売場面積が五五平米以上の店舗における売り上げの変動を月ごとに調べてほしい、と言われたとする。作業に取り掛かるものの、それが何のために必要なのかは知らされていない。目的を知らないために、求められているものと違うデータを出してしまうかもしれないし、指示を誤解しているかもしれない。あるいは意味のない無駄な仕事をさせられたと憤慨するかもしれない。逆に上司の側からすれば、小規模店舗を閉鎖して大規模店舗に移行しようとしているのに部下は理解していなかったのか、とあきれてしまうかもしれない。

こうしたケースでは、ある仕事を的確に行なうために十分な情報をもらっていない、あるいは与えていないことに問題がある。人間は背景があってこそ理解できる。ストーリーで物事を把握する。われわれはそうして世界を見ているものだ。そうしてストーリーに登場する人やその人の希望、意図の本質を把握する。したがって、全体から部分をばらばらに抜き出し、背景情報を無視して検討しようとすると問題が生じてしまう。

そうすると、タスクの詳細を詰めていくとき、最初に考えるべきなのは登場人物すなわち役割――例えば顧客、読者、あるいは従業員、花嫁――ということになる。つまり、このタスクは誰のための仕事なのか、という点だ。この製品を作るとき、この選択をするとき、あるいはこのプロダクトを市場に出すときに、誰の目で見た世界を念頭に置くのか。

次に考えるのが「何を」の部分、すなわちこのタスクで何を達成したいのかになる。実際、プロジェクトについてはこのことしか考えない場合が多い。だが本来は二番目に考えるべき点なのだ。

最後に考えるのがモチベーション、それを求める理由だ。登場人物はなぜこれを必要としているのか。これがあるとユーザーはどう使い、どう役に立つのだろう。見方によってはこれは鍵になる部分だ。モチベーションはすべてに影響する。

これについては私が好きな例がある。何年か前にインターネット上に出回っていた絵なのだが、スタートレックの宇宙船USSエンタープライズの艦長、ジャン＝リュック・ピカードの画像の下にこんな文がつけられていた。「宇宙船の艦長として、自動で宇宙暦の日付を入れてくれるログ機能がほしい……」考えてみればそうかもしれない。「艦長日誌　宇宙暦4671・7　軌道から見る火星は美しい……」ピカード艦長の日誌はきまってそう始まるが、ずっと先の未来の話なのに、自分で日付を入れなくてはいけないというのはどうなのだろう。今、私たちがブログのエントリーを書くときだってそんな必要はない。ピカード艦長だってそうしたいはずだ。

が、この画像の文では「なぜ必要なのか」の部分には触れていない。艦長はなぜこの機能がほしいのだろうか。目的は何だろう。エントリーを自動で日付順に整理するため？　もしくはもっと重要な目的だろうか。日付を変更できないようにして、宇宙艦隊スターフリートの犯罪捜査官が監査か何かで使うため？　だとすると先ほどのとはだいぶ違ってくる。前者は簡単なつくりでいいが、後者なら堅牢な仕様がほしい。開発チームは艦長が何を求めているのかを把握する必要があるし、最初の時点では艦長自身思いつかなかったようないい考えが出てくれば、その時点でまったく違うアプローチで仕事を進めることになる。

多くの場合、登場人物によってニーズは変わってくる。例えばストーリーの後の二つ、「何を」と「理由」の部分が「仕事に行くための車がほしい」だとする。このストーリーの「誰が」の部分を「郊外から都心へ通勤する人」とするか「サウスダコタの荒野に暮らす農場主」とするかで、何をもって最適な車とするかはかなり違ってくる。

そう考えると、プロジェクトの優先順位を決めるより先に、ストーリーの登場人物、ユーザー、顧客は誰なのか、これから作り出すものを使う人はどんな人なのかを明確に定義しなくてはいけない。その人は何が好きで何が嫌いなのか、何に情熱や意欲を持っていて、何にフラストレーションを感じ、何に喜びを見いだしているのかを知らなくてはいけない。それからその人のモチベーション、すなわちそれを求める理由を把握する。ターゲットとなるこの人たちはどうやって必要なものを手に入れているのだろう？　車が必要な理由は何だろう？　艦長日誌を使って何をしたいのだろう？

これによって見積もりも変わってくる。カレンダー機能が欲しいだけなら話は簡単だし、法的な手続きにも使える、改ざんできないタイムスタンプが欲しいとなればもう少し込み入った仕事になる。

ストーリーは端的に

ストーリーを書くときには、必ず小さなストーリーにして、見積もりができるようにすることが大切だ。アマゾンについてこんなストーリーを書いてみたとしよう。「利用者として、世界最大規模のオンライン書店が欲しい。どんな本でも、いつでも欲しいときに買えるように」確かにアマゾンの意義をまとめてはいるが、このストーリーでは大きすぎて、実際にアクションを起こすためには具体的ではない。もっと小さく分割する必要がある。

オンライン書店を開発するとしたら、こんなストーリーが考えられるだろう。

「利用者として、本はジャンル別に探せるようにしたい。自分が好きな種類の本を見つけられるように」

「利用者として、本を選んだら『買いものかご』へ入れてから購入できる機能が欲しい」

「管理側のプロダクトマネジャーとして、利用者の購入履歴を把握できるようにしたい。そうすれば履歴に合わせておすすめの本を表示できるからだ」

こうしたストーリーがあれば、開発チームは議論ができる。実際にどうやって実行していくか話が進められる。ストーリーは実際のアクションを起こせるだけの具体的な内容だが、どうそれを実行するかは含まれていない。そう、どうやって仕事を達成するかはチームに任されているが、達成したいことが何かはビジネス上の価値によって決まる。オンライン書店のコンセプトを包括的にまとめた最初のストーリーのようなものは「エピック」と呼ばれている。それだけでは大きすぎて実行に移せないが、中にはより小さな具体的なストーリーがいくつも含まれている。

ティム・ストールは、これまで幅広い仕事に携わりながら、チームでの仕事をいかにスピードアップするかに力を入れてきた人物だ。特殊部隊の衛生兵としてイラクとアフガニスタンへ赴き、

ＣＩＡの仕事を請け負い、警官として凶悪犯を追い、今はスクラムコーチを務めている。だがティム自身は、自分はどの仕事でも常にスクラムコーチの役目をしてきたと考えている。特殊部隊を率いていたときもそうだった。

「特殊部隊ではストーリーではなく行動方針と呼んでいます。でも内容は同じです」

特殊部隊のミッションについては公にできる話は多くないが、その中でティムが語ってくれた話を紹介したい。ラオスで医療活動を展開したときの話だ。「われわれの任務にはエピックが二つありました。一つは医療研修の実施、つまり現地の人たちに戦場での医療行為について手ほどきすること。もう一つは不発弾を撤去する作業でした」

衛生兵だったティムは第一のエピックを担当した。着手する前に、達成すべき仕事は何なのか、また大きなエピックに含まれるサブストーリーをどう整理するかを考えた。すると、スクラムのフレームワークに見事にあてはめられたという。

「特殊部隊の衛生兵として、私は研修生に生理学の基礎を教える必要がある。研修生に人間の身体について理解してもらうためだ」

ストーリーを書いてみると、スタート地点がわかったという。応急手当の技術を習得するには、まず骨格の位置を把握しなくてはいけない。「まず長骨から始めて、次に短骨、それから手首、足首、腱、靭帯と教えていこう」最初にこうした基本を押さえてから、接骨や気道の確保、止血等を学んでもらうことにした。

ストーリーを書き出してみると、目的達成のために必要なものが見えてきた。骨格模型がいる。英語とラオス語の配布用教材がいる。そしてすべての項目をスプリントに入れていった。「ラオスへ向かうのに二日。準備に一週間。六週間の研修を二回行なう。ゼロから始めた研修生を救急救命士に育てるのが使命でした。そのとおり目的を達成できたのです」

準備する、完了する

ストーリーを書くとき、あるいはやるべき仕事のリストを作るときに大切なのが、次の二つを問いかけてみることだ。「ストーリーが準備できているか」と「完了したかどうかをどう判断するか」だ。

先のティムのストーリーを例にとってみよう。

特殊部隊の衛生兵として、私は研修生に生理学の基礎を教える必要がある。研修生に人間の身体について理解してもらうためだ。

ストーリーができているかをみるのに私がいつも使う基準がある。ソフトウェア開発の世界に詳しいビル・ウェイクが提唱した基準で、よく書けているストーリーは次の「ＩＮＶＥＳＴ」の原則を満たしている、というものだ。

Independent（独立している）

ストーリーは単独で実行可能、かつ「完結可能」であること。他のストーリーに依存しなければ成り立たないものであってはいけない。

Negotiable（交渉できる）

完全に完了するまでは書き換え可能であること。常に変更の余地があること。

Valuable（価値がある）

顧客、ユーザーあるいはステークホルダーに対して実際に価値を提供できること。

Estimable（見積もり可能）

規模を把握できるものであること。

Small（小さい）

見積もりや計画が容易にできる程度に小さいストーリーであること。大きすぎれば書き直すか、小さなストーリーに分割する。

Testable（テスト可能）

ストーリーには、完了するために合格すべきテストが用意してあること。ストーリーを書く前にテストを書くこと。

この基準に沿ってティムのストーリーをみていくと、まず、ストーリーは独立している。このミッションを達成するのに、例えば研修生を会場へ集めるために使うヘリコプターの燃料を心配する必要はない。交渉もできる。生理学を教えることが必要だと彼は考えているが、実際に現地へ赴いてみて、研修生がすでにある程度の知識を持っていることがわかれば、教える内容をアレンジできる。価値もある。研修生は人間の身体について実践的で応用可能な知識を習得できる。ストーリーは小さい。人の身体の基本的な構造を学ぶのであって、本格的な手術ができるような知識を教えるわけではない。そして最後に、テスト可能だ。教えたい知識はわかっているし、研修生にテストを課して必要な情報を習得したか確認できる。

ストーリーには、必ず「準備完了の定義」（INVESTの原則を満たしているか）と「完了の定義」（何の条件を満たしどのテストをクリアすれば完了とみなすのか）の両方がなければならない。これまで実際のプロジェクトを見てきた経験から言えることだが、ストーリーが真に準備できていればチームの仕事の速さは倍になる。そしてスプリントの終わりに本当の意味でストーリーを完了できると、チームの仕事はそこからさらに二倍速くなる。これが、半分の時間で倍の仕事をこなすための秘訣の一つなのだ。

スプリント計画

スクラムではこうしたプランニングをスプリントごとに必ず行ない、これをスプリント計画ミーティングと呼んでいる。チームのメンバーが全員集まり、実現すべきストーリーのリストを見ながら話し合う。このスプリントでは何を実現するか？　ストーリーはちゃんと準備できているか？　スプリント終了までに完了できるか？　スプリントの終わりには、成果をデモンストレーションして顧客に価値を示せるか？　これらの問いに答える際、鍵になるのがチームの仕事のスピードだ。

ベロシティを知る

ここでようやく、いつ仕事が完成するかという問いに対する答えを考えることができる。チームが手がける仕事を評価するための要素が揃ったからだ。必要なストーリーが出揃い、何をすればいいのかがわかった。これは8のサイズ、あれは3のサイズと見積もりができた。こうして最初のスプリントをスタートさせる。一週間のスプリントだとしよう。週の終わりに、完了できたストーリーをすべて並べ、見積もり時の数字を合計すれば、その数がチームの仕事のスピード、ベロシティになる。ベロシティがつかめたら、あとどれだけストーリーが残っているか、見積もりポイントはいくつになるかをみれば、いつごろ完了できるかがつかめる。

さらに、ベロシティがわかるとスクラムの真髄、スピードアップの妨げになっているものは何かがみえてくる。さらなる加速を妨げているものは何なのか。前章で無駄について考察した。無駄は仕事のスピードを落とす要因だ。無駄を徹底的に取り除くというのは、こうした視点で見ることなのだ。

本章の最初に触れたメドコ社のプロジェクトの例に戻ってみよう。必要な作業をすべて見積もった後、私はプロジェクトの責任者である上層部と会議室に集まった。ビジネスユニットを統括する部長クラスが数名と、上級副社長も含まれていた。

全員が机を囲んで席に着くと、上級副社長が机を軽くたたき、一つだけ質問をした。「最初に決めた期日には間に合うのか？」

「わかりません。ですが、最初の期日の一年遅れになるという御社の見積もりより長引いたら、頂いた料金はお返しします」私は言った。

「それじゃだめなんだ！　最初の期日に間に合うのか？」

「それは今の時点では答えられません。チームがどのくらいのスピードで仕事ができるのか、実際に始めてみないとわかりませんから。こうしましょう。六週間後に、プロジェクトの完成予定日をお伝えします。それはご希望の期日よりも遅くなるはずです。ただ――」さえぎられる前に私は急いで続けた。「チームの仕事を阻害する要因を一覧にしてお見せします。最初に約束した、七月の期日に間に合わない原因になる要素です。障害のリストですね。それをできるだけ速やかに取り除くのが皆さんの仕事になります」

上級副社長は笑って返した。「障害か！　いいだろう。私は昔トヨタにいたんだ」

私も笑って言った。「いいプロジェクトになりそうです」

彼は大野耐一の無駄の概念を取り入れた経験があり、それがどう仕事に影響するかをわかっていた。無駄を取り除くことがチームのスピードアップの鍵なのもわかっているはずだ。

ベロシティをみながら三回目のスプリントが終了した時点で、チームのベロシティは一スプリント二〇ポイントから六〇ポイントまで上がり、おおよその完成予定日がつかめてきた。この時点で三月初旬であり、チームのベロシティを考慮すると、二週間のスプリントがあと一九回必要になる。つまり完成予定は一二月一日だ。

マネジメント陣は渋い顔をした。これでは遅い。七月一日でなければ意味がない。すべてがそれにかかっていた。

そこで私はプロジェクトの障害になっている要素を一二点挙げたリストを見せた。チームに決定権がない、煩雑な技術的要求事項がある、といったものもあれば、ミーティングで全員が揃わない、チーム全員が同じ空間で仕事をできていないといった単純なことまで、多岐に渡った。プロセスの問題、個人の問題、手順の問題とさまざまだが、どの企業でもみられる問題だ。

こうした障害は解決しようがないと思えるかもしれない。自分の職場を見回して「今も今までもずっとこうしてやってきてる。皆がこれではだめだとわかっているのに――」そんなふうに思ったことが誰でもあるのではないか。私たちはどういうわけか、企業文化は変えられないものだと思ってしまっている。私もかつてはそう思っていた。硬直した大企業の体質や方針についてはとりわけそうだった。

だがメドコでの経験はそれが間違っていたことを証明してくれた。私は昔の考え方を改めた。トヨタからきた件の上級副社長は、その月曜、私たちがまとめた障害のリストを全社に送信した。障害として挙げた各項目には、それぞれマネジャーの名前が書かれていた。そして木曜日にはすべての障害が取り除かれた。変わろうという気を引き起こすためには、人はときに銃を突きつけられる必要があるのかもしれない。ともあれ、意志があれば（あるいはトヨタ出身のボスがイニシアチブを取れば）成し遂げられるのだと示してくれた。絶対に変える余地がないものなどない。何にでも疑問を抱いて追求してみるべきだ。

次のスプリントが終わったとき、ベロシティは五〇パーセント上がっていた。完成予定日は一〇月一日になった。それでもまだ三カ月遅い。スプリントあたりのチームのスピードは二〇ポイントから九〇ポイントへ、四〇〇パーセント増以上に達したというのに！

さらに時間を短縮できる部分はないか。

ブレントと私は全員を集めた。エンジニアリング部門、マーケティングチーム、ビジネスアナリスト、コンプライアンス部門、マネジメント陣。皆が不安を抱いていた。このプロジェクトを成し遂げられなければ、自分の仕事とキャリアはどうなってしまうのだろう？　私は呼びかけた。

「これから三つの点について考えてみます」

1．スピードを上げるためにやり方を変えられるところはないか？

エンジニアリング部門のトップが口を開いた。「前回のスプリントで、ITセキュリティ担当がインターネット接続用のポートを遮断した結果、インドとブラジルのチームがまったく仕事にならなかった」

「それは何とかした方がいいですよね？」私は驚いてたずねた。エンジニアリングのトップは、机の端に座っているIT部門のトップに視線をやった。これで一カ月短縮できるだろう。意見はまとまった。遅れは二カ月に縮まった。

2．バックログにある残りタスクを減らせないか？　他のチームに頼めるタスクはないだろうか？

　これは誰もいい案が浮かばなかった。

3．やらなくてもよいタスクはないだろうか？　プロジェクトの規模を少しでも小さくできないだろうか？

　それは無理だ、すでに限界まで要求事項をそぎ落としたのだから、と返ってきた。だが私は提案した。ええ、でももう少し時間をかけて削れるところはないか考えてみましょう。タスクを一つひとつ徹底的に検討していきましょう。

　数時間かかったが、さらに一カ月短縮できた。

　ここで私は言った。「さて、まだ最初の期日からひと月遅れということになります。他に策が思いつかなければ、これ以上は無理ですと経営陣に伝えましょう」

「いや、それは困る」全員がそう答えた。「それでは皆解雇されてしまう。今の三つの点をもう一度見直してみよう」経営側と話してみてはどうか、と私は提案した。プロジェクトチーム側だけの問題ではない。経営陣の問題でもあるのだから、何か協力が得られるはずだ。

ミーティングは短時間ですんだ。経営側は説明を聞くとこう言った。「とにかく七月一日には稼働させなくてはいけない。工場一カ所だけでも始められないか？　リソースセンター一カ所だけなら？　あるいは二カ所くらい。それならどうだろう？」ためらう声、考えこむ声が聞こえ、しばらく検討が続いた。だが最終的にはいくつかの機能を減らすことに決め、社長が金融界に約束した二〇〇七年七月に間に合わせられるプランにたどり着いた。

ミーティングの最後に上級副社長が言った。「勝利宣言だな。何か問題が出てきたら知らせてくれ」

その夏、メドコの株価は目を見張る動きを見せた。私たちがプロジェクトの基盤づくりに取り掛かると株価は上がり始め、プロジェクトの完成後も上がり続けた。どれくらいかというと、何十億ドルにも相当する。その年のうちに株価は二五ドルから五〇ドルまで上昇した。メドコはこの先も成長を続け、新たな顧客を引きつけて業界を引っ張っていく、と金融界は判断したのだ。今思えば、単純な料金制でなく株価の時価総額に連動した報酬にしておけばよかった、と思ったりする。

数年後、メドコは「メドコ２・０」と名づけたプロジェクトを、スクラムを取り入れて実施した。会社のあらゆる部分を構築し直す改革だった。新工場の開設、新型ロボットと新たなプロセスの導入、さらなる自動化。当時最高技術責任者になっていたマーク・ランディは、治療リソースセンターを立ち上げた過去の経験がなければこのプロジェクトは不可能だった、と言う。

「全社規模で改革をする許可など出なかったでしょう。でもあの経験のおかげで、組織全体に自信があったんです。開発部門にオペレーション部門、財務部門、臨床部門。会社は新しい文化を作れたんです」

スクラムの一番重要な点はそこだとマークは言う。スクラムは組織の文化を変えられる。変化を不安に思う人もいるかもしれない。確かにメドコでも、変化についていけなかった社員は去ってもらうことになったという。だがそれは能力がなかったからではない。持っている知識や情報を保身のため自分の中に抱え込み、チームや会社のために役立てるよりも自分の存在意義を死守することを優先したからだ。そうした文化を変えてこそ、真に優れた結果が生まれる。

まとめ

- **地図は実際の地形ではない**
  計画にうっとりしていてはいけない。それはほぼ確実に現実とは違う。
- **必要な分だけ計画する**
  ずっと先のことまですべて計画しようとしない。チームがさしあたり目の前に仕事がある状態であればよい。
- **犬のサイズに例えてみる**

時間などの絶対的な基準を使って見積もりをしないこと。人間はこれが不得意で、うまくいかないことは実証されている。仕事の規模の見積もりには相対的な基準を使う。犬の種類やTシャツのサイズ（S、M、L、XL、XXL）、あるいは広く使われているフィボナッチ数列がいい。

● **神託に耳を傾ける**

デルファイ法のように先入観の影響を排除できる手法を使い、ハロー効果やバンドワゴン効果、あるいは弊害の多い集団思考がもたらすバイアスを排除しよう。

● **ポーカーで見積もる**

見積もりポーカーを活用し、短時間で仕事量を見積もる。

● **仕事はストーリー形式で**

まず価値を享受するのは誰なのかを明確にする。次にどんな価値を提供したいのか、そして何のために必要なのかを考える。人はストーリーで物事を考える。次のような形式でストーリーを書いてみよう。「X（登場人物または役割）として、私はY（目的）したい。それはZ（理由）のためだ」

● **ベロシティを把握する**

チームは自分たちがどれだけの仕事をこなせるかをスプリントごとに把握すること。効率よく上手に仕事をし、スムーズな進捗を妨げる障害を取り除くことで、どれだけベロシティを上げられるかがつかめる。

●**ベロシティ×時間＝完了**

自分たちのスピードがわかれば、いつゴールにたどり着くかもわかる。

●**目標の設定は大胆に**

スクラムを取り入れると、生産性を倍増したり完成までの時間を半分に短縮したりすることも難しくない。正しく活用すれば収益や株価も倍に跳ね上がる。

第七章　幸　福

人は誰でも幸せになりたい。自己満足にとどまる腰の引けた幸せでなく、能動的に幸せでありたいと思う。トーマス・ジェファーソンも、みずから追求した結果手に入る幸せをとりわけ称えている。われわれは追求することで幸せになれるらしい。スクラムは正しく実践すると、働く人、顧客、経営陣、株主に幸せをもたらしてくれる（基本的にこの順番だ）。

真の幸福は簡単には手に入らない。以前、ある登山家から、日が沈もうとしているヒマラヤ山頂で撮ったという写真を買った。単独で頂上に到達したのはだいぶ遅い時間で、その直後に撮影した写真だった。日が沈む前にベースキャンプまで戻るのは無理かもしれないと考えたという。日没前に戻れなければ凍死するのは確実だった。その写真の胸に迫るような力強さは、このとき、これが最後の言葉になるかもしれないと思いながら彼が書き記したという心情が反映されているのだろう。彼はこのとき、たとえこれが読まれるときに自分は息絶えていたとしても、登頂できて幸せな気持ちだ、と記したそうだ。

登山家に遠征の話を聞くと、頂上に到達したことそのものについてはあまり多く語らない。彼らが語るのは、極寒の気温や凍傷の苦しみ、質の悪い食料、厳しい気象状況、思うようにならない装備といった話だ。そして登頂を達成した高揚感の後に訪れる喪失感（死が差し迫ったような状況が続く場合は除いて）。登頂し、やり遂げた。苦労の末に一つのことを成し遂げた。だが、どの瞬間にもっとも喜びを感じたかとたずねると、挑戦していた瞬間――身体と頭と心の限界まで挑戦していた瞬間だと答えが返ってくる。その瞬間こそが最高の幸せであり、真の喜びを身をもって感じるという。そしてそれをもう一度味わいたいと思う。普通に考えれば、そんな苦しみをみずから進んでまた経験したいなどと思うのだろうか、と不思議に思える。だが登山家は、また次の山に挑戦し、新たな頂上を目指して喜びを追う。

興味深いのが、ほとんどの文化でこうした種類の幸せを推奨したり評価したりしていないことだ。ハーバード大学でもっとも人気を誇る「ポジティブ心理学」の講義で知られるタル・ベン・シャハー教授は、著書『ＨＡＰＰＩＥＲ――幸福も成功も手にするシークレット・メソッド』でこう述べている。「私たちは、旅路を楽しんだことそのものを称えられることはなく、旅を無事完了したときに称えられる。私たちの社会では、過程ではなく結果を、旅の道のりではなく目的地に到着することを称えるのだ」

とはいえ私たちの毎日はほとんどが旅の途上だ。毎日山頂を制覇するわけではないし、華々しい成功をするわけでもない。毎日巨額のボーナスを手にするわけでもない。私たちの日常の大半は、どこであれ目的に向かって進み、励むことに費やされている。会社であれば、目的は次の画期的な製品を完成させて売り出すことかもしれないし、その製品で人々の生活を少し快適にすることかもしれない。あるいは人々が頭を悩ませている問題を少しでも解決することかもしれない。でも過程でなく結果しか評価されないとすれば、私たちの毎日はむなしいものになってしまう。

研究職を辞してビジネスの世界へ入った一九八〇年代前半、私は大勢の不幸なプログラマーをまとめる立場にあった。プロジェクトは慢性的に遅れ、予算もオーバーしていたが、それでも運よくプロジェクトが完成にこぎつければいい方だった。チームの雰囲気は相当ネガティブになり、職場に満ちた負のエネルギーに皆の士気は下がった。プロセスは破綻していて、これでいい仕事をするなど無理な話だった。以来、三〇年にわたって、私はこの問題の解決に取り組んできた。

最初のスクラムチームを立ち上げたとき、私は幸福の重要性を痛感した。チームの状態を、感情面でも精神面でも考慮しなくてはならない。士官学校で鍛えられた元戦闘機パイロットの私には新たな挑戦だった。それまでの私は、決められた型がある状況に慣れていた。客観的で科学的なやり方に慣れていた私は、人が力を発揮できるように導いたり、他の人の日常生活をプラスの方向に転換させたりするには、自分が変わらなければいけないのだと理解するまでにしばらくかかった。最初にスクラムを導入して試行錯誤するうちに、本当に優れた仕事は喜びに根ざしているのだとわかってきた。言い換えれば、喜びに満ちていることが成功への第一歩なのだ。

何だかニューエイジ的になってきた、キャンプファイヤーを囲んで皆でフォークソングを歌おうなどと言い出すんじゃないか。そう感じる人もいるかもしれないので付け加えておくと、スタートアップ向けにコンサルティングを始めたころ、周りのベンチャーキャピタリストたちは私をサンフランシスコ辺りから来たヒッピーだと思ったそうだ。人の力を引き出す、自信を持たせるという発想は、彼らの世界には存在しなかった。だが今では、ベンチャー企業のコンサルタントである私は賢人のように扱われることが多い。何か問題が生じると、解決法を授けてもらえないかと人々が訪ねてくる。必ずしもすぐに納得できる答えを期待しているわけではない。でもとりあえず実行してみると、驚いたことにたいていの場合うまくいく。

これは、幸福はビジネスにおいても不可欠な要素であり、CFOが出す指標などよりも正確な、先の利益を予測する手がかりになるからだ。この章では、ビジネスの最終的な収益にとって人々の幸福がどれだけ大切かを紹介した上で、幸福をどう手に入れ、評価し、応用できるかをみていこう。厳格な意味での幸福だ。

スクラムの開発を通じて、私自身も成長できたのかもしれない。私も家族も前より幸福になれたといえる。だがビジネスマンであり研究者である私としては、客観的なデータを用いることにしよう。

幸福は成功

研究結果は驚くほど明らかだ。幸福な人は家でも職場でも、人生全般において、そうでない人よりうまくいっている。収入も多く、いい仕事に就き、大学を出て、長生きする。ほぼ例外なく、何につけても幸せな人の方がうまくいっている。

幸せな人は売り上げも高く、より多く稼ぎ、かけるコストは少ない。離職する確率が低く、健康を保ち、長く生きる傾向にある。二七万五〇〇〇人を対象にした二二五本におよぶ研究論文を分析した二〇〇五年の論文はこうまとめている。

幸福であることは、私たちの人生のほぼ全領域において成功につながっているといっていい。結婚生活、健康、友人関係、地域との関わり、創造性、そしてとりわけ仕事、キャリア、ビジネスが挙げられる。[1]

論文では、自分は幸せだと感じている人の方が採用試験に通りやすく、上司から肯定的な評価を受け、優れた実績を上げ生産性も高く、よいマネジャーになる確率が高いと指摘する。

そしてここからが非常に興味深い。幸せな人が何でもうまくやれるのはある意味で当然じゃないか、うまくいっているから幸せだと思えるんだろう――そう思うのではないだろうか。だが違うのだ。先の論文はこう述べる。「数多くの研究から、大きな成果や成功を得るよりも前に、幸福感が先にあったことがわかっている」

そう、人は成功しているから幸せなのではない。幸せだから成功するのだ。幸福は成功に先立つ要素であるということだ。ほんの少し幸福感が増すだけで、人間のパフォーマンスはぐっと上がる。人生を劇的に変えなくても、幸福度をしばらくの間上げることは可能だ。少しの幸福がはつきりといい成果につながる。スクラムはこうした小さなきっかけに着目し、これを体系的に取り入れ、よい仕事を達成する足掛かりにする。小さなきっかけで世界はがらりと変わるのだ。

これから、あなた自身やあなたの仕事上のチーム、会社、家族、その他属しているグループの幸福度を評価する方法を紹介する。スクラムの本領発揮だ。信頼関係構築のセッションの類は脇に置いて、日々、信頼を築いていこう。そしてそれを評価してみてほしい。皆だいたい満足しているはずだと頭で考えるだけではだめなのだ。ここは研究者のようにきちんと量的に把握した上で、パフォーマンスに結びつけてほしい。そうならないとしたら、どこかに問題がある。職場のチームで飲みに行ってつながりを深めるのもいい。だがその絆も、よいパフォーマンスにつながらなければ会社にとってはあまり意味がない。私にも、純粋に一緒にいるのが楽しいから集まる仲間が大勢いる。だが仕事上のチームに関しては、そうした社交面でのつながりは直接仕事の成果に結び付けたい。実際にそれは可能なのだ。

幸福度を測る

自分自身を、そして従業員やチームのメンバーを、幸せにするにはどうしたらよいか。そしてその幸せを、生産性と収益の向上につなげるにはどうすればよいだろう。

この答えを探る前にもう一度、無駄を排除する大野耐一の取り組みに立ち返ってみたい。無駄をなくすというゴールは「継続的改善」という考えにつながった。これは、あるレベルの生産性を目標に掲げ、達成したらそれでよいというものではない。プロセスを常に見直し続け、継続して絶えず改善し続けるという考え方だ。完璧の域に達することはないわけだが、それを目指して取り組み続けることが重要になる。

プロジェクトを取り組みやすい大きさのタスクに分解し、時間のサイクルを管理しやすい長さに区切ったのと同じように、改善も段階に分けて考える必要がある。トヨタ生産方式では、この改善は「カイゼン」という用語になっている。今すぐできて、少しでも仕事をいい方向に変えられる改善がないか探すことだ。

スクラムでは、各スプリントの最後に行なう「スプリントレトロスペクティブ」というミーティングでこれを検討する。スプリントの間に達成できたもの、すなわち「完了」できていて、顧客に渡してフィードバックをもらえる準備ができているものを発表したあと、うまくできた点は何か、もっとうまくできたはずの点は何か、次のスプリントではどこを改善できるかを話し合う。チームがすぐにプロセスに取り入れられる改善は何だろう？

スプリントレトロスペクティブの効果を上げるためには、メンバーが感情面である程度大人であること、またメンバーが互いに信頼し合っていることが必要になる。大事なのは、誰かのせいにしようと犯人探しをするのではなくプロセスに焦点を当てて見直すという点だ。なぜこういう結果になったのか。なぜこれを見落としたのか。どうすれば仕事のスピードを上げられるか。チーム全体でプロセスと結果に責任を持ち、チーム全体で解決法を探る姿勢が欠かせない。同時に、悩ましい問題に対しても、誰かを非難するのでなく解決志向の姿勢で向き合う強さも必要だ。また、フィードバックに耳を傾け、受け入れて、保身に走らず解決策を探ろうとする成熟した態度が求められる。

レトロスペクティブミーティングは、デミングのＰＤＣＡ（計画、実行、評価、改善）サイクルでいう「評価」にあたる。鍵は「改善」まで実行することにある。改善してこそプロセスに実際に変化が生まれ、次にやるときに前進する。自分の思いや発見をチームで共有するだけでは足りない。実際に行動し改善することだ。

こうした過程をすべて実行するのに一番いい方法が「幸福度の計測」と呼んでいる手法だ。シンプルだが効果的に、あるべきカイゼンの形、かつ人を幸せにするカイゼンを見つけることができる。実際、これですばらしい結果を引き出してきた。

やり方は次のとおりだ。スプリントが終わるごとに、チームのメンバーはそれぞれ以下の問いに答える。

1. 会社内での自分の役割について、一から五のスケールで表すとどう感じているか。
2. 同じスケールで、会社全体についてどう感じているか。
3. なぜそう感じるのか。
4. 何を一つ変えれば次のスプリントでもっと幸せだと感じられるか。

これだけだ。数分でできる。チームのメンバー全員が順番に答えていくと、本質に迫る活発な話し合いが生まれる。チーム全体で取り組むと、短時間のうちに改善策が出てくるものだ。このやりとりを通じて、それぞれのメンバーが何を一番大事だととらえているか、また会社にとっては何が一番大事だと考えているのかが明らかになる。

次が重要な点だ。一番の改善点をチームで決め、それを次のスプリントの最重要課題にする。そして「合格判定試験」も含めておく。つまり、改善ができたことをどうやって確認すればいいのかだ。どうなれば改善完了なのか、具体的に実践できる形で定義しておけば、次のスプリントのレトロスペクティブで改善できたかどうかの評価が簡単にできる。

数年前、私は自分が立ち上げたスクラム社の事業を拡大し、スクラム関連の幅広いコンサルティング業務を手掛けることにした。自分たちのベロシティを計測すると、一週間のスプリントでストーリーの四〇ポイント分をこなせるとわかった。幸福度の計測を実践してみるとまず浮かびあがったのが、ストーリーが十分練られていないという点だった。ストーリーがきちんとできあがっておらず、完了の定義も決まっていない。ストーリーが曖昧すぎた。それを踏まえ、ストーリーの改善に取り組んだ。次のスプリントでも、ストーリーの中身はまだ不十分だった。メンバーの満足度を示す数字はまだ高くなかった。三回目のスプリントでは別の改善点が持ちあがった。またそれに取り組んだ。こうして仕事を進めていくと、数週間のうちに、スプリントごとのベロシティは四〇から一二〇ポイントにまで伸びた。どうしたらより幸せになれるか、満足できるかと問い続けるだけで生産性が三倍になったのだ。結果的にクライアントの満足度も上がり、会社の収益もぐんと上がった。どうしたらより幸せになれるか、満足できるかとチームに問いかけ、それを実践していくだけで成果が表れたのだった。

この時の数字の動きをグラフにしてみると、目を引く事実が浮かび上がった。私はCEOとして、会社の収益と成長、生産性がこの先どうなるかに注目する。すると財務上の指標と異なり、幸福度の計測は先を予測できたのだ。財務面の指標は過去の実績を分析するが、チームメンバーに今の満足度はどの程度かと問うと、その答えは今後を予測する指標になる。会社についてどの程度満足しているかは、会社が今後どうなるかを示唆する。つまりこれによって、問題が発生する前に、この先問題が起きそうだと予測できることになる。チームが発信するメッセージに注意して耳を傾ければ、問題になる前の芽の時点で対処することもできる。図7のグラフを見ると、幸福度の低下はベロシティや生産性が低下する数週間前に起きている。生産性だけを見ていたら、

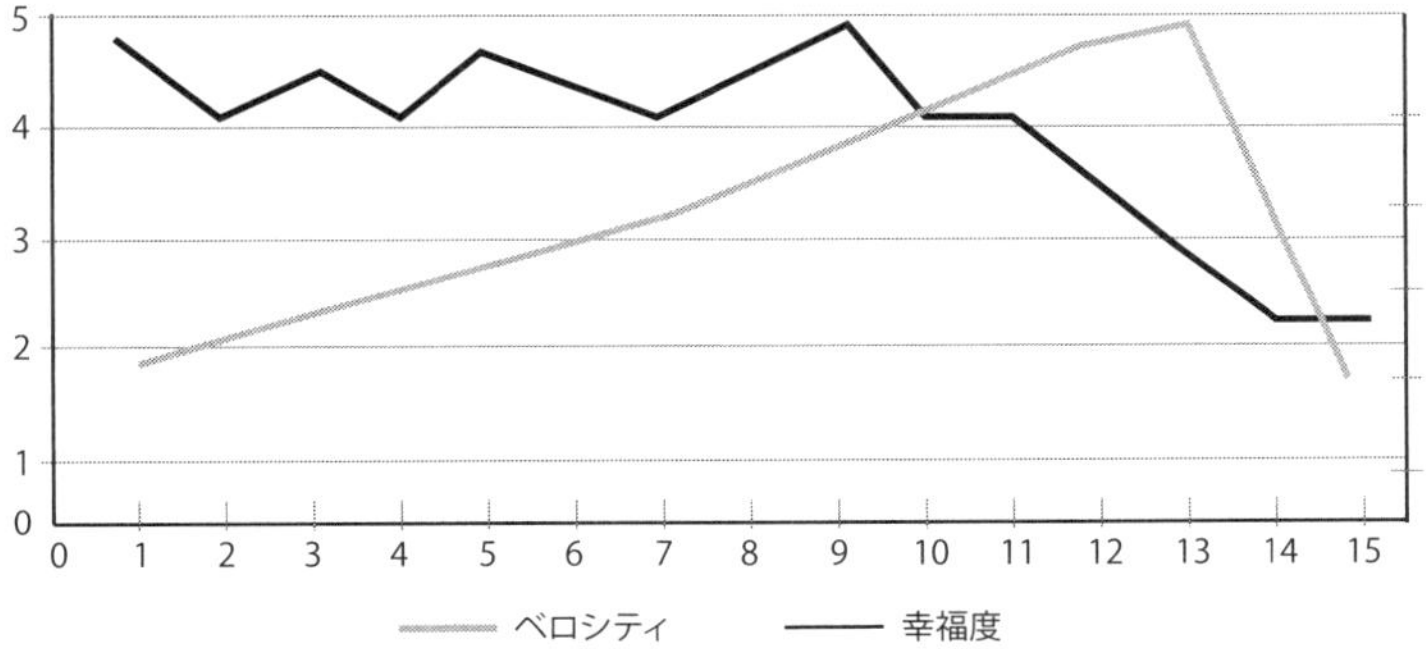

図７

実際に数値が下がるまで問題の存在に気づけないだろう。だがチームの間で幸福度が下がっているとしたら、たとえその時点で生産性が上昇していたとしても、何かがうまくいっていないためすぐに手を打った方がよいとわかるのだ。

すべてを「見える化」する

では、チームのメンバーを実際に幸せにする要素とは何だろう？　実は優れたチームを作る要素と同じ、主体性、スキルアップ、目的意識だ。もう少し具体的に表現すると、自分の運命を自分でコントロールできること、何かについて自分が上達しているという実感、そして自分より大きな何かに力を尽くしているという感覚、といっていい。こうした要素を尊重し伸ばす企業文化にするために、活用できる簡単で具体的な方法がある。

主体性、スキルアップ、目的意識をもたらすスクラムの要素が透明性だ。秘密裏の戦略や裏の思惑など、隠された秘密をいっさい作らないやり方を指す。会社では、他の人が何をしているのかどうもよくわからない、または個々が今取り組んでいる仕事が会社の目標にどう寄与しているのか見えない、というケースは多い。

スクラムの構想を立ち上げたころ、当時友人がコロラド州議会での導入に向けて活動していた、サンシャイン法〔訳注　議事公開法〕の考え方から大いに学んだ。同法の下では、公式の議会はすべて市民に公開され、市民は記録の類にアクセスできる。市民の目の届かない、隠れたところで物事を進めることはさせない。スクラムでも同じで、どのミーティングも誰でも参加できる。プロジェクトに利害関係のあるステークホルダーの誰でもが、デイリースタンドアップやレビューに立ち会える。

私が目指したのはすべてを「見える化」することだった。これを聞くと身構える人もいる。病院施設や医師向けのアプリケーションを開発しているペイシェントキーパーという会社がある。ここで仕事をすることになったとき、私はすぐにエンジニアリング部門にスクラムの体制を導入した。開発担当者には全員があらゆる情報を共有できるようにすると伝えた。だが彼らは数字やデータをふりかざされて責められる経験を散々してきたため、新たに透明化を進めればさらにひどい目に遭うのではと懸念を見せた。

私はこう返した。「信頼してほしい。これは皆さんをおとしめたり非難したりするために使うわけじゃありません。現状をよくするために使うんです」

前にも触れたとおり、私は個人のパフォーマンスを伸ばすことにはあまり関心がない。大事なのはチーム全体のパフォーマンスだ。チームの生産性は一カ月で倍にできるが、一個人ならどうだろう？　一年かかるかもしれない。メンバーが大勢いたら？　部署全体、会社全体では？　膨大な時間がかかるだろう。であれば、透明性をうまく活用してチームの仕事を向上させる方がいい。これまでの経験からみると、メンバー個人の仕事ぶりについては基本的にチーム自体で対処できる。各メンバーが何をしているか、誰が貢献していて誰が足を引っ張っているか、チームをよくしているのは誰か、あるいは苦しくしているのは誰か、チームのメンバーはわかっているものだ。

そういうわけでスクラムではすべてが目に見える。私の会社では、給与体系も財務状況も経費も、すべて誰でも見ることができる。なぜこうしたことを秘密にしておきたいのか、私には理解しがたい。そうすることで自分の仕事を守りたいのか、あるいは社員を一人前の人間とみていないのかもしれない。私はアシスタントには損益計算書を読めてほしいし、自分の仕事がそれにどう貢献しているかを正しく理解していてほしいと思っている。同じ会社で働くスタッフ全員に、同じ一つの目標に向かってともに歩いてほしいと思う。情報の縄張りをいくつも作ってまとまりを失えば、仕事の勢いは鈍る。疑心や不信も生まれる。組織は分裂し、重要事項を知っている上層部と、やっている本人も理解できない、謎に包まれた仕事の断片を言われるままこなすだけの層に分断されてしまう。まったく無意味だ。会社で起きていることを、同じチームの一員として雇った社員と共有できないのなら、そのような人を雇うこと自体が間違っているし、組織のシステム自体に欠陥があると言わざるを得ない。

こうした考え方がもっともわかりやすい形で表れているのが、世界中どのスクラムチームの部屋にもあるもの、スクラムボードだ。

現在、巷には、あらゆる事象を評価でき、あらゆる指標や分析を出してくれるソフトがあるが、スクラムボードはそのようなものではなく、付箋がたくさん貼られたホワイトボードだ。スクラムボード上では、タスクを「未着手（To Do）」「作業中（Doing）」「完了（Done）」の三つのステータスに分ける。ストーリーができてタスクにゴーサインが出ると、誰が進めていくのか全員が把握している。完了すれば、それも全員がわかる。ボードには進行中のスプリントで実施すべきタスクがすべて付箋にして貼ってあるため、誰でもスプリントの進捗が把握できる。誰でも部屋に入ってボードを見れば、チームの仕事の進み具合がわかるのだ。

何が完了し何が残っているかをチーム全体で把握しているため、自分たち自身でチームを管理できる。すべきことはわかっているし、仲間が困っていれば気づく。ストーリーがずっと「作業中」のままであればどうしたのかと気にとめられる。透明化されると、チームは気がついた問題を解決すべく自分たちで動けるのだ。

ペイシェントキーパーでは、社員が最初は警戒していた透明化が、やがてよい結果をもたらした。すべての仕事をガラス張りで見えるようにしたため、複数のチームで仕事を分担できた。メ

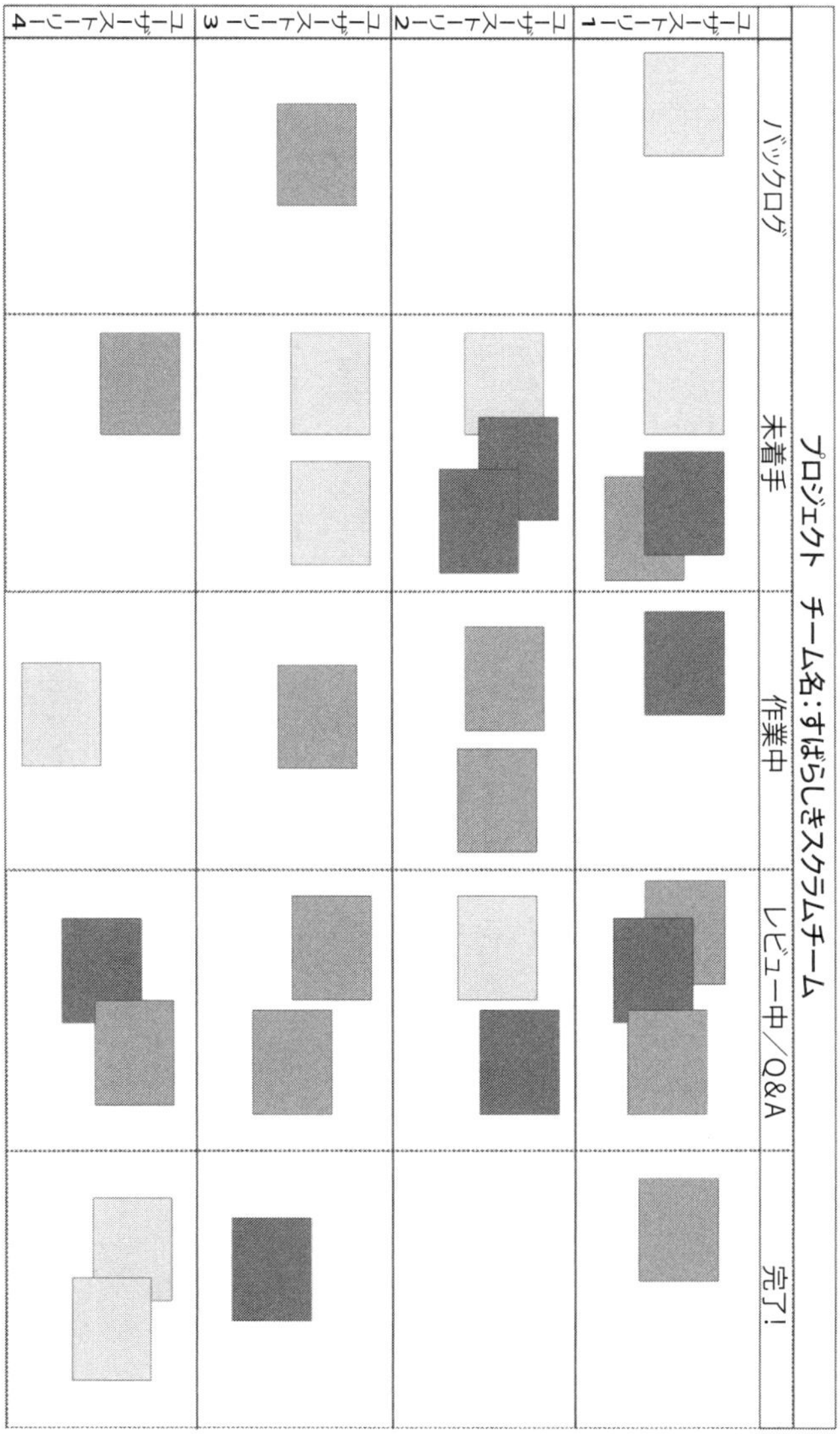
プロジェクト　チーム名：すばらしきスクラムチーム
バックログ
未着手
作業中
レビュー中／Q&A
完了！
ユーザーストーリー1
ユーザーストーリー2
ユーザーストーリー3
ユーザーストーリー4

図8

ンバーがそれぞれ何をしているのか、皆が常に把握できた。誰かが問題にぶつかれば助け合った。一人が問題を抱えていても、別の誰かが同じ問題を経験済みなら、解決策を教えることもできる。同じチームのメンバーでなくてもそれができるのだ。生産性は四倍以上伸び、ソフトウェアの製品版のリリースは年四五回を数えた。ゲームアプリのアップデートとはわけが違う。主要病院で広く使われる、人の生命がかかっているプロダクトだ。あらゆる透明化を図った結果、世界に先駆けて製品化にこぎつけることができた。これが透明化の力だ。

私が去った後、ペイシェントキーパーの新しいマネジメント部門は、スクラムが最良の進め方とは言えないとして方針を変えた。すると、新プロダクトのリリースは年間四五件からわずか二件、収益は年五〇〇〇万ドルから二五〇〇万に落ち、離職率は一〇パーセント未満から三〇パーセント以上へと跳ね上がった。従来のやり方に戻した途端、輝かしい会社から平凡な会社へ戻ってしまったのだ。

幸せを届ける

幸せを企業文化の中心に据えている例が、ザッポスだ。ザッポスは、以前は不可能だと思われていた分野でめざましい成功を収めた。靴のインターネット販売だ。CEOのトニー・シェイはその哲学を著書『顧客が熱狂するネット靴店　ザッポス伝説――アマゾンを震撼させたサービスはいかに生まれたか』に記した。ザッポスは、顧客が「ワオ！」と驚きの声を上げるような体験を提供することを打ち出したユニークな企業文化で知られる。電話の向こうの顧客に幸せを届けるためには、電話のこちら側にいる人間も幸せでなくてはいけないという考え方が根底にある。

ザッポスの経営陣と話しているとたびたび出てくる言葉が「つながり《コネクション》」だ。ザッポスがリサーチした結果、職場で他の人とのつながりが充実している人ほど幸福度が高く、イノベーションを生む力や生産性も高い傾向にあったという。それでは、と会社は意識して従業員のつながりを作ることにした。チーム内や同じ部署内だけでなく、会社レベルでだ。かつ、同じ立場の社員に限らず、部長から売掛金担当者までさまざまな層の交流を意識している。

ザッポスでは、単純なやり方、手をかけたやり方の両面でこれを実践している。まず、物理的に顔を合わせる機会を作り出した点。会社のビルには出入口が複数あるが、開放するのは一つだけにして、全員が同じ場所から出入りするようにした。たびたび顔を合わせることで社員同士がつながるきっかけを作り、それを生かしてもらう意図だ。

もう一つは、社員にザッポスの文化になじんでもらう方法だ。新しく入った社員はすべて、倉庫管理からディレクターまで全員、研修を受ける。人事担当のシニアマネジャー、クリスタ・フォーリーはこれを「ブートキャンプ」と表現する。四週間の研修で、社員は会社のしくみと会社の文化をたたきこまれる。採用プロセスの第二次選抜のようなものだ。採用通知が出た後も、ザッポスの文化を自分のものにできるところを示さなければいけない。

研修がもたらす効果は大きい。フォーリーによれば「ブートキャンプ中に築いた社員同士のつながりはずっと続く」という。ブートキャンプはあえてハードな内容を組んでいる。集合は朝七時、課題に真剣に取り組み、締め切りを守り、試験に合格しなくてはならない。だがその分の成果がある。四週間を共に乗り越えた仲間は、その後長きにわたってつながりを絶やさず、同期の集まりを開いたりバーベキュー大会を開いたりして関係が続いているそうだ。

「大きな家族みたいなものです。職場の仲間を家に招いたりして、仕事以外でも一緒に過ごしています」幹部の一人、レイチェル・ブラウンはそう説明した。

もう一つ、ザッポスが社員の幸福度を高める手法が、学び、成長する機会を提供することだ。ザッポスではできる限り社内の人材を登用するよう努めている。例えば人事部のポジションの募集があったとする。経理部門のある社員が以前から人事の仕事をしてみたいと思っていれば、いわば「見習い期間」として応募できる。その人としては、実際にやってみてその仕事が向いているかどうかを確かめられるし、募集した人事部の側としてはチームに合った人かどうかを確認できるわけだ。また、社員による無料の講習があり、「ファイナンスの基礎」「初心者のためのコーディング」等のクラスで学ぶ機会も用意されている。ザッポスでは従業員に、会社にいながら、会社を使って成長してほしいと考えている。

第三章でも触れたとおり、チームに所属しながら、人は成長したい気持ちを持っている。今していることをもっとうまくなりたい、他にもできるようになれることがあればやりたいと思っている。仕事ができるようになりたいという気持ちは人を動かす原動力だ。自分に合った仕事や居場所を見つける機会を提供することで、ザッポスは社員に幸せでいてもらい、わくわくしながら熱意をもって働いてもらえる。

従来型の米国の職場でキャリアを重ねてきた多くの人にとっては、こうした企業文化は新しい風だ。フォーリーは言う。「ザッポスに来るまで、私はずっと採用の仕事に関わってきました」仕事は機械的に進められ、燃え尽きてしまったという。ザッポスに来てから、再びエネルギーがわいてきた。ザッポスの社風が変化をもたらしてくれた。「こうした会社の文化のおかげで、仕事に来るのが楽しいんです」

ザッポスが目指しているのはまさにこれだ。どの会社でもそうではないか。私自身もそうだ。誰にとっても、仕事に行くのは楽しいことであるべきだと私は思う。気持ちの持ち方の転換だ。「会社で働く」から「自分の会社とともに働く」への転換だ。こうした考え方にはなじめない人もいる。ザッポスが社内登用に力を入れる理由はここにある。社外から来た人、とりわけマネジャークラスの場合、適応しづらいケースがあったからだ。「私たちの会社は起業家的な側面とイノベーションを生む面の両方があるんです」フォーリーはそう説明する。だがこれは半分で、さらにもう半分の別の面がある。「もう半分が協力し合うこと、コラボレーションです」ザッポスでは、社員が組織全体で協力し合って仕事をしてほしいと考える。あるシニアマネジャーはこう言った。「私には役職名はありません。皆が一つのグループとして仕事をする方がうまくいくと私たちは考えています」

会社では、情報を透明化せず、他の人と協力し合うこともなく、自分の縄張りを取りしきろうとする管理職がしばしばみられる。「自分たち対その他」という構図を作る。自分の領域はここまでと線を引き、部署同士が探り合いながら密かに策を練るさまは、さながら目的のためにあらゆる策略をめぐらせる中世の法廷だ。全員が同じ一つの目的に向かい、一緒になって仕事をすれば、会社にとってどれだけ生産的だろう。だが現実には、利益を上げることよりも社内政治に社員が力を入れているような企業は非常に多い。

ザッポスでは、こうした文化やチームになじめなければ、会社自体に合わないということになる。年間離職率は一二パーセントだが、離職する人の大半がコールセンターのスタッフだそうだ。顧客サービスに熱意の持てない人には辞めてもらうからだという。ザッポスではコールセンターのスタッフを会社の顔と位置づけていて、要求するレベルは高い。ザッポスはさまざまな面で柔軟な会社だが、この点だけは別だ。

これと同じ力がチームに作用する例を私も多く見てきた。ある人が専門知識やスキルを持っていながら、自分の中に抱え込んで他の人と共有しようとしない場合がある。その知識やスキルを、自分の仕事と立場を守ってくれる財産ととらえているのだ。スクラムでは、レトロスペクティブミーティングの場や透明性を大事にする概念から、こうした行動はすぐに目につく。どこに仕事を妨害しているものがあるか、無駄があるかがすぐにわかる。私は自分が組織をまとめる際、知識や情報を分けあわない類の人には、チームや会社を人質に取るようなやり方は通らないと伝えている。考え方を変えるか、変えられなければ去ってもらうだけだ。

ザッポスは経験から、新しく加わる社員がシニアクラスであるほど自分のものの見方や考え方が固まっていて、それまでのやり方から脱却するのが難しいことに気づいたという。スクラムは古い殻を破るためのフレームワークを用意している。スクラムは組織全体で共通のゴールを目指すためのシステムであり、柱になるのが透明性とチームワーク、協力だ。この哲学は今や多くの企業で取り入れられている。

ザッポスの売り上げは、二〇〇〇年の一六〇万ドルから二〇〇八年には一〇億ドルを超えるまでに伸びた。八年連続で年一二四パーセントの伸び率を達成したことになる。この数字を見ても、人を幸せにする方針は成功していると言ってよいと私は思う。そしてこれを達成するために誰でも使えるツールがスクラムなのだ。

幸せのバブルを打ち破る

これは幸せではない――少なくとも私が考えている類の幸せではない――と言い切れるのが、自分の中で完結する自己満足の類だ。本当の幸せとはその逆で、積極的に、熱意をかけて打ち込むことにある。ザッポスのクリスタ・フォーリーは、幸せと受け身の姿勢はまったくかけ離れたものだという。「私にとって仕事にくるのは楽しいことです。この程度でもう満足だ、と自己満足にとどまるのでなく、ザッポスの積極的でやる気を高める社風が、一生懸命働こうという気にさせるのです」幸せな会社で働くことを「仕事をしなくていい」と解釈する人は、ザッポスでは淘汰される。喜びを原動力に動く人が求められているのだ。

この考え方はザッポスだけの哲学ではない。『ハーバード・ビジネス・レビュー』誌の二〇一二年一月・二月号では幸福に焦点を当てた戦略を特集している。ある論文はこう指摘する。

株主価値の向上につながる従業員満足は、重要な仕事において優れた成果を出すことで得られる充実感を通じてのみ実現可能であることが分かった。従業員を「幸福」にするだけではなく、彼らが大きなことを成し遂げることを支援しなければならない。簡単に言うと、従業員が顧客の情熱的な支持を得られるようにサポートしてあげることで、彼らに企業のミッションと成功の情熱的な支持者になってもらうべきだ、ということだ。[2]

この情熱的な支持は、具体的な効果として表れる。幸福感を持つ社員は欠勤も少なく、全力を尽くし、離職する率が低いだけでなく、自分と同じように意欲のある人を引き寄せる。同誌に掲載された論文で、グレッチェン・スプレイツァーとクリスティーン・ポラスはこうした社員について、「幸福感を抱いている（happy）」という自己満足を暗示する言葉ではなく「成功している（thriving）」という表現を用いたいと述べている。スプレイツァーらによれば、この表現にあてはまる人材はそうでない人に比べて業績が一六パーセント高く、いわゆる燃えつきてしまう率は二五パーセント低かった。また組織への献身度は三二パーセント、仕事の満足度は四六パーセント高かった。病気欠勤や病院にかかる回数も少なく、昇進する率も高かったという。[3]

こうした「成功している社員」に共通する要素は、本章で挙げてきた特徴とも共通している。成功している人はいきいきとしていて、熱意があり、自分の仕事を遂行しようという強い気持ちがある。飛行機の乗務員でもレストランのウェイターでも同じだ。こうした成功している働き手になってもらう土壌を作るため、会社は何をしたらよいのだろう。まず、社員が自分の業務についての判断をみずから下せる裁量を与えることで、自主性を引き出せる。そして現状について何事も情報を共有する。「情報のないなかで仕事をさせられたのでは、退屈でやる気が起きない」からだ。また、他者をぞんざいに扱う行為は決して許さないという姿勢も大切だ。暴言や敬意を欠いた態度で企業文化を損なう行為は許してはいけない。そして最後に、直接的なフィードバックをすみやかに行なうことだ。

スクラムはこうした要素をすべて備えている。スクラムで仕事を進めると自然にそうなる構造になっている。特に直接のフィードバックについてはスタンドアップミーティングで毎日行なわれ、スプリントを振り返るスプリントレトロスペクティブや幸福度の計測もそこに光を当てるためにある。

一つだけ注意したい点が、いわゆる「幸福のバブル」現象が起きる可能性だ。長年研究してきたが、実際、結構な頻度で起きると言っていい。発生するのは通常、チームがスクラムを使って大きな仕事を成功させた後や、生産性を飛躍的に伸ばした後などだ。自分たちでチームを組織して動き、導いた成果を誇りに思っているようなときだ。そこに自己満足が生まれる。自分たちはずいぶんよくなった。もうこれ以上改善しなくてもいいんじゃないか。そんな声が聞こえてくる。生産性の伸びは頭打ちになり、すばらしかった仕事ぶりはほどなくして止まってしまう。しばらくは幸福のバブル状態でもやっていける。幸福のバブルが直視したくない現実から守ってくれる。だが継続的な改善には決して終わりはなく、歩み続けなければいけないことを認識していないのだ。戦闘機のパイロットだった当時、操縦時間が三〇〇〇時間を超えたらパイロットの座を降りる方がいいとよく言われた。慣れにより危機意識を失い、油断から命を落とすことがあるからだ。仕事において満足してしまったチームのリスクは死を招くほどではないかもしれないが、その先のチームの仕事ぶりには赤信号がともる。

こうした自己満足に陥った状態はこんな声に表れる。「しばらくは楽に行こうぜ。ここまで頑張ったんだから」チームのメンバーがそれぞれ、今のチームの精神状態と幸福感をすばらしいと評価するあまり、それを手放したくないと感じるのかもしれない。あるいは変化を恐れる気持ちもあるかもしれない。今うまくいっているのなら、どうしてさらに変わる必要があるのか、と。

スクラムが機能しなくなる可能性がまさにここにある。実際に繰り返し目にしてきた。優先順位づけ、一つのタスクへの集中、機能横断的なチーム、レビューの繰り返しと、スクラムの教えをすべて実践しているのに、チームの伸びが止まってしまう状態。多くの場合、スクラム導入前よりも随分伸びているし、それは目に見える形で表れているのだが、それで満足してしまう。「これ以上頑張ってよくなる必要はない」というわけだ。

二〇〇四年オリンピックのバスケットボール米国代表チームを思い出す。チームにはレブロン・ジェームズ、ティム・ダンカン、アレン・アイバーソンをはじめとするトップクラスの選手が揃っていた。米国代表チームはそれまで優勝を重ねてきただけでなく、他の追随を許さない強さを見せてきた。プロ選手の参加が解禁になってからは特にそうだった。代表チームの選手自身、自分たちが最強だと思っていた。だが実際はそうではなかったのだ。二〇〇四年のオリンピックでは、過去のオリンピックの敗戦数を上回る数の敗北を喫した。リトアニアにも負けた。プライドと自己満足が転落の原因だった。チームは幸福のバブルにあったのだ。

どうすれば、このバブルを崩すことができるのか。まず、問題に気づかなくてはいけない。チームにスプリントごとのベロシティを把握してもらうのはそのためだ。どれだけ変化しているかをつかみ、前向きな伸びが見られなければ、もっと努力が必要だとわかる。これを実行する際に中心になるのがスクラムマスターだ。スクラムマスターは問題があれば気づき、チームに伝える力がなくてはいけない。聞きにくいことを誰かが聞かなくてはいけない。いわば「賢い道化」役が必要なのだ。

驚いたなあ、おまえさんと娘たちはほんとの親子かね？　あの人たちはおれがほんとうのことを言うと鞭をくれる、おまえさんは嘘をつくと鞭をくれる、ときには黙っていると鞭をくれる。[4]

――『リア王』第一幕第四場
〔小田島雄志訳より引用〕

賢い道化の役割は、聞きにくいことを聞いたり、あまり向き合いたくない事実をあえて指摘したりすることだ。こうした人物はなかなか得難い。トラブルメーカー扱いされたりチームの一員ではないとみなされたりするからだが、こうした人を育てて活用する必要がある。

賢い道化のおそらく一番いい例が、誰でも知っているアンデルセンの童話「裸の王様」に登場する少年だろう。ストーリーをおさらいすると、とある国にいた新しい服が大好きな王様の話だ。町の人は王様が何も着ていないのを見ても、自分が劣った人間であることを知られるのを恐れて誰も口にしない。王様が行進を続けると、一人の小さな少年が叫ぶ。「でも王様は裸だよ！」少年の父親がたしなめるが、その言葉は周囲に広がり、やがて皆が大きな声で口にし始める。「王様は何も着ていないぞ！」

この少年が賢い道化だ。人々が表面上受け入れている事実が、実際は合意の上の幻でしかないこと、つまり王様が何も着ていないことを、少年は指摘した。賢い道化がいれば尊重するべきなのだ。

幸福のバブルを崩すには新しい人を入れたりマネジメントに入ってもらう等の方法もあるが、どれも大事な点は同じで、チームのメンバーに対して、向き合いたくないかもしれない現実に向き合ってもらうのが目的だ。スクラムではすべてが見える化されていて、仕事の進捗やチームの仕事の質、顧客の満足度等が誰にでも見える。スクラムの利点の一つは、望ましくない状況もすみやかに浮き彫りにする点にある。従来型のチームの仕事は対照的に、本質を見つめず進んでいくうちに転落し、どうしてうまくいかなかったのだろうと頭を抱える。早い段階から、市場や他のメンバーから有益なフィードバックを得ておくべきなのだ。

今日の幸せは明日の幸せ

ハーバード大のベン・シャハー教授をはじめとする心理学者は、その人の世界観を分析する方法として、今していることであなたは今日幸せですか、またそれは明日のあなたを幸せにしてくれますか、と聞いてみるといいという。この視点は仕事と人について考える際にも有効だと思う。

ベン・シャハーは人を四つのタイプに分類した。一つ目の「快楽型」タイプは、今自分が楽しいと思えることをする。「明日？　明日のことは明日心配すればいい。とりあえず今日を楽しむ」という考えだ。この傾向はスタートアップの多くにみられる。ガレージのようなところに何人かが集まって何かを作っている。かっこいいし楽しいからやっている、というノリだ。だが先を見据えてものを作るという発想はあまりない。ひと月後はどうなっているか、ましてや一年後はどうか、という観点にはほとんど意識が向いていない。

その結果、こうしたスタートアップに投資している側は不安になる。そしてマネジャー陣を投入して監督させる。するとそれまで好きなことに熱中していたスタートアップのメンバーは意欲を失う。規則や試験や報告ばかりじゃないか。目の前の今日が楽しくない。この先もずっとそうなのだ、と考える。これが二番目の「悲観型」だ。

そこへチームを引っ張る人物が加わる。週八〇時間働くのもいとわず（かつそれを他者にも求める）、そうすればのちに組織で上の立場につけるし、幸せになれると考えている。そして晴れて上の立場になったときには、さらに時間のかかる新たな課題を背負う。これが三番目の「出世競争型」タイプだ。

スクラムがあるべき姿として目指すのは四番目のタイプだ。今日やっていて楽しいと思えることをしながら、よりよい未来を見つめる目を持ち、この先もずっと楽しいと自信をもって思える人物。このタイプは燃えつきたり幻滅したりすることがほとんどない。快楽型や悲観型、また周囲を管理しようと励む出世競争型が陥りやすい、仕事に対するネガティブな気持ちにとらわれずにいられる。

スクラムが目指すのは、チームのやる気を起こし行動につなげる考え方だ。チームがともに仕事に取り組むことで、快楽型タイプには先に目を向けてもらい、悲観型タイプには腐らなくても未来はあると力づけ、延々と走り続ける出世競争型のマネジャーにはもっといいやり方があると伝えられる。

私が幸福度の計測を社内で取り入れたのはこのためだ。幸福度の計測はさまざまな面でチームのメンバーによい変化をもたらす。不幸の原因を丁寧に、体系的に、段階的に取り除いてくれる。人がみずから変わるのを後押しし、変わろうと思わせてくれる。

三章で触れた根本的な帰属の誤りを思い出してみよう。周りはだめなやつばかりだと思ったとき、個人のだめな点を責めるのでなく、その人がそうした行動をとる原因になるシステムの欠点に目を向ける。そして幸福度の計測を使ってそれを改善するのだ。

米国の高校や大学で学ぶ理論に、心理学者アブラハム・マズローの欲求段階説がある。人が満たそうとする欲求を段階ごとに分け、下の欲求が満たされればその上の欲求、とピラミッド型に分類したものだ。ピラミッドの最下層にあたるのは生理的欲求で、空気、水、食料、衣服、住居などの基本的な欲求を指す。これが満たされていなければ、他のことを考える余裕はない。次が安全と安定の欲求で、身体的な安全、経済的な安定に加え、健康状態の保証も含む。医療サービスを受けられる環境は大切だ。実はこの段階にとどまってしまう人が意外に少なくないのだが、次の段階、愛情と所属の欲求も人間には不可欠だ。社会はこれを考慮しないことが多いが、ザッボスが大切にするつながりの例をみれば、それは間違いだとわかる。その上が他者から認められたい、尊厳をもちたいという欲求。そしてピラミッドの頂点に位置するのが、自分の可能性を最大限生かしたいという自己実現の欲求である。

マズローがもっとも関心を寄せたのがこの欲求であり、スクラムがもっとも力を入れるのも、この個人の成長と達成感の獲得を後押しすることにある。ピラミッドの最上層に達した人は、幸せで満足度が高いのはもちろん、有能で進取の精神に富んでいる。すばらしい仕事を達成できるのだ。

確かにそのとおりだとうなずいている人も多いだろう。欲求段階説を聞いたことがなくても、この理論は本能として理解できるものだ。大事なのはピラミッドの上の層に到達すること、そしてどんな変化を起こせたか正確に評価する手段を用意することにある。事業を営んでいるなら、いい仕事かどうかの評価は収益と成長で測れる。病気の人を治すのが仕事なら、生存率で評価できる。世界を変えようとしているなら、どのくらい変えられたかで成果を測る。あるいは妻に頼まれた仕事のリストを片付けるのなら、週末の午後をどれだけ好きな釣りに使えたかで測れるかもしれない。

幸せだ、満足している、それだけでは足りない。幸福は結果を生み出すことにつなげなければいけない。スクラムの要素はどれもそれを実現するためにある。鍵になるのは優先順位だ。次の章でそれを見ていこう。

まとめ

● **大事なのは旅そのものであり目的地ではない**
真の幸せは結果ではなく過程にある。結果だけを評価しがちだが、本当に評価すべきなのはすばらしい仕事をするために努力を惜しまない人たちだ。

● **幸福こそ大切**
幸せであれば、いい選択ができる。幸せであれば創造力を発揮でき、仕事を辞めず、自分が思うよりもずっと大きな成果にも手が届く。

● **幸せを量的に把握する**
ただいい気分でいればいいのではなく、その感覚を計測し、評価して実際のパフォーマンスと対比してみる。他の指標は過去を振り返って分析するツールだが、幸福度は先を予測する指標だ。

● **日々進化する。進化を評価する**
各スプリントの終わりに、ここをよくすれば皆の幸福度が増す、という改善点をチームで一つ決める。次のスプリントではそれを最重要課題として取り組み、達成を目指す。

● 秘密主義は弊害でしかない

どんなことも秘密にしない。全員がすべてを把握しておくべきだ。これには給与や財務状況も含まれる。情報を隠すことは、隠している本人の利益にしかならない。

● 仕事を見える化する

ボードを用意し、するべき仕事、着手して作業中の仕事、完了した仕事に分ける。誰でも見ることができ、全員で日々状況を更新していく。

● 幸せとは主体性、スキルアップ、目的

誰でも自分の道を自分の手で切り開きたい。今していることがうまくなりたい。自分の枠を超えた大きな目的のために役立ちたい。

● 幸せのバブルを打ち破る

適当な仕事に満足していてはいけない。幸福度は仕事のパフォーマンスと比較して測り、両者に乖離があればアクションを起こす。自己満足や油断は成功の敵だ。

第八章　優先順位

スコット・マックスウェルとは、数年前に初めて会った。スコットについては第五章で紹介した。ベンチャーキャピタルのオープンビュー・ベンチャー・パートナーズの創設者で、長時間労働をするほど仕事が片づくよりも余計な仕事が生まれることに気づいた人物だ。オープンビューとその投資先企業と一緒に仕事をして約八年になるが、どの企業も劇的に生産性を上げている。だがスクラムの本領発揮は仕事のスピードを上げるだけではない。スクラムは効果も押し上げる。ベンチャーキャピタルなら、収益という明確な形で表れる。収益を上げられなければベンチャーとして成功しているとはいえない。ただの趣味になってしまう。

すばらしいアイデアがあり、人々がわくわくするような、そして市場にもぴったりはまりそうなスマートな製品を作っていて、これは成功しないはずがない、と思うような会社をたくさん見てきた。だが想像力もインスピレーションも努力も揃っているのに、製品を作る人たちがそれを収入に結びつけられていないケースは多い。

ドットコム・バブルの崩壊とともに短期間で破綻したペッツ・ドットコムと、成功を収めているザッポスの違いはどこにあるのか。どちらもそれぞれペット用品と靴という規模の大きな市場に目をつけた。オンラインで安く簡単に商品を届ける発想も同じだ。前者は乱立し淘汰されたドットコムビジネスの象徴になり、大きなビジネスチャンスを無駄にした。後者は一〇億ドル超の企業へ発展を遂げている。どちらにもビジョンがあった。だがペッツ・ドットコムには優先順位を見極める視点が欠けていた。何をいつすべきかを見誤ったのだ。

図9を見ていただきたい。

これはどの企業も必ず考えなければいけないことだ。「実現できるもの」だけを考えていれば、いくら熱意を傾けて作っても、実際には誰も欲しいと思わない製品ができてしまうかもしれない。一方「売れるもの」だけを追求すれば、実際には作れないものを作ると約束してしまうかもしれない。売れるけれど熱意を感じられないものばかり作っていれば、特にすばらしくもないものを作るのに身を粉にすることになる。三つのバランスがとれた中心点を製品のビジョンにすれば、現実的に実現可能で価値ある製品ができる。本章ではここへ到達する方法をみていく。ここまでは、仕事を速くうまく進める方法に焦点をあててきた。ここからは「より速くよりよい」仕事をどう生かすか、どうやってすばらしい仕事を達成するかを考えていく。

スクラムの真髄は、タスクをサイズと優先順位に従って並べ、着手できる状態にしたバックロ

図９　プロダクトオーナーが考慮すべき製品の属性

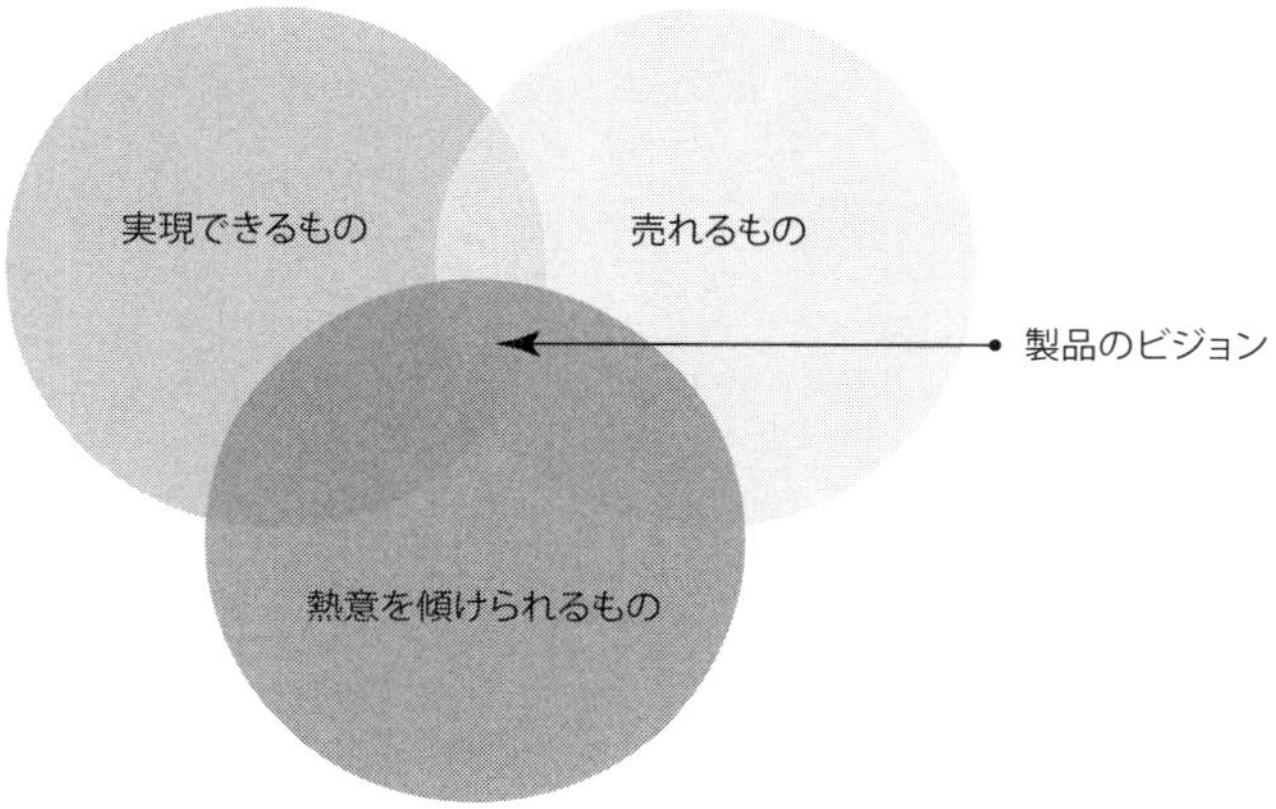

グにある、とスコット・マックスウェルは言う。だからこそ自身のベンチャーでも取り入れたし、取り入れることが他社に負けない大きな強みになるのだという。

バックログとは「何をいつやるか」

スクラムを取り入れる際、最初にすべき作業がバックログの作成だ。項目が一〇〇を超える長いリストの場合もあれば、まずとりかかるべき数項目だけの場合もある。当然、その仕事で最終的に何を達成したいのかという明確な目標は必要だ。何かの製品かもしれないし、サービス、結婚式、新たなワクチンの開発、家の塗装かもしれない。さまざまだが、何であれ、これを目指すというビジョンができたら、実現するためには何をすべきかを考えなくてはいけない。

私が最近仕事をしている企業は、暖房、冷房、電気、配管など建物の管理を自動で行なうオートメーションシステムを扱っている。新たに開発を始めたのが、住宅向けのオートメーションシステムだ。玄関の開閉や暖房コストの調整、電気の点灯など、家にかかわるあらゆる管理をモバイル端末から行なえる。開発チームはまず、システムに必要なものを挙げていった。スイッチ、コントローラ、インターフェース、センサー、通信システム。具体的な細部や規定ではないが、製品の構築にあたって必要な「ストーリー」も書いていった。

例えば「家の持主として、玄関に来た人を確認できるようにしたい。自分で相手を確認した上でドアを開けたいからだ」というストーリーがあった。この他、ガレージの扉の開閉や、空調システムの稼動、明かりの調節についてのストーリーも出てきた。チームは、導入したいと思わせるシステムにするため必要と考えるストーリーをリストに書き出していった。

できあがったリストの項目は数百にのぼった。複雑で大がかりなシステムだ。バックログの考え方としては、プロダクトに含める可能性のあるものはすべて入れるのが基本だ。現実にはすべてを含めることはまずないが、ここでは製品のビジョンに取り入れる可能性のある項目を網羅したリストがほしい。

しかし、大事なのは最初に何から始めるかにある。検討するのは次の点だ。ビジネス上の効果が大きい項目、顧客にとっての最重要項目、もっとも利益につながる項目、そして一番簡単にできる項目。リストに挙げた項目の中には実際には取り入れないものも多いのを頭に入れた上で、最大の価値を付加でき、かつリスクが最小の項目から着手することだ。製品をインクリメンタル（段階的）に開発しリリースしていくスクラムでは、すぐに利益につながる部分を最初に形にすれば、早い段階でプロジェクトのリスクを減らせる。これを製品の機能や特徴のレベルで行なうのだ。顧客にはできるだけ早く価値を提供したい。それには完全に「完了」の状態になったもの、実際に見せられるものが必要になる。プロジェクト全体の一部分で構わないが、実際に使えるもの、すなわち「完了」しているものでなければならない。家の塗装であれば、まずリビングルームを終わらせて「完了」させる、などだ。

製品開発の現場では、これまで幾度となく実証されている確かな事実がある。前にも触れたが、製品の価値の八割は二割の機能に含まれる、という原則だ。これはどういうことか。私たちがお金を出してものを買う際、その価値の大部分、言い換えれば買う人がその製品に求める価値なり機能なりの大部分は、その製品全体の五分の一に収まってしまうということになる。先の企業でいえば、オートメーションシステムに含める可能性のある項目を並べた長いリストができたが、開発チームとしては、実際のところ顧客が本当に必要とするのはそのうちの二割だとわかっている。そしてこの二割をどう最初に完成させられるかを見極められるのがスクラムの真髄なのだ。従来の製品開発のやり方では、この大事な二割が何なのかは完成した製品を市場に出すまでわからない。あとの八割に費やした労力は無駄になる。私が無駄を嫌うのは先に述べたとおりだ。

競合相手よりも五倍の速さで五倍の価値がある商品を市場に出せたら？　まさに勝利への方程

式だ。

そこでオートメーションシステム開発チームは長いリストを前に検討した。まず、明日は何から手をつけよう？　顧客にとってもっとも大事なのは何だろう？　どうやってライバルに先駆けて顧客に価値を提供できるだろう？　スコット・マックスウェルの言葉を借りれば、大変なのは達成したい目標を見極める点ではなく、自分たちが何を達成できるかを見極める点にある。家を建てる、車を造る、本を書く、ゲームを作る、犯罪を撲滅する、ごみをきれいにする――どんな仕事でも同じだ。最小の労力で最大の価値を生み出す部分は何かを考え、すばやく形にする。それがすんだら次に追加する分の価値を見定め、実行し、また次へ進む。思った以上に短時間で、目に見える成果が出る。鍵は優先順位のつけ方だ。

どうやって優先順位をつけるのか。まず、目指すビジョンは何なのかと、どこに価値があるのかの双方を把握できる人が必要になる。スクラムではこの役割をプロダクトオーナーと呼ぶ。

プロダクトオーナー

スクラムで仕事を進める際には三つの役割がある。仕事を進めるチームのメンバー、チームがうまく仕事を進められるよう手助けするスクラムマスター、そしてプロダクトオーナーだ。各役割の概要は巻末にまとめてある。プロダクトオーナーの役割は仕事の中身を決めることにある。

バックログを作成し、バックログの項目を管理し、さらに一番大事な、どの順番で進めるかを決める責任を持っている。

一九九三年に初めてスクラムを導入した時点では、プロダクトオーナーという役割はなかった。他の何人かとともにチームをまとめていた私には、スプリントごとのタスクを決める以外にもさまざまな責任があった。例えばチームのマネジメントやマーケティング関連の仕事、顧客対応、戦略の構想などだ。が、最初のスプリント中に、バックログの管理もできると考えた。ただ、次のスプリントでチームが取り組むストーリーとタスクを確保しておかなくてはいけない。ところが二回目のスプリント後、チームにデイリースタンドアップを取り入れたところ、次のスプリントでベロシティが四倍上がり、一カ月かかると予測していた仕事が一週間でできてしまった。結果、バックログ上に次に取り組む項目がない事態になったのだ。私はストーリーを追加で書く時間がまだ一カ月ある、と構えていたのだった。うれしい悲鳴だが、やはりこのままでは困る。そこでプロダクトオーナーという役割を別に設け、どんな資質のある人がふさわしいだろうかと考えた。

プロダクトオーナーという役割は、トヨタのチーフエンジニアから発想を得たものだ。トヨタのチーフエンジニアは、カローラならカローラ、カムリならカムリといった一つの製品ライン全体の責任を持つ。そのためには各ラインにシャシー、ボディ、電気系統などそれぞれの技術に精通したスタッフを集めておく必要がある。チーフエンジニアはこうした技術者の集団から機能横断的なチームを編成し、車を生産できるチームを作る。社外からみると、トヨタの名高いチーフエンジニア制度(以前は主査と呼んでいた)といえば、強い権限をもって「トヨタ生産方式」を率いるリーダーのようにイメージするかもしれない。ある意味ではそうなのだが、実際、チーフエンジニアに権限はない。直属の部下は持たず、逆に自身がチームに報告する義務がある。チーフエンジニアが間違っていれば周囲が指摘するため、常に正しいか確かめながら仕事をしなければならない。誰かの業績評価をしたり、昇進や昇給を決めたりする権限もない。代わりに、どんな車にするかというビジョンと、その車をどう造るかを決める役割を担う。この決定を、強制や圧力ではなく、説得を通じて行なうのだ。

スクラムで実現したいのはまさにこの考え方だった。リーン・エンタープライズ・インスティテュートのジョン・シュックは、チーフエンジニアの役割について、米海兵隊のリーダーシップマニュアルを引用してこう書いている。

リーダーシップにおける責任とは、権限に依存するものではない。……権限イコール責任とする根強い考え方は、組織における悪の根本だ。こうした誤解はじつに広くはびこっていて、意識の深層に刷り込まれているが、われわれはそれに気づいてすらいない。[1]

陸軍士官学校やベトナム戦争での経験を振り返ってみても、リーダーシップと権限の有無は無関係だという指摘には、私もそのとおりだと思っている。数ある要素の中でリーダーシップにとくに重要なのは、知識とサーバントリーダーであることだろう。チーフエンジニアはただこうしろと指示を出せばいいのではない。メンバーを納得させ、うまくその気にさせて、自分が提案するやり方が正しくベストなやり方だということを示さなければならない。普通ならその道で三〇年くらいの経験がなければ務まらない役割だ。これをスクラムに取り入れようと考えたが、相当する経験とスキルを備えた人はなかなかいない。そこでこの役割を二つに分け、仕事の進め方をスクラムマスターが、仕事の内容をプロダクトオーナーが管理する分担制にした。

スクラムを開発して間もない当時から、顧客と密に関わる人の必要性は感じていた。プロダクトオーナーはスプリントごとに、顧客からのフィードバックをチームに伝えなくてはいけない。仕事の半分は製品を買ってくれた人との対話に費やし（直近にリリースした分について、どう価値があったかなどのフィードバックを受ける）、残りの半分はチームと向き合ってバックログの作成に費やした（顧客が評価した部分とそうでない部分をチームに伝える）。

忘れてはいけないのが、この「顧客」は消費者一般であり、金を出してくれる相手であり、自分の配偶者かもしれないし、新しいワクチンの開発を心待ちにしていてその完成があなたの手にかかっているという人かもしれない、ということだ。あなたの仕事が生む価値を受け取るすべての人が顧客になる。

ただ、欲しいのはマネジャーではなかった。バックログの優先順位をつけるときに、チームのメンバーが信頼を寄せて任せられる人が欲しかった。そこで、プロダクトマーケティングに一番長けた人をつけた。エンジニアリングではなく、マーケティングを専門にする人物だ。こうしてドン・ロドナーが最初のプロダクトオーナーになった。ドンは技術的な視点からではなく——といっても、エンジニアと話ができる程度には技術面の知識もあったが——、顧客の視点で製品を理解していた。製品を実際に使う人は何を望んでいるのか。プロダクトオーナーを選ぶときは、提供する製品やサービスの価値を受け取る側の視点に立てる人を選ぶことだ。ある友人はこう表現した。「私の場合、妻が完璧なプロダクトオーナーだね。何が必要かをしっかりわかっている。私はそれを実行に移すだけさ」

プロダクトオーナーはスクラムマスターより幅広いスキルが必要なだけでない。両者はタイプの違う規準に従って動くことが求められる。スクラムマスターとチームのメンバーは、仕事を進めるスピードとどれだけスピードを上げられるかを担当する。一方プロダクトオーナーは、チームの生産性を価値としてアウトプットさせる責任がある。

その後の経験から、私はプロダクトオーナーに必要な要素を次の四点にまとめた。

第一に、仕事の領域に精通していること。これには二つの意味が含まれている。チームが進めている仕事のプロセスを十分に理解して、何ができるのか、そしてどこからは無理なのかを把握することが一つ。そしてもう一つ、仕事の内容を理解して、チームにできる仕事をどう真の意味での価値に変えられるかをつかむことだ。それは仕事によって、ＦＢＩがテロリストを見つけ出すのに使うデータシステムかもしれないし、公立学校の先生が生徒の理解度を上げる教え方かもしれない。プロダクトオーナーは何をどうすれば成果が上がるのか読めるよう、取り組んでいる仕事の周辺事情や市場を理解している必要がある。

第二に、決定権を行使できること。経営陣がスクラムチームに干渉してはいけないように、プロダクトオーナーには、製品のビジョンはどうするのか、どうそれを達成するのかを決める裁量がなくてはいけない。プロダクトオーナーが社内外のさまざまなステークホルダーからプレッシャーを受ける立場にあり、揺らぐことなく仕事を進めなくてはいけないことを考えれば、これは大事な点だ。プロダクトオーナーが結果に責任を持つが、意思決定はチームが自分たちで行なう。

第三に、すべきことは何か、またなぜそれが必要なのかをいつでもチームに説明できること。バックログの最終的な責任はプロダクトオーナーにあるが、チームと常に対話することは必要だ。チームの知識と意見がプロダクトオーナーの判断や決定に影響を与える場面は多い。プロダクトオーナーは信頼でき、発言や姿勢に一貫性があって、いつでも話ができる存在であることが求められる。プロダクトオーナーが身近にいなければ、チームはどのタスクをどの順番ですべきかがわからなくなる。チームのメンバーはプロダクトオーナーをよりどころに、プロジェクトのビジョンと市場価値がどこにあるかを把握する。プロダクトオーナーがいつもチームの身近にいないようではプロセスが成り立たない。ＣＥＯ等の重役をプロダクトオーナーにするのが勧められないのはこうした理由がある。おそらくチームと関わる時間を十分に確保できないからだ。

そして第四に、価値を説明できること。ビジネスで重要なのは利益だ。私はプロダクトオーナーを評価する際、仕事の「ポイント」に対してどれだけ利益を生んだかを基準にしている。チームが週に四〇ポイント分の仕事をしているなら、ポイントあたりどれだけの利益につながったかで評価する。一方、価値の評価は、チームがどれだけ成果を上げたかでみることができる。ある警察では週ごとに指名手配犯を何人逮捕できたかで評価し、スクラムを取り入れたある教会では、どれだけ信者の役に立て、信者数を伸ばせたかで評価した。鍵は、価値の評価基準を決めることと、生み出す価値を増やしていく責任をプロダクトオーナーが持つ点だ。スクラムの手法は透明性が高いため、こうした評価基準は把握しやすいはずだ。

四つの要素すべてを一人のプロダクトオーナーに要求するのはなかなか大変だ。そこで大型プロジェクトの場合はよく、複数名でプロダクトオーナーのチームを組んでこの役割を務めることがある。これについてはまた後で詳しく述べる。まずはここでプロダクトオーナーの仕事をイメージしてもらうため、一つの例を紹介したい。F86戦闘機、通称「セイバー」のコックピットに、米空軍伝説のパイロット、ジョン・ボイド大佐と共に乗り、朝鮮半島上空で空中戦に向かおうとしている場面を思い描いてほしい。

観察、情勢判断、意思決定、行動

朝鮮戦争における空対空戦闘は、多くが米空軍のＦ86戦闘機「セイバー」とソ連製戦闘機ＭｉＧ15との戦いだった。戦闘機としての性能は、ＭｉＧの方がスピードがあり、機動性が高く、推力重量比も大きく、すべての面で優れていた。理論上はＭｉＧ15が米軍機を一掃していいはずだった。が、実際は一〇対一で圧倒的にＦ86の方が撃墜される率が低かった。なぜそれが可能だったのか。これを解き明かす作業が、将来の戦闘理論を形づくり、かつ、スクラムの構想にとっても重要な土台となった。

ジョシ・ボイドは史上最高の戦闘機パイロットだが、実戦の場で敵機を撃墜したことは一度もない。朝鮮戦争では休戦までに二二回の飛行を行なったのみで、当時ウィングマンとして三〇回の援護の任務をこなさないと「狙撃手《シューター》」として編隊を率いることはできなかった。ボイドが名を上げたのは朝鮮戦争後、ネバダ州南部のネリス空軍基地にある空軍の兵器学校で指導したときだ。配置換えを頻繁に行なう軍の世界で、ボイドは六年間という異例の長期にわたり教官を務めた。

戦闘機パイロットは決して控えめなタイプの人間ではない。ネリスの基地へ配属される者は、その時点で空軍でもトップクラスの優秀なパイロットとみなされたのと同じで、自信に満ちたところがあった。ボイドはそんなパイロットの自尊心をあっけなく捨てさせ、指導を受ける姿勢をたたき込んだ。演習ではまず、訓練生に自身のすぐ後方（空戦では攻撃にもっとも有利な位置）を飛ばせた。そして模擬訓練開始を告げると、必ず四〇秒以内に訓練生を撃墜して優位を奪った。その間、ボイドは無線に向かって「撃墜！」と叫び続けたという。レーザーもコンピュータもシミュレーションのできる装置もなかった時代の話だ。この号令が、訓練生が撃墜されたことを意味した。模擬訓練で一度も負けがなかったことから、ボイドには「四〇秒ボイド」のあだ名がついた。

そんなボイドは、戦いの現場全体を見通せる能力があったようだ。こんなふうに語っている。

> 自分は巨大な球形の中にいる感覚で、戦闘機を操縦しながら、周囲で起きているあらゆる動きが見えている。……イメージするのは二つの基点からだ。空対空で戦っているとき、冷静な第三者としての自分と周囲にいる他者の視点から見ることができた。[2]

こうした認識能力、空全体を見通し刻々と変化する情勢を把握する能力を基盤に、ボイドは軍事理論を形成し、やがてそれが米国の戦術における理論を書き換えることになった。

兵器学校の教官を辞した後、ボイドは工学を学ぶ一方、戦闘機の性能のモデルを考案し、エネルギー量の観点で空対空の戦闘理論を説明した。ボイドが生んだエネルギー機動性理論（Ｅ‐Ｍ理論）は、さまざまな高度、速度、進行方向における機体の運動エネルギーおよび位置エネルギーと、これらの数値をどれだけ迅速に変換できるかをふまえた理論だ。この理論はのちの戦闘機開発に応用され、Ｆ15およびＦ16の開発に結び付いた。両機はこの四〇年、戦闘機の中核を担っている。

しかし、ボイドの理論で考えればＭｉＧ15がＦ86を圧倒していいはずだった。なぜ逆の結果が出たのか。ロバート・コラムが記したボイドの伝記によれば、この理由を探る作業にボイドは我を忘れて没頭したという。理論は間違っていないはずだ。では一〇対一という米空軍の圧倒的な撃墜率の理由は何なのか。訓練の成果？　それだけが理由ではないだろう。戦略？　それもあるだろうが、それだけでここまで一方的な勝ちにはならない。やがてボイドは答えにたどり着いた。米空軍のパイロットはコックピットからの視界が広く、反応が速かったのだ。パイロット個人の資質の違いではなく、機体の設計上の違いから生まれた差だった。Ｆ86は機体の天井が丸く一体になっていたが、ＭｉＧはコックピットの上部が複数枚のガラス板からなり、各板の間にある仕切りが操縦士の視界の妨げになっていた。またＦ86が油圧式のスムーズな操縦系統を備えていた一方、ＭｉＧ15は完全な油圧式ではなかった。ＭｉＧ15の操縦士はウェイトトレーニングで上半身を鍛え、機体の操作に備えたといわれる。

その結果、米軍のパイロットはＭｉＧの存在を先にとらえ、その情報に基づいて中国や北朝鮮側のパイロットよりも迅速に動いた。戦果を左右したのは戦闘機の性能よりも、観察の結果を行動に移すまでの速さだったのだ。ＭｉＧがある動きに出ると、米軍のパイロットが反応して動く。ＭｉＧがそれに反応して次の手を打とうとしている間に、米軍側は次の一手を繰り出す。ＭｉＧの動きに対して米軍のパイロットの方がはるかにすばやく反応するため、性能としては上回るＭｉＧは完全に狙いやすい標的になった。

同じような状況は私がベトナムにいたときにもみられた。当時、戦闘機はＭｉＧ21とＦ４に代わっていたが、このときも、視界に優れたＦ４は機動性の高かったソ連製戦闘機を圧倒した。ボイドの言葉でいうなら、彼が発見したプロセスによって、米空軍のパイロットは「敵の意思決定ループに入り込んだ」のだ。

ボイドの洞察はモデル化され、戦略理論を考える上の基礎になった。スクラムが目指す形はまさにこれで、プロダクトオーナーがリアルタイムで得たフィードバックを元にすばやく決定を下すプロセスだ。ショッピングサイトで購入ボタンをクリックしてくれる顧客や、地域の教会の信者、教室の子どもたち、店で服を試着する人など、現在取り組んでいる仕事の価値を受け取るさまざまな相手がいて、その相手からのインプットに常に耳を傾ける。そうすればそのフィードバックに合わせて常に方針ややり方を調整でき、すみやかに成果につなげられる。

このプロセスはＯＯＤＡ（ウーダ）ループと呼ばれている。ＯＯＤＡはＯｂｓｅｒｖｅ（観察）、Ｏｒｉｅｎｔ（情勢判断）、Ｄｅｃｉｄｅ（意思決定）、Ａｃｔ（行動）の頭文字からきている。ちょっと妙な名前だが、戦闘でもビジネスでもその意義は大きい。意思決定ループに入り込まれると、相手はペースを乱されて迷いが生じる。過剰に反応したり、逆になすすべなく思うように反応できなかったりする。ボイドは軍でのブリーフィングでこう言ったという。「もっとも速い変化についていける者が生き残る」[3]

ＯＯＤＡループの図を見てみよう（図10）。

図10　OODAループ

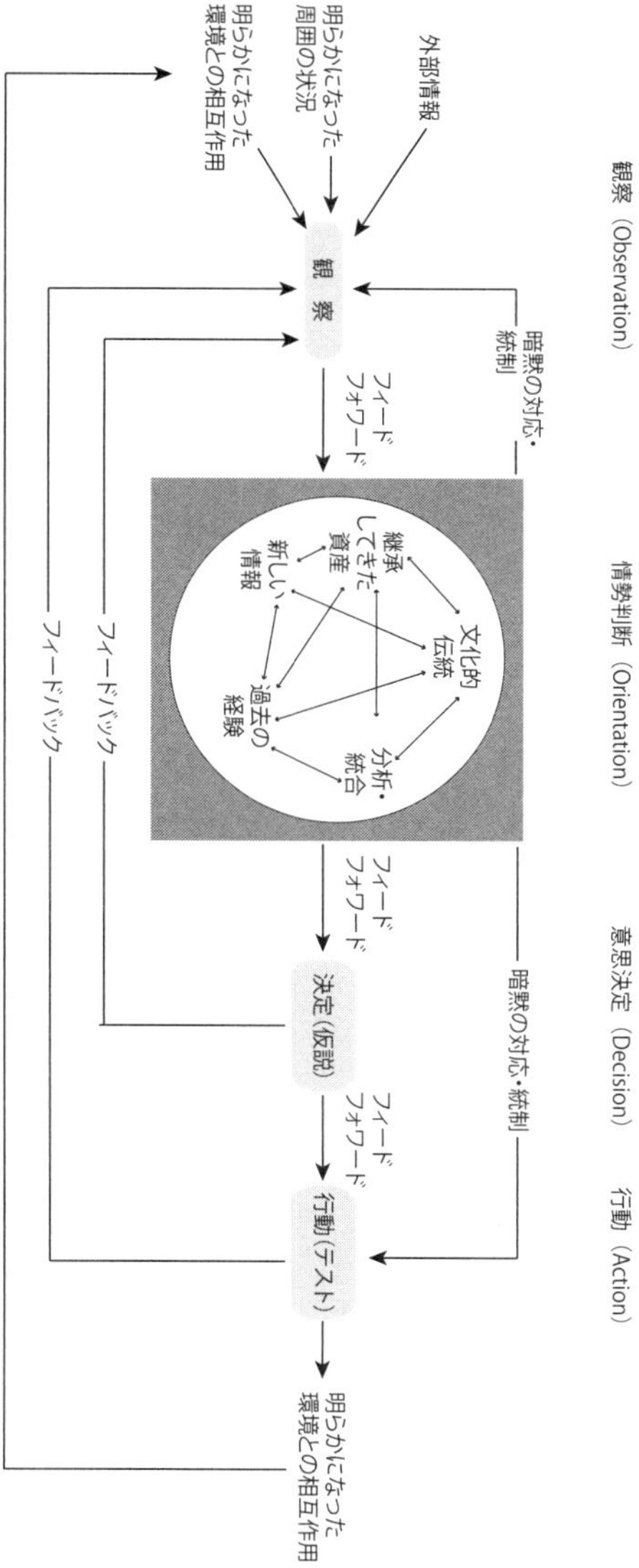
観察（Observation）
情勢判断（Orientation）
意思決定（Decision）
行動（Action）
外部情報
明らかになった周囲の状況
明らかになった環境との相互作用
観察
暗黙の対応・統制
フィードフォワード
継承してきた資産
新しい情報
文化的伝統
過去の経験
分析・統合
フィードバック
フィードバック
フィードフォワード
決定（仮説）
暗黙の対応・統制
フィードフォワード
行動（テスト）
明らかになった環境との相互作用

最初の「観察」はシンプルだ。展開していく状況を観察し、正確に把握する。だが一見して思うほどシンプルではない。ボイドの表現でいえば、自分自身の外に出て全体図をつかまなければいけない。自分の視点からだけ見ていてはだめなのだ。

「情勢判断」は、今、目の前の状況についてだけ行なうのではない。どんな結果が生じるかを予測する作業も含まれる。可能性のある選択肢を自分で考え出すことでもある。この際に考慮する要素として、ボイドは継承してきた資産、文化的伝統、過去の経験、そして今得た新しい情報を挙げている。それにより、目の前にある状況と、その中での自分の位置づけに加え、みずから分析した情勢を反映させた判断ができる。

この「観察」と「情勢判断」をふまえて「意思決定」し、それを「行動」に移す。そして自身の行動と相手の行動から生じた結果を観察することで次のループが始まる。ビジネスの話であれば、観察する「相手」は市場の反応になるだろう。

スクラムでは、実際に使えるプロダクトをスプリントごとに出すことにより、その成果物がどんな価値を生み出すのか、またそれに対しどんな反応が得られるかをプロダクトオーナーが把握できる。そこで得た情報をもとに、プロダクトオーナーは次のスプリントでチームがすべき仕事を調整する。こうして継続的にフィードバックを得て反映させるサイクルのおかげで、イノベーションと調整が進み、プロダクトオーナーはどれだけ価値を提供できたかを評価できる（価値の評価は、例えばビジネスなら収益で、家の塗り替えなら完了した部屋の数で測れる）。こうしてプロダクトオーナーは変化し続ける世界にすばやく対応することが可能になる。

全体が完成しなければ価値がないように見える製品やプロジェクトについて、段階的なリリースをするというのは想像しがたいかもしれない。例えば、車を造る過程で段階的なリリースが可能だろうか。一億ドル規模のゲーム開発プロジェクトだったら？　鍵はどの部分に価値があるのかを把握することにある。フィードバックが得られるだけの価値を提示し、反応を得たらそれに対してすぐにアクションを起こせることだ。

車を例に考えてみよう。トヨタは、構想から完成まで一五カ月間でプリウスを開発した。それまでで最短の開発期間だった。プリウスの開発・製造チームが実際の販売を始めたのは完成後だったが、プロトタイプの製作にはすぐに取り掛かり、チーフエンジニアがざっとみて、チームの仕事の方向性が合っているかを確認した。正式なリリース前に実際に動くプロトタイプを造り、改善を重ねて顧客に売りたい車にしていく手法だ。これなら非常にすばやく変更を反映させられる。やり方としては、最初から細部まで完全に設計せず、まず動くプロトタイプを造ってみて、どこをもっとよくできるか検討してみる。そうして改善したら次のプロトタイプを造り、また検討する。早い段階でフィードバックを得れば、短期間でいい車ができるという考え方だ。

第四章で触れたチーム・ウィキスピードでは、車のプロトタイプを毎週出している。しかも、試作段階のプロトタイプは販売もしている。たくさん売る段階にないため一般市場に向けてではないが、新しもの好きの人たちが二万五〇〇〇ドルでプロトタイプを購入するそうだ。何かを開発する際、最後まで完成させなければ市場に出せない、という思い込みをやめてみることだ。最小限で成り立つ製品ができないか考えてみる。最小限の仕事で、顧客に何らかの価値を届けられるものができないかと自問してみてほしい。

ゲームもそのいい例だ。最近ゲーム業界では、まだ開発段階にある初期のバージョンを、新作を待つファンに買ってもらう例が増えている。これにより、開発者側は完成前に熱心な愛好者のフィードバックを受けられる。ユーザーの反応を推測するのでなく、実際の反応を確かめられるわけだ。

業界によって、あるいは組織によっては、こうした段階的なリリースを行なうのは難しいかもしれない。その場合は、外部の顧客から反応を得る代わりに、社内など内部の顧客を決め（例えばプロダクトオーナーなど）、一般の顧客の代わりになってもらう方法がある。この「内部の顧客」から参考になるフィードバックを引き出せるよう、取り組んでいる製品やサービスの一部を提示してみよう。建物の拡張計画の一部分、工場施設のグレードアップ計画、ブレーキの改造、ボランティア活動のキャンペーン、何でもいい。立ち止まって考察し、需要に合わせる場を設けるのがポイントだ。日々変化する状況や競合相手、人々の嗜好に対応できない組織は立ち行かない。

ボイドは次のように述べている。

相手のテンポやリズムの中に入り込むことで、相手の足元を崩せる。……頭の中でイメージや全体像を把握する。これを情勢判断（オリエンテーション）と呼んでいる。そしてどんな行動をとるかを決め、決定を実行に移す。……そしてとった行動とその後の観察から新たな情報を導き、次の情勢判断を行ない、新たな決定をして行動に移す。こうしてループは繰り返し続く。情勢判断とは一時的な状態を指すのではなく、プロセスのことだ。情勢判断は常に続いている。……

　何も変化の起きない、狭い閉じた世界があるとする。（そこに生きる生物は）恐竜のようなものだ。いずれ死に絶える。恐竜になってはいけない。変化のない停滞状態にいるのは死んだも同然だ。……その意味するところはすなわち出口がないということなのだ。……そういうものだと心した方がいい。[4]

　そう、そういうものだと心した方がいい。第一章でも述べたが、選択肢は明らかだ。変わるか、つぶれるか。相手の意思決定ループに入り込めなければ、相手がこちらのループに侵入してくる。ボイドはこう表現する。「私は敵を引っ込めておきたいのだ。……そうすると相手は混乱して機能しなくなり、無力になる」私はやはり、攻撃を受ける側でいるよりも、みずから動く側でいたい。

大事なことを先に

さて、プロダクトオーナーが決まり、バックログを常にアップデートして、まずこの部分を完成させよう、あの部分を先にリリースしようと順位づけをすることになった。バックログの項目が一〇〇を超えるような場合、順位づけのプロセスはすぐに複雑になる。重要なのはどうすればいちばん価値ある部分を最短で実現できるかに凝縮される。バックログの優先順位づけにはいろいろなやり方があるが、必要なのは、価値の八割を有する二割の機能をできるだけすみやかに生み出せる方法だ。初回のスプリントで出した最初の予測がそのまま正しいケースはまずないが、スタート時点ではひとまずそれがベストの予測だ。

ただ、それはあくまで最初の予測にすぎない。最初のスプリントを終え、OODAループを経て何らかの形ある成果を顧客に提供したら、おそらくもっといいやり方が見えてきて、バックログの優先順位を入れ替えることになる。

このサイクルを繰り返し、スプリントごとにバックログを見直してタスクに優先順位をつけながら、最短で価値を生み出せる順番を追求していく。これで完璧という順位づけにたどり着くわけではおそらくないが、それを目指して、段階を追ってスプリントを進めていく。

ここで頭に置いておきたいのは、タスクの優先順位は常に変わるという点だ。その週に最適だった順位づけが次の週にもあてはまるとは限らない。状況や周りの環境が変わるかもしれない。

新たに何か学ぶかもしれない。思ったよりも作業が簡単だったり、逆に難しかったりすることに気がつくかもしれない。したがってバックログの順位づけはスプリントごとに常に変動する。今の優先順位と価値はあくまで今現在の状況でのみ有効なのだと理解しておくことは大切だ。このあとも変化していくのだから。

企業が犯しやすい間違いとして、市場のニーズが絶えず変化するため、またどこに最大の価値があるかを経営陣が把握していないために、すべての優先順位を高いと位置づけてしまうことが挙げられる。「全部が最優先」というのだ。プロイセンの王だったフリードリヒ二世はこんな言葉を残している。「すべてを守ろうとする者は何も守れない」リソースと気力をどこかに絞って集中させなければ、重要でないところで使い果たしてしまう。

数年前、私は七〇歳の誕生日をフランスのノルマンディーで迎えた。父が連合軍の一員としてノルマンディー上陸作戦で上陸した、オマハ・ビーチへ足を運んだ。干潮時の海岸は、遠く向こうの海へ数キロにわたって緩やかに傾斜しているかのようで、砂浜が果てしなく広がっていた。長い斜面を海から駆け上がり、武器を構えたドイツ軍の待つ岸へ向かっていくには、どれだけ気持ちを奮い立たせただろうと想像するしかない。ここで命を落とした無数の兵士の墓標が並ぶ墓地を歩き、私は静かに敬意を捧げた。だがドイツ軍の防戦について読むうち、米軍を中心とする連合軍側が勝利した理由は、ドイツ軍が先のフリードリヒ二世の言葉を忘れていたからではないかと思い至った。連合軍の侵攻に戸惑ったドイツ軍は、フランスの海岸全域に部隊を配備した。

その結果、連合軍はドイツ軍の各部隊をそれぞれ孤立させ、一つひとつ倒していった。ナチスの作戦には優先順位がなく、結果的にすべてを失い敗北を喫した。

リリース

優先順位がついた。価値の八割がどこにあるかもわかった。では製品はいつリリースできるか。ここへ来るとスクラムの本領発揮だ。何らかの製品を開発する際、実際に使うユーザーの手にできるだけ早く製品を届けたいと思う。できれば肝となる二割の機能を完成させる前にでも届けたい。少なくとも最低限何らかの価値を備えた製品を届けたい。こうした考えに基づく製品を「実用最小限の製品（Minimum Viable Product）」（ＭＶＰ）と呼んでいる。これを、市場に最初に発表する製品にすればいいのだ。どこまで機能を備えているべきかといえば、実際に動いて使えなくてはいけないが、開発サイドとしてはまだ発表するのは気が引けるレベルになるかもしれない。だが製品をできるだけ早く手に取ってもらうことが重要なのだ。そうすればフィードバックが得られる。そのフィードバックこそが作る側の意思決定ループを動かし、優先順位づけのヒントをくれる。いわばバージョン1の前のバージョン0・5だ。例えば写真は撮れるがフォーカスできないカメラ、椅子が二脚しかないダイニングセット、本当は一〇〇の村に配る必要があるが、五つの村の分しかないワクチン。どれも未完成な成果ばかりだ。

でもこれでフィードバックが得られる。カメラはつくりが洗練されていなくて変なところにシャッターのボタンがあるかもしれない。椅子の木材がテーブルと合っていないかもしれない。村の老人たちを怒らせていらぬ失態をさらすかもしれない。こうした失敗は、早い段階で、害の少ないうちにするのがいい。

そうすれば、正式に製品をリリースするとき、あるいは完成した大きなプログラムを発表するとき、使う人が何を求めているかをすでにつかんで反映できていることになる。例えばカメラの話なら、ユーザーに意見を聞いたときは、ランドスケープモードとフェイスブックで写真を共有できる機能は同じくらい大事だと話していたとしても、実際にそのカメラを使ってみるとランドスケープモードはまったく使われず、逆にフェイスブックで写真を共有することが非常に多いとわかったりする。

この手法でいけば、使う人が重視する機能を先に準備し、全体の仕事の二割ができた時点で製品をリリースできる。全体が完璧でなくても、実質的にはそれに近いのだ。重要度が下がる残りの部分に時間を費やすと、そのぶん価値を増やす機会は失われる。

このプロセスの利点は、何より反復型であるところにある。製品なりサービスなり変化なりを手にした相手は、次に価値を見出す部分は何かを教えてくれる。提供する側はその二割を新たに開発して提供する。フィードバックを得たらまた繰り返す。

段階的なリリースを重ねるこのプロセスでは、製品やプロジェクトで当初想定していた機能の

図11　価値の曲線：迅速なリリース

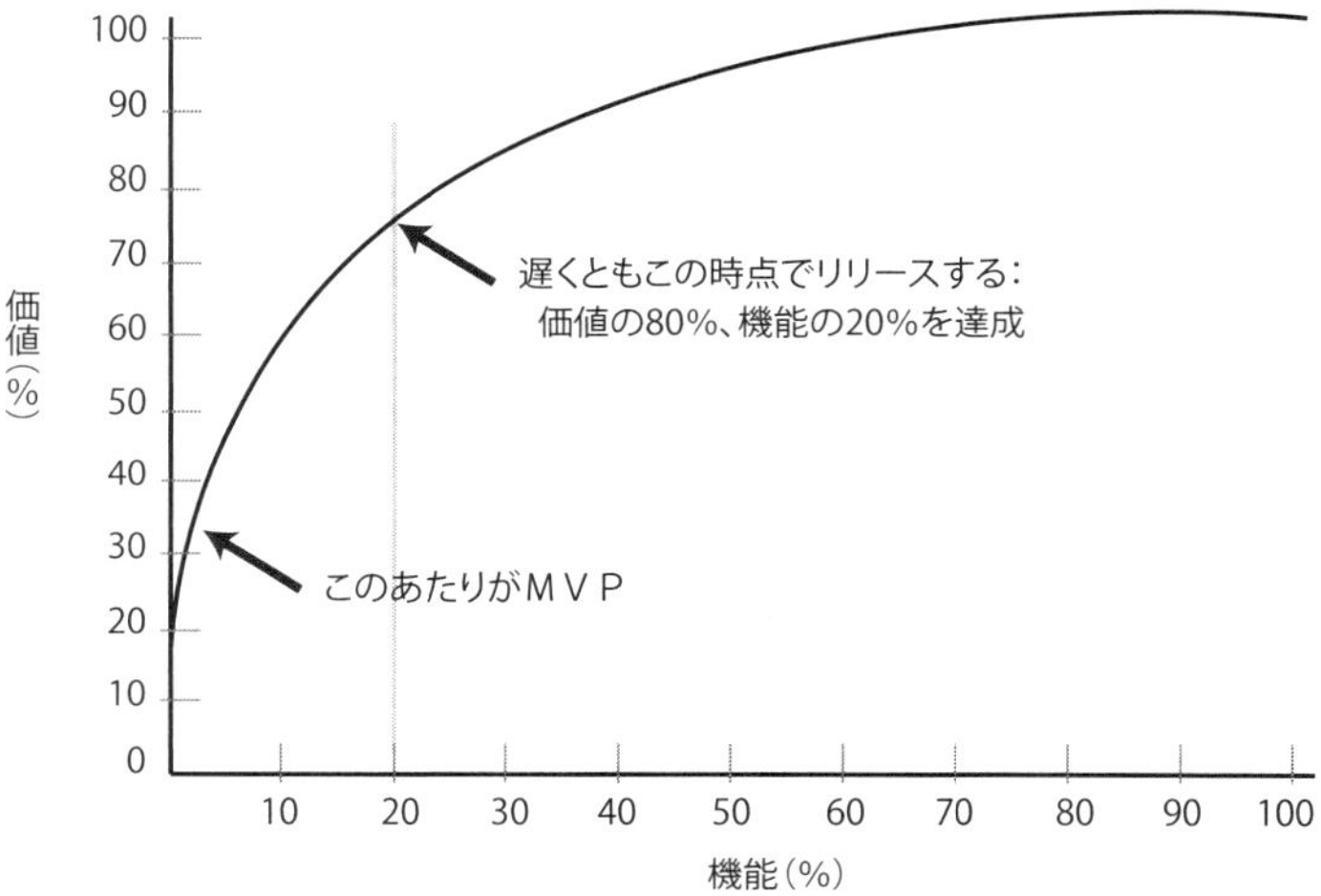

半分を作るのにかける時間で、二〇〇パーセントの価値が生み出せてしまう。スクラムの威力はここにある。スクラムが仕事の進め方だけでなく生き方も変えるのはここなのだ。細かなところまで何もかも全部を完成させようとしなくていい。価値のあるもの、顧客が本当に望むもの、必要としているものを形にし届けることに注力することだ。

　イラクかアフガニスタンでこんな話があったという。米軍がある村へやって来て、こう考えた。「この村では鶏を育てているようだ。では鶏肉加工工場を建てよう」そして多額の費用を投じて立派な加工工場を建てた。村には安定した電気の供給がないとか、住人の多くは字が読めず、設備の扱い方を学んでもらうのが難しいといった事情は考慮していなかった。そこへ誰かがやってきて村人に聞いた。「実際のところ、

図12　倍増していく価値：価値を増すリリース

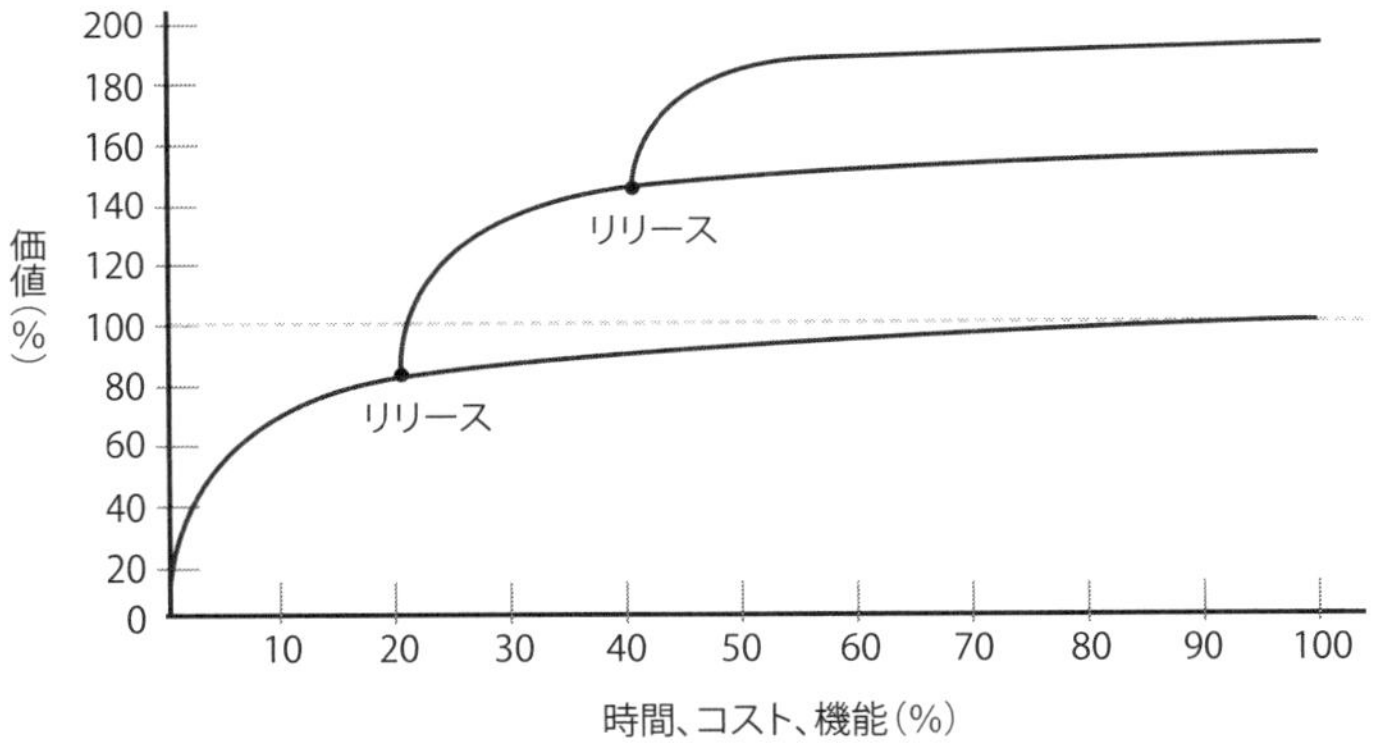

何があると役に立ちますか」答えはこうだった。「川の向こう側へ渡れる橋が村にあると助かります。今は向こう岸の市場まで行くのに、川を渡れる場所まで半日かけて歩いているので」その橋のコストは数百ドルだった。立派な工場に比べるとずいぶんスケールの小さい話だ。本国の本部にいる上司が聞いたら、たいしたプロジェクトではないと感じるかもしれない。だが村人にとっては、今は埃をかぶっている立派な設備のある工場よりも、この方がはるかに価値があったのだ。

もう一つ指摘したいのが、完成が早まる場合があるという点だ。例えば、最新の次世代型アラーム時計を作っているとする。手元にはさまざまな機能のリストがある。時刻表示、スヌーズ、タイマー、アラーム、ラジオ、ｉＰｈｏｎｅを置くスタンド、ＧＰＳ機能など。だが心得たプロダクトオーナーなら、使う人が本当に欲しい機能の優先順位をわかっている。簡単に設定できるアラーム機能、ちょうどいい音量のアラーム、ラジオ、そして部屋が明るくても暗くても見やすいディスプレイ。開発チームがこれに沿って仕事をすると、すばらしく洗練されたアラーム時計ができあがる。アラーム時計におけるｉＰｏｄのような製品の誕生だ。見た目は美しく、大事な仕事を一つ、しっかりこなす。そしてこの時計にその他の機能を追加するのでなく、まずこれを市場に出し、それから次のプロジェクトに取り掛かる。チームは次のプロジェクトでまた次の価値あるものを作り出せる。

変更料という甘い汁

本書の最初に、ＦＢＩのシステム、センティネルのプロジェクトの例を紹介した。委託された会社が莫大な費用をつぎ込んでソフトウェアの開発にあたりながら、失敗に終わった例だ。コスト超過の大きな原因となった要素の一つが、仕様の変更による追加料金だった。ソフトウェア開発でも航空機開発やビルの建設でも、契約による仕事ではよくあることだ。公共の仕事を請け負う場合、この変更料で儲けを出すやり方は広く行なわれている。入札時には安い値をつけておき、後で変更料をとって利益を上げればいいという考えだ。数年にわたる大型プロジェクトの契約書に、要求事項がすべてきれいな表にまとめてあったりすると、「うん、いいじゃないか」と言いたくなる。すると請け負った業者は「契約に含まれているのはこれとこれだけです。変更される場合はお客様のご負担になります」という。こうして事後に追加で発生する費用が大きいため、変更管理部門を設置する企業や役所もある。コスト管理の点では一理あるだろう。変更の数を制限すれば、それにかかるコストは減る。

だが目先の数字しか見ていないと、本当に目指すもの、望むものを否定するシステムを作ってしまっているのに気づけない。コストを削ろうとして、同時に新しい気づきやイノベーション、創造力の芽も摘んでしまう。プロジェクトに着手後しばらくして、真の価値、つまり顧客が求める二割の価値の部分が今検討している機能の中にないと気づいたとき――プロジェクトを進める中で見つけた別の点に価値があるとわかったとき――、従来のプロジェクトの進め方ではそこで行き詰まってしまう。市場にすばやく価値を届けることはかなわなくなる。

そもそも、がっちり管理しようとしてもそうはいかない。変更管理部門がこれ以上変更を増やすなといっても、必要性の高い変更なら上から何と言おうと関係ないものだ。ここを変更しなければプロジェクトの価値はない。そうなると変更管理部門も渋々受け入れ、コストは増える。そのうちまた別の変更が生じる。そうするうちにあっという間にプロジェクトは予算を大幅に超え、一年、二年、五年と遅れていく。

そこで私が提案したのが「変更は追加費用なし」の方針だ。通常の固定価格式の契約なら、変更は無料ですと伝える。考えられる機能をすべてリストにしてみる。戦車の開発であれば、時速一二〇キロは欲しい、一分間に一〇発の砲撃ができて、定員は四人、空調完備等々、必要な特徴を全部書き出す。開発側はリストを見て、エンジンを作るのが一〇〇ポイント、砲弾の装塡をする部分は五〇ポイント、座席部分は五ポイント、と見積もっていく。こうしてすべての機能に仕事量に応じたポイントをつける。このケースでは契約上、顧客はプロダクトオーナーと密に連携をとってプロジェクトを進めることにしておき、スプリントごとに仕事の優先順位を変えられる。バックログの項目をどう変えてもいい。新たな機能を追加しても構わない。その場合はサイズが同程度の機能を削って対応する。レーザー誘導式のシステムを追加したい？　五〇ポイント相当の仕事だな。ではそれを追加する分、同じ五〇ポイントの作業で、バックログの下位にある優先順位の低いものを削ろう、という対応ができる。

顧客にとって高い価値のある機能や特徴だけを提供するというこの考え方を、新しいレベルで実践している企業がある。数年前、スクラム導入支援を行なうある会社が、大手建設会社にソフトウェアを提供するプロジェクトで一〇〇〇万ドルの契約を結んだ。期間は二〇カ月で合意したが、スクラム支援会社は契約書にこんな一文を入れた。建設会社側が契約を終了したい場合は、契約の残り期間分に相当する料金の二〇パーセントを支払えばいつでも終了できる、という条件だった。希望どおりにソフトウェアが動いた時点で、建設会社側が開発作業を終了できるという内容だ。

ソフトウェア開発チームはスプリントを開始した。スプリントの設定は一カ月だった。最初のスプリント後、建設会社は開発側の仕事の方向性を調整し、さらに価値を付加できるようにした。次のスプリント後も同様にした。三カ月後、建設会社は契約を終了し、できあがったソフトウェアを受け取って導入した。希望した価値が手にできたからだ。

それぞれの立場でどれだけプラスになったのか、計算してみよう。契約期間の最初の三カ月で、顧客側はスクラム支援会社に三カ月分一五〇万ドルを払った。途中で契約を終了したため、残り八五〇万ドルの二〇パーセント、一七〇万ドルを支払った。つまり、一〇〇〇万ドルかかるつもりでいたのが、三二〇万ドルでソフトウェアを手にできた。しかも予定より一七カ月早い。

メリットがあったのは顧客の側だけではない。スクラム支援会社は一五パーセントの利益率を設定して契約を結んだ。仕事をした三カ月間でソフトウェアの開発に一三〇万ドルを要した。一方顧客の建設会社から受け取った額は三二〇万ドルだった。利益率は一五パーセントから六〇パーセントまで上がった。四倍に増えたわけだ。そしてプロジェクトが早く終わって手が空いたため、次の案件を入札できた。

これを可能にしたのがスクラムの特性だ。チームを機能横断的な集団にすることで、仕事のスピードがすぐに上がり短期間で価値を生み出せた。スプリントごとに項目が「完了」になり、成果がプロダクトの形になった。実際に動いた。すぐに使えた。スプリントが終わるごとに、プロダクトオーナーは顧客からのフィードバックをもとにバックログの優先順位づけを見直した。そして顧客が満足する価値が提供できれば、仕事はそこで完了した。こうしてスクラムは、関わるすべての人の利益にかなったのだ。開発チーム、スクラムマスター、プロダクトオーナー、顧客、そして会社の利益。皆が「真の価値をできるだけ早く届ける」という同じ目標と同じビジョンのもとで仕事をした。私は日ごろからウィンウィンの関係が大事だと思っているが、よい製品を低価格で提供し収入を増やすのが非常にいいモデルなのは間違いない。

リスク

リスクマネジメントは企業を成功させるには不可欠だ。スクラムは失敗のリスクを減らしてくれる。リスクは一般的に、市場のリスク、技術面のリスク、金銭的なリスクの三つに分けられる。これはそれぞれ次のように言い換えることができるだろう。私たちが作っているものは本当に皆が欲しいものなのか？　自分たちに実際に作れるのだろうか？　作ったものは本当に売れるのだろうか？

市場のリスクについてはすでにたくさん書いてきた。スクラムは段階的なリリースを重視するため、市場におけるリスクを減らせる。より速く製品を顧客に届けられる。また早い段階からフィードバックを繰り返し受けることで、小さな変更をすぐにかけられる。これは、多額の予算をつぎ込んだ後で、今作っているものが顧客の真に望むものとは違うとわかって大幅な変更を余儀なくされるよりもずっといい。プロジェクトの最初に聞いた顧客の希望に合わせたとしても、往々にして人は実際に試してみるまで本当のところ何を求めているのかつかめないものだ。こうした方がいい、ああした方がいいという意見も空回りして役に立たない場合が多い。であれば早くリリースすることを考えた方がいいと私は思う。

技術面のリスクには興味深い面がある。顧客が望むものを現実に作れるのかという問題は少々ややこしい。それが物理的なもので、工場や設備や事前の投資がいる場合は特にそうだ。

先に挙げた住宅向けオートメーションシステムの話に戻ろう。この会社では開発にあたり「セットベース・コンカレント・エンジニアリング（set-based concurrent engineering）」と呼ばれる手法を取り入れた。簡単にいうと「初めはプロトタイプを複数並行して作り、開発を進めてから最適な仕様を決める開発方法」という意味だ。このシステムの場合、訪ねてきたのが誰かわかるよう、玄関にカメラが必要だった。カメラの中でもっとも高価で、開発に時間がかかる部分はレンズだ。素材はプラスチックかガラスか、それともクリスタルか？　どんな天候にも耐えるのはどれだろう。傷がつきやすいのはどれだろう。一番きれいに撮れるのは？　それぞれの製造コストは？

そこで開発チームは最初に一つに決めて本格的な製造に入らずに、三種類のレンズを実際に使えるレベルで作って比較した。あくまでもどれがベストなレンズかを決めるのが目的であり、かつ開発から完成まで時間がかかるため最初に取り組む必要があったことから、チームはノート型パソコンのカメラで各レンズをテストした。そしてガラスのレンズがもっとも適しているという結論が出た。実際に使えるものを作り、自分たちの目で確かめて判断できた意義は大きい。理論的な概念に基づいて決めたのではない。自分たちで実際に見て、触れて確認できるものを作って決めたのだ。最適なレンズを決めた後で、チームはレンズを収める本体と画像を処理するプロセッサの設計に移った。レンズの決定を最初にしたことにより、会社としては相当額のコストが抑えられただろう。アップルが製品開発の際にこの手法を取っているのは知られている。どの製品も、実際の機能を備えたプロトタイプを複数製作したうえで、どれが一番よいかを検討するのだという。この方法では大がかりな投資をしなくても、複数のアイデアを短期間で試すことが可能になる。

金銭的なリスクは、企業において失敗につながるケースが多いリスクだ。洗練された製品を考えついても、利益になるだけの売り上げにつなげられない。典型的な例がオンラインメディアと、紙の新聞の衰退だ。一九九〇年代、インターネットが爆発的に普及したとき、各新聞はウェブ上にコンテンツを載せようと躍起になった。紙面だろうとウェブ上だろうと費用をかけても広告を載せたい人はいるだろうと考え、コンテンツ自体は無料にしたところが多かった。だが問題は、広告主はオンライン広告には紙面より安い広告料を要求したことだ。それでもコンテンツの制作にかかる費用は変わらない。記事の有料化を検討したメディアもあったが、大半のサイトが無料でニュースを提供する中、自分たちだけが踏み切ることはできず断念するケースが多かった。記者を実際に現場へ送ってレポートさせるのは費用がかかる。結果として全米で多くのニュース編集部が閉鎖された。

コンテンツやサービスは無料で提供し、広告を集めて収益を出すやり方は、今でもＩＴ系のスタートアップでは広く行なわれている。会社を立ち上げた人たちはフェイスブックやグーグルを見て、自分たちにもできそうだと考える。しかし実際フェイスブックやグーグルのように成功する企業は多くない。インターネットの黎明期には、特定の層を狙えるオンライン広告は価値のあるものだった。だがそれを活用するプラットフォームが増えた今、かつてほどの魅力はなくなった。

もう一つ、企業が財政的に立ち行かなくなる原因として挙げられるのが、顧客の獲得にコストをかけすぎるケースだ。グルーポンやリビングソーシャル等の共同購入クーポンサイトはその例にあたる。この手のサイトでは、初めは苦労しなくてもすぐに顧客が集まる。だが規模を広げるうち、出店者の拡大にもクーポン購入者の集客にもコストが増大していった。こうした企業の現在の株価を見れば、その苦戦ぶりがうかがえる。

スクラムの役割は、「これを作れば利益になるか」という、ビジネスを決める根本的な疑問の答えを迅速に得られる点にある。段階的なリリースをすばやく顧客に提供していくことで、顧客が何を重要と考えるか、何に価値を見出して対価を払ってくれるかが把握できる。最初の予測がずれていても、修正すればいい。損失があるとしても最初の数スプリントにかける時間と労力だけですむ。莫大な予算をかけて複雑な設備を作り上げた結果、製品は気に入ってもらえてもかかったコストに見合うほどの売り上げにならなかったときの損失と比べれば、はるかに小さい。

明日から始めてみる

では、今の仕事にスクラムを取り入れるため、プロダクトオーナーが明日からできることは何か。最初の一歩はバックログを作成しチームを集めるところから始まる。これから取り掛かる製品やサービスのビジョンを明確にし、ビジョンを実現するために必要な項目を挙げていく。最初から全体を決めなくていい。まずは一週間分程度のバックログから始めてみる。チームが毎日デイリースタンドアップをしながら最初のスプリントを進めている間に、次のスプリント二回分ほどのバックログを作成できる。ただバックログの状態には常に注意しなくてはいけない。チームの仕事が加速してくると、思っていた以上にタスクが完了していくからだ。

そしてプロダクトオーナーとして、今後向かうべき方向性をロードマップにまとめる。今期は何ができるか。今年はどこまで達成したいか。あくまでその時点での青写真であり、細かく計画しすぎないことだ。いつまでに具体的な成果を上げる、というがちがちの契約書を作るのではない。少し先に何をどこまでやっていたいか、思い描くシナリオを書いておくのに近い。この先、シナリオは変わるものだ。劇的に変わるかもしれない。

このように計画を立てる理由は、組織の中で透明性を確保するためだ。営業チームなら、どんな機能が開発されているのか把握すればマーケティング活動に着手できる。上層部なら、どのあたりからいつどの程度の収益が上がりそうなのかをつかんでおきたい。すべてをオープンにしておくのが大事な点だ。開発中の製品が今どんな状態にあるのか、いつでも誰にでもわかる。プロジェクトについて書いたストーリーがスクラムボードの「バックログ」から「完了」へ移行していくのが見てわかる。ストーリーの実行に必要な労力を見積もったストーリーポイントと時間軸をグラフにしたバーンダウンチャートに入れていくと、スプリントが進むにつれ着々とゼロ（バーンダウン）に近づいていくのが実感できる。前回のスプリントでどれだけストーリーポイントを消化できたか、次のスプリントではどれだけ完了する見積もりかもわかる。あなたがプロダクトオーナーなら、収益とコストで評価を受けるのだ。

ここで、複数のチームが関わるプロジェクトの場合は特にそうなのだが、プロダクトオーナーを一人でなくチーム制にした方がいいという判断になるかもしれない。チームが着実に仕事を進めていくのに十分なバックログを作成するためだ。例えば一人のプロダクトオーナーは戦略の構想と顧客とのやりとりに注力し、もう一人はスプリントごとにチームが取り組むタスクを決定するなど、目標達成のため具体的な戦術を立てる、と分業することができる。

しかし大事なのはまずやってみることだ。まずは始めてみる。具体的なステップは巻末の付録を参考にしてほしい。スクラムは始めると二、三日でチームが活気づいて走り出せるようにできている。バックログを準備して、最初のスプリントを計画し、スタートしてみる。計画そのものや振り返り、熟考、プロジェクトのミッション、長期計画に長時間かける必要はない。これはライバルに任せて、スクラムを取り入れたあなたはライバルの先を行けばいい。そしてついでに世界をいい方に変えてみよう。次の章ではその方法を考えてみる。

まとめ

- **リストを作り優先順位をつける**
プロジェクトで実施する可能性のある項目をすべて入れたリストを作る。それぞれに優先順位をつけていく。もっとも価値が高くリスクが低い項目をトップに置き、順に並べる。

- **プロダクトオーナーの役割**
プロジェクトのビジョンをバックログの形にする。プロダクトオーナーはプロジェクトの目的と内容、マーケット、そして顧客を理解している必要がある。

- **リーダーは「ボス」ではない**
プロダクトオーナーは「何をすべきか」と「その理由」を明確にする。それを誰がどう達成するかはチームが決める。

- **プロダクトオーナーの資質**

プロダクトオーナーは仕事の内容に精通し、最終的な決定を下す権限を持つ。いつでも疑問に答えられる用意があり、顧客に価値を提供する責任を持つ。

● **観察、情勢判断、意思決定、行動（OODA）**
OODAループの図を参照。迅速に、戦略的に動くこと。

● **恐れ、不安、疑念**
受け身の側でいるより攻める側でいる方がいい。相手のOODAループに入り込み、相手を攪乱する作戦でいく。

● **変更は無料に**
新しい機能を追加する場合、価値を生むものだけを作る。その分、同等の労力を要する別の機能を削る。最初に必要だと思ったものと実際に必要なものは一致しない。

第九章　世界を変える

スクラムはソフトウェア開発の世界で始まった。今では、仕事という仕事のあらゆる分野に裾野を広げている。スクラムを採用しているプロジェクトは宇宙船の開発から給与支払いの管理、人材開発まで多岐にわたり、業種もファイナンスから投資、エンタテインメントからジャーナリズムまで幅広い。二〇年前、自分がソフトウェア開発を支援するために考案したプロセスが、これだけ幅広い分野で活用されているのを見ると感銘を覚える。スクラムは人の取り組みを後押しする。内容は問わない。

人類が抱える困難な問題のような、思いもしなかったことに取り組む場でもスクラムを目にするようになった。例えば貧困問題だ。貧困は、人間の尊厳を傷つけるだけでなく、犯罪、政治腐敗、戦争、破壊行為などさまざまな社会の病にも結びつく。それから世界のあちこちで若い学生の芽を摘んでいる教育システム。二一世紀を生きる力を授けるべきところを、いまだに一九世紀的なやり方を若い世代に押し付けている。また、機能していないといえば政府もそうだ。いろんな面で機能停止していて、何世紀も前の発想から転換できず、今の時代を生きる私たちの現状に合わなくなっている。

アフリカで死んでいく人々や米国の学校で起きる暴力、人の上に立つ人が繰り返すうわべだけの行動といったニュースに、こんなものだ、仕方ないとあきらめるのは簡単だ。だがこうした困難な問題もスクラムを使って対処できる。今挙げた問題はどれも実際にスクラムを取り入れて解決に取り組んでいる人々がいて、ビジネスの世界と同様、目を見張る成果が上がっている。

教育の現場で

大都市の郊外というのは世界中どこも似ているようだ。主要都市から少し離れた郊外の町で、少し安く家を買い、そこで家庭を持ち、大都市特有の問題を心配しなくていい学校へ子どもたちを通わせる。

オランダのアルフェン・アーン・デン・レインは、典型的な郊外の町だ。オランダの西部、ライデンとユトレヒトの間、アムステルダムから四五分ほどのところに位置する。平日に車で町へ向かうと、大半の車が町から外へ出て行くのがわかる。仕事のある大都市へ向かうのだろう。新旧入り混じった牧場と風車が郊外の風景に点在する。

町に入ると目につくのは車よりも自転車だ。たくさんの自転車が町の公立学校、アシュラム・カレッジへ入っていく。町と同じく学校も典型的なオランダの学校だ。一二歳から一八歳までの一八〇〇人が通う。オランダの学校は早いうちから生徒の進路を分けている。中級職業教育の課程では美容師や整備士、秘書などさまざまな職業教育を提供し、上級職業教育課程は看護職やエンジニアリング、マネジメント職を目指す。大学進学を目指す課程では医療や法曹、研究の道に進む子どもたちが学ぶ。中級職業教育を受けた生徒は一六歳から働くことができ、大学へ進学した場合は二〇代の大部分を大学や専門の研究機関等で過ごすこともある。いずれの課程にも共通の基礎科目があるが、課程ごとに分かれて学ぶ。アシュラム・カレッジでは三つの全課程のコースがある。どの課程でも学ぶ基礎科目の一つが、ウィリー・ワイナンズ教諭の教える化学の授業だ。

中学や高校の化学というと、こんな記憶がよみがえるのではないだろうか。化学室の前に立つ教師と向き合うように実験台のテーブルが並び、何回か講義を聞いた後で実験をやる。実験を誰と組んでやるかで事情がだいぶ違ってくるので、頭を悩ませたりする。化学の授業が好きだった人、退屈だった人、あるいはテレビドラマ『ブレイキング・バッド』に感化された人、いろいろだろう。いずれにしても、教室で原子の共有結合か何かの深遠な話が始まると、とたんに目は窓の外に向き、あるいは落書きを始めたり、思いを寄せる相手のことをぼんやり考えたりした人も多いのではないか。

しかしウィリー・ワイナンズ教諭のクラスは違う。「見ててください。私は何もしないんです」ワイナンズはそう言った。教室に生徒が次々と入ってきて席に着く。が、椅子には座らず、立ったままだ。九月のある水曜日、朝八時三〇分の教室は何だか様子が違う。机は正面を向いて並んでいない。四人一組で向き合うように並べられている。

授業の初め、生徒のグループは付箋がたくさんついた大きな紙を出してきて壁に貼り、周りに集まった。紙は四列に大きく区切った表のようになっている。一番左の列に「Alle Items」とある。そして「Te doen」「In uitvoering」「Klaar」と続く。そう、「All Items（全項目）」「To do（未着手）」「In Progress（作業中）」「Done（完了）」だ。

四列の表の下には別の四つの区切りがある。「D.O.D.」すなわち「Definition of Done（完了の定義）」、次の「Grafiek（グラフ）」はゴールに向けての進捗を示すバーンダウンチャートを指し、「レトロスペクティブ」、「ベロシティ」と続いて、ここで授業ごとに達成した「ポイント数」を確認する。スプリントは通常四週間か五週間で、最後に試験がある。

オランダ語で「フロップ」と呼ぶ（フリップチャートを意味する語からきている）このスクラムボードの前で、生徒たちが今日はどの項目に取り組むか話し合っている。そして選んだ付箋をバックログの「Alle Items」から「Te doen」へ移すと、作業を始めた。教師のワイナンズは先に言ったとおり、何もしない。生徒は本を開き、自分たちで課題を始める。重要なのは生徒同士で教え合っている点だろう。ワイナンズは教室を歩き、各チームのスクラムボードとバーンダウ

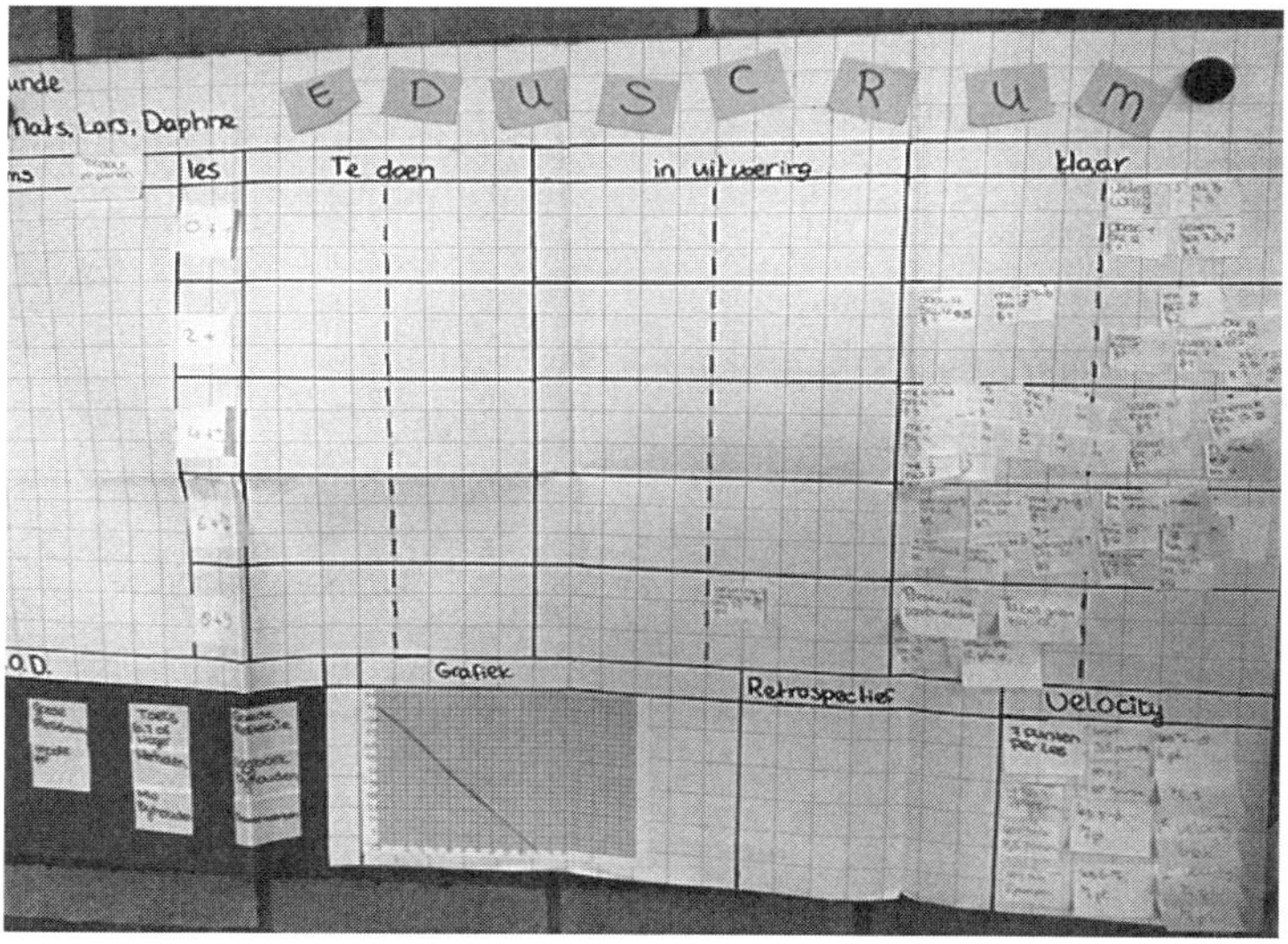

ンチャートを見て回る。時折、生徒が悩んでいるところを見つけて声をかけたり、難しい理論を手短に説明したり、「Klaar（完了）」の項目からテスト形式で一人ずつに質問し、全員が理解しているか確かめたりする。理解していなければ付箋を「Te doen（未着手）」へ戻す。完了の定義の一つは、チーム全員が内容を理解していることなのだ。

　教室のスクラムボードにはユニークな項目があった。「楽しさの定義」だ。課題を完了させるだけでなく、楽しんでやろうというわけだ。これを評価する要素が「信頼」、「ユーモア」、そしてオランダ語でいう「Gezelligheid」だ。これを一語で表すのは難しい。和気あいあいとした、和やかな、楽しい、心地よい、あるいはしばらくぶりに友人と会った感じ、大切な人と過ごす時間、居場所があるという感覚、といえばいいだろうか。確かに、すばらしいチームの一員でいるときに感じる支え、楽しさ、希望、喜び、満足感や高揚感を表現すると、まさにそんな感じがぴったりくる。

ワイナンズは説明した。「教師が取り締まる必要はないんです。生徒を動かす新しいやり方ですね。生徒は自分たちですべてやります。自分たちで宿題も出すんですよ」チームはそれぞれ、テキストのどこをやっているのか、いつまでにどの段階まで終えなくてはいけないか、期限までに決められた範囲を終えるために課外学習の必要があるかなど、すべて把握しているのだという。「自分たちで考えて動ける、自己組織的なチームなんです。勉強の仕方もどんどん速くうまくなっていきます。先に試験をやって、後からテキストに戻って勉強したチームもいました」

ワイナンズはこの取り組みを「エデュスクラム」と名づけ、初回のクラスで生徒に説明する。最初にするのがチーム作りだ。チームは機能横断的でなくてはいけない。生徒はそれぞれ多様な基準で自分を評価する。勇気がある、数学が好き、人の気持ちを考えられる、目標に向かって熱心に取り組むなどさまざまだ。それから多機能な、学習を進めていくうえで必要な要素を備えたチームを作るよう言われる。ワイナンズはここが化学の学習と同じくらい大切だという。自分とは違うよさを持つ他者を尊重し、ともに取り組む姿勢を学ぶことだ。

ティム・ヤンセンは一七歳、高校の最終学年だ。三年間スクラムに取り組んできて、もうすぐ大学へ進み、化学を専攻するという。いわゆるオタクタイプと言ってよさそうだ。「僕は他の人より理解するのは早いと思います。でも、一緒に学習することでもっと伸びるし、できるようになります。他の人に説明すると自分の理解も深まるんです」ティムはそう言って、向かいに座るジュディス・ズワルツの方を見た。「ジュディスは勉強の内容を僕に聞けます。僕は学んだことを系統だててまとめるやり方について彼女に聞けます。僕よりもそういうことが上手なので」

ジュディスはティムとはだいぶ違うタイプのようだ。細身のブロンドでかわいらしい。「クラスメイトのことがもっとよくわかるようになりました。誰がどんなことが得意なのかに気づいたり」

「スクラムで学習すると、クラスの片隅にいるような子と他の子がつながれるんです」ジュディスと同じようにかわいく洗練された感じの友人、マネカ・ボーエンズもうなずいて言った。「自分で入るチームを選ぶときもあるし、チームから声をかけられて誘われるときもあります。自分よりも何かについて優れた人がいるってことを学ぶんです」

こうした学びもねらいの一つだとワイナンズは言う。意識していなかった自分の力を意識する機会になる。試験で測れる力だけが大事なのではない。自分自身と他者が持つさまざまな強みに気づき、それを尊重できる能力。これこそ二一世紀らしい、すべての人が身につけるべき力ではないか。

チームのメンバーが決まったら、作業を時間でなくポイントで見積もる方法を学ぶ。そしてフィボナッチ数を使って、これから学ぶ課題を見積もりポーカーで見積もっていく。ワイナンズはポイントの考え方をシンプルに説明した。「これまで聞いたいろんな基準は無視していい。絶対的な基準はないからね。私が自分の体重を五〇ポイントと見積もったら――」そう言って一人の生徒にたずねた。「君は何ポイントと見積もる?」

「えーと、四〇?」生徒は答えた。

「ありがとう。どちらかというと二〇くらいかもしれないけどね」

いくつか課題をこなした後、最後にチームでレトロスペクティブを行ない、「うまくいった点」「もっとうまくできたはずの点」「どうすればチームはもっとよくなるか」を検討する。

チーム主体のこの進め方にとまどう保護者もいるそうだ。ある生徒の母親はワイナンズに、娘は課題を全部やったのに、どうして他の子を手伝わなくてはいけないのかとたずねたという。

「その子には勇気をもって他の生徒にもっとやるよう促してもらいたかったのだと伝えました。そうすると試験の成績は上がりました。母親はお礼の電話をくれましたよ。生徒たちは自分が学ぶだけでなく、他の人と一緒に学ぶ姿勢も身に着けてほしいのです」

アシュラム・カレッジの教室は活気と意欲にあふれていて、それは結果にも表れている。オランダの学校では成績評価を一から一〇の段階でつけ、五・五以上なら合格とされる。ワイナンズのクラスでは七を合格ラインにしている。生徒はこの基準をクリアしているそうだ。過去一年で試験のスコアは一割以上伸びたという。

ワイナンズは、大手のＩＴ企業に勤める義理の息子に聞いてスクラムを知ったという。そこではスクラムを取り入れていた。ワイナンズは四〇年近く教えているが、まさにこうした手法をずっと探していたという。生徒がみずから学び、自分の力と他の人の力をともに尊重するアプローチ法で、かつ楽しんでできる。

スクラムのすばらしい点は、ほとんどの場合その場限りで終わらないことだ。規模が広がっていくようにできている。オランダの学校でスクラムを取り入れた「エデュスクラム」は、ワイナンズのような優れた教師といえども彼一人に依存しているわけではない。取り組みを始めたのはワイナンズで、同じ学校の化学教師にも導入を勧めたが、今ではさらにその輪は広がっている。オランダでは現在、ビジネス界からの支援を得てエデュスクラム財団が立ち上げられ、教師や学校を対象にスクラムの研修を行なっている。これまでにさまざまな教科を教える七四人の教師が一二校から集まり、研修を受けた。今後、一年間に一五校の教師六〇名を受け入れる計画だという。五年間で七五校三〇〇人の教師がスクラムのアプローチを習得することになる。いいスタートだ。オランダで何人かの教師と話をしたが、これは新しいモンテッソーリ教育に匹敵するという声を聞いた。新たな動きが生まれている、と見ているのだ。

実際、これはオランダだけの動きではない。米国アリゾナ州の小さな町に、経済的に恵まれないネイティブアメリカンの子どもが通うチャータースクールでスクラムを取り入れている例がある。スクラムを教える大学も出てきた。ハーバード大学ビジネス・スクールでは「イノベーション・ラボ」と呼ばれる研究室を立ち上げ、すべての取り組みをチームベースで行なっている。同校の竹内弘高教授が私に話してくれたとおり、チームを教えるならスクラムが最適だ。

アシュラム・カレッジを訪問した際、学生たちと話をする機会があった。質問はありますかと聞くと、一人の少年が手を挙げ、こう言った。

「スクラムをもともとソフトウェア開発のために考案したというのが信じられません。高校の授業のために考えられたのかと思うほどぴったりなので」

少年のこの言葉を聞いて、私は涙が出そうになった。後で知ったのだが、この生徒は自閉症だった。教室でスクラムを取り入れる前は、授業に積極的に参加せず、あきらめているところがあったという。スクラムに背中を押されて一歩踏み出すと、学校生活を楽しめるようになり、成長できたのだった。

二〇年前、ソフトウェア開発のためにスクラムの構想を練っていたとき、それが人の人生を変えることになるとは思っていなかった。だが現実にはそんなことが起きている。中でも大きな変化をもたらした例が、ウガンダの農村にある。

貧困

ウガンダは世界でも貧しい国の一つだ。人口の三分の一が一日一・二五ドル未満で生活する。大部分の人が貧困の日常化した農村部で暮らし、わずかな土地で農作物を育てて何とか食いつないでいる。こうした土地の多くは僻地どころではなく、一番近い市場のある町まで歩いて数日かかる。農作業を手伝う人手がほしいため、どの家でも子どもを学校に行かせるのは難しく、女の子は特に早いうちから学校に通えなくなる。平均寿命は五三歳にとどまる。乳児死亡率は五パーセントを超え、毎年六〇〇〇人ほどの妊産婦が合併症などで命を落としている。ウガンダの農村部で生きるのは楽ではない。

グラミン財団は、ノーベル平和賞を受けたムハマド・ユヌスが創設した、貧困層へのマイクロファイナンス（小口融資）の先駆者、グラミン銀行から生まれた。世界の人々が貧困から抜け出すための支援活動を行なっているが、物資を施すのでなく、貧困にある人自身の力を引き出して自立へ導くことを理念に掲げる。ウガンダでもその理念のもと、人々が知識を共有し強化するためのプロジェクトが立ち上げられた。

まず、貧しい農村地域から一二〇〇人の人を選び、コミュニティ・ナレッジワーカー（知識労働者、ＣＫＷ）になってもらう。財団ではマイクロファイナンスと支払いができるモバイル端末用アプリを用意し、ＣＫＷには融資情報に加え、生活向上につながる農作物や農作業についての情報を提供することにした。財団はＣＫＷにスマートフォンを配布し、それを使って情報収集をすることで、農業技術の知識の共有を可能にした。

リーン・エンタープライズ・インスティテュート所属で認定スクラムマスターのスティーヴ・ベルは先日、ウガンダの二つの村を訪ねてきたが、そのときの様子をこう説明した。村人が屋外に集まり、立ったままミーティングを開く。その日、一人の村人が病気で枯れそうな作物を持参した。ＣＫＷはスマートフォンで同じ状態の作物の写真を探し、有効な対処法をすぐに見つけ出した。高価な農薬や化学薬品のいらない、村人がすぐに取り入れられる方法だった。

ベルによれば、こうしたすぐに実行に移せる実践的な情報をすみやかに入手できるだけでも大きな効果があるが、アプリのおかげで村人と他の地域の人とをつなげることも可能になったという。例えばつながりを利用すれば、徒歩で数日かかる一番近い市場で作物がどれくらいの値段で売られているかがわかる。それまで村人は仲介人に頼らざるを得ず、仲介人は村人が市場の相場を知らないのをいいことに好きな値をつけていた。今は村人も事前に自分たちで調べ、仲介人がどれだけ手数料をとっているか把握できる。

ある女性は、作物や農業技術の知識を得られるようになって収穫が倍増した。さらに市場の情報を把握したおかげで、倍の価格で売れるようになったという。以前はブッシェルあたり三〇〇シリングを受け取っていたのが、市場では一〇〇〇シリングで売られているのを知り、交渉して買値を六〇〇シリングに上げたのだ。収穫が倍増し、利益も倍増した。仕事の労力は変わらない。まさにスクラムの目指すところであり、この女性はそれを達成できた。

エリック・カマラは、コンゴの首都キンシャサにあるグラミン財団でテクノロジーチームを率いている。ここではアプリケーションの開発にあたってスクラムを取り入れている。ある機能の導入を希望する声があると、チームはそれを次の三つの視点で検討し、七段階で評価する。

1．貧困層の支援というミッションにおいて、この仕事はどの程度重要か。
2．この機能を導入すると、CKWの仕事にどれだけ役立つか。
3．この機能にパートナーのサポートが得られるか（グラミン財団では、単独よりもゲイツ財団をはじめ他のパートナーと組んでプロジェクトに取り組むよう目指している）。

こうして評価することで、カマラは客観的な基準でタスクの優先度を測れる。スクラムを導入する前、あれもこれもやってほしいと一度に要望が寄せられると、非営利団体の限られたリソースでは対応しきれず、結果として何も形にできなかった。現在はスプリントごとにそれぞれの要望を持つ人々がやってきて、これを希望しますとアピールし、他の人の要望と比較できる。透明性が高いプロセスだから比較が可能なわけだ。限られた貴重な資金をどう使えば最大の効果を上げられるか、判断する助けになっている。

他の企業や組織でもそうだったが、ここでもこの方法はすぐに他の部署に広がった。普段の業務の取り組み方に変化が生まれた。キンシャサ事務所ではそれまで毎週ミーティングがあったが、数時間かけて進捗を報告し、問題点を説明したり訴えたりするものの、実際の成果は乏しかった。延々と時間をかけても、出席した職員は不満を抱いて会議室を後にした。今は各チームにスクラムボードがある。問題点や障害はミーティングをしなくても簡単に把握できる。事務所のトップはスクラムボードを見て回るだけで、プロジェクトがどこで停滞しているのか、どこで妨害されているのかをつかめるのだ。

ＮＧＯで働く人と話をするとよく耳にするのが、スタッフの間に目的意識や仕事にかける強い思いがありながら、それをまとめて実行する体制が確立できていない、という声だ。スクラムはメンバーの熱意を受け止め、何から取り組むべきかを明確にすることで、熱意を仕事に生かせるやり方だといえる。

スクラムがビジネスに有効だと証明するのは簡単だ。スクラムを使うと利益が上がる。倍の仕事が半分の時間でできる。だが人類の明るい未来は、もっとも貧しい人のためにみずからの人生を捧げる人にある。スクラムが社会の周縁にいる人のために働く人の力になり、ビジネスの世界と同様の成果を上げられれば、大きな社会的利益へつながる偉大な一歩になるのではないか。

この「利益」に早く手が届くだけでなく、それを測ることも可能だ。スクラムを使えば成果を簡単に評価できる。グラミン財団では「貧困脱出指標（Progress Out of Poverty Index）」というツールを用いている。貧困解消プログラムがどれだけ効果を上げているかを測るための指標だ。追跡調査をしてみて、スマートフォンを手にした農村のコミュニティ・ナレッジワーカーがどれだけ地域に変化をもたらしたかをみることができる。いくつかの方法を試してみることができる。貧困から抜け出すためみずから道を切り開こうと取り組む人々を後押しできるのだ。

私としては、スクラムがルーツに戻ってきたのが感慨深い。スクラムを始めたとき、私はグラミン銀行やマイクロファイナンスを進める他の団体に影響を受けた。彼らが始めた、貧しい村の人々が協力し合い貧困から抜け出せるよう支援するモデルからインスピレーションを受けたのだ。そこでは村人が数人でチームになり、それぞれが二五ドルの資金をどう使って小規模ビジネスにつなげていくかの案を持ち寄る。ある人はカートを購入して、町へ出て果物を売りたいという。別の人はミシンを買い、それで作った服を売るという。メンバーの融資がすべて返済されると、次の融資が受けられる。チームは毎週集まり、どう協力し合えるか話し合う。するとすばらしい結果が生まれた。ミシンを買った女性はまず、子どもたちを食べさせるだけの収入が得られるようになる。しばらくすると、靴を買ってやれるようになる。やがて学校へ通わせられるようになる。さらに続けると小さな事業は軌道に乗り、家を建てられるようになる。当時、ともに仕事に取り組んでいたプログラマーに私は言った。「村の人たちは靴も持っていない。でも自分の力で貧困から抜け出そうとしてる。君には靴があるがソフトウェアがない。村の人たちは協力して苦境を脱する方法を見つけたんだ。君もそうしたくないか？」そしてスクラムが生まれた。

非営利団体は社会的な利益をもたらす一つの形だ。では私たちの社会をまとめる組織、政府はどうしているだろうか。

政府

政府は、道路や警察や裁判所を用意して私たちの暮らす社会を形成する存在というだけではない。自分たちが何者であるかを体現するものだ。米国では、米国人が掲げる基本的な理念は一つの文書に表されている。ともに手を携えなければ確実に消されていただろう反逆の士が名を連ねて起こした、独立宣言だ。上流階級の有力者、理想主義者、奴隷を保有する地主が起草した独立宣言は、革命の時代のアメリカ人がどうあろうとしたかを示す、革新的な概念が記されている。

われわれは、以下の事実を自明のことと信じる。すなわち、すべての人間は生まれながらにして平等であり、その創造主によって、生命、自由、および幸福の追求を含む不可侵の権利を与えられているということ。こうした権利を確保するために、人々の間に政府が樹立され、政府は統治される者の合意に基づいて正当な権力を得る。

〔在日米国大使館サイト「独立宣言」より引用〕

現代では、この宣言の内容が当時の規範からどれだけ逸脱しているか、理解しづらいかもしれない。啓蒙思想の考え方は広がりつつあったが、民主主義はまだ存在しなかった時代だ。人々は神が授けた王権や武力を持つ権力者など、上から統治される存在だった。世界の多くを帝国が支配した。大英帝国に限らず、フランス、オーストリア、ロシア、オスマン帝国もそうだ。権利は権力者から与えられるのではなく、一人ひとりに生まれながら賦与されているという考え方は、控えめに言っても非常に革新的だった。

共和国という概念は、こうした規範から生まれた政府の形だった。ロドニー・ブルックスのロボットが歩き出したときのように、アメリカ合衆国も立ち上がり、おぼつかない足取りで、ときにつまづいたり道を間違えたりしながらやってきた。だがこの規範のもとに世界のあちこちで革命が起こり、今やたいていの国が、少なくとも形式上は民主主義で統治されている。

今の問題は、二〇〇〇年余りをかけて築かれてきた官僚的な体制だ。政府の構造の中に既得権益が組み込まれていて、人々の声が届かない。汚職は、官僚が便宜の見返りに賄賂を受け取るといった小さなものであれ、大銀行が利益を私物化し損失を国に押し付けて富を蓄えるという大規模なものであれ、透明性の欠如と少数者への権力集中がもたらした結果にほかならない。

どこの国にも、長年政府に取り入って甘い汁を吸い続ける層がいる。事業の契約を優先してもらい、金を確保し、「何を提供できるか」でなく「誰とつながっているか」で権力が手に入る。政治家や将官、有力な官僚が政界と産業界を盛んに出入りするさまは、何よりそれを示している。トップクラスの将官が防衛関連の企業とつながる、議員がロビイストになる、政府の元事務方が業界団体に歩み寄る。こうした例は無数にみられる。

しかし、第三章で提案したように、悪者を探して責めるのは不毛であり、それより制度の問題点に目を向けた方がいい。事態を変えるヒントになりそうな、生産的な問いを考えてみよう。望ましくない行為に走らせる誘因は何なのだろう？　透明化を図り、何が大事かを見極め、責任をはっきりさせるには？　答えはスクラムにある。

ワシントン州の州都オリンピアでの話だ。ワシントン州政府はこれまで二代にわたり「リーン・ガバメント」の理念を掲げてきた。現知事のジェイ・インスレーは、二〇一二年秋の選挙戦のインタビューでこう話している。「州の仕事の多くは決定を下すことにあります。決められずに残っている事案を減らす方法を探りたい」[1]

知事が掲げたプランには五つのポイントがあった。どんなキャンペーンでも引っ張り出される項目だ。一、幼稚園から大学まで「世界トップレベル」の教育システムの提供。二、経済の繁栄。三、持続可能なエネルギー利用とクリーンな環境において、国内をリードする州になる。四、健全で安全なコミュニティ。五、効率よく効果的で、説明責任を果たす州政府。

特に目新しい目標ではない。私たちが政府に求めるべきことばかりだ。言い古された内容だと感じるのは、重要事項である証拠だともいえる。だがこのプランが従来と違った点は、取り組み方にある。インスレー知事らは新しいアプローチ法をＳＭＡＲＴと名づけた。Specific（具体的）、Measurable（評価可能）、Attainable（達成可能）、Relevant（意義がある）、Time-bound（期限がある）の頭文字だ。言い換えれば、スクラムを取り入れるという意味だ。州はそれを実行した。

ワシントン州の最高情報責任者（ＣＩＯ）の部署は、どのＩＴ関連設備を仕入れるかの選定のほか、その内容も管理している。部署は二〇人の職員を抱え、ＩＴがらみのトラブルが起きて多額のコストが発生したりしないよう目を光らせている。また、運転免許証の更新から失業保険の給付、野生生物の保護まで、あらゆる部署で使われるシステムのアップグレードも管理する。二〇一二年の一年間に扱った依頼は、四億ドル相当、計八〇件になる。さらに、さまざまな部局に向けた基準やガイドラインを作成し、政策の実行を支援する役割も担う。

これを、スクラムを使ってこなしているのだ。オフィスのパーティションを取り払ってオープンな空間にし、スクラムチームを立ち上げた。

部署では毎週、実行に移せるポリシーを州の各部署に提案している、と副ＣＩＯのマイケル・デアンジェロは説明する。「私たちは他の部局が計画を提出するプロセスをアップデートしていますが、毎週何か一つのことを変えるという目標を設定しています。段階的なアプローチをとっているんです。出荷可能なプロダクトを毎週出して他の部局に手に取ってもらえるようにしています。相手は具体的なものを手にできるわけです」ここでいう「出荷可能なプロダクト」とは、実際に実行可能な、ポリシーに対する変更のことだ。形のあるものに限らない。価値を生むものなら何でもいい。

財源調達のプロセス全体を見越した大がかりな重要文書を用意するのでなく、一つひとつ進めていく。州の運営について、毎週、何らかの改善を形にしたいという考えだ。

デアンジェロによれば、反応は賛否両論あったという。完成品が出てこないことへの懸念は大きかった。二〇一三年八月、デアンジェロはこう語った。「ちょうど先週、問い合わせの電話を受けるシステムを変えました。でもまだ古いやり方の記述がウェブサイトや文書などあちこちに残っています。そういう記述を先に修正する必要があったのですが、とにかく進めることにしました。記述の変更は次のスプリントでやります。こうしないと、新しい、いいシステムを導入するのは数カ月先になってしまいます。せっかくの価値あるものを、使う人から奪うことになりますから」

もう一つ、CIOの部署が取り組んでいるのが、州の組織全体にスクラムを普及させることだ。だから自分たちのプロセスもスクラムに変えた。みずからが先例になれば、実際の経験から話ができる。この効果を逃す手はない。

だが障害もある。例えば、ウォーターフォール方式が州法に明記されている例があった。これを変えるのは難しい。ワシントン州では二年のサイクルで予算を決める。デアンジェロはこう説明する。「大きな単位で考えないといけないんです。これでいいと言われるまでプロダクトの価値を追加し続けていきます、というわけにいきません。政府はつかんでおきたいわけです。予算はこれだけかかる、ここまでの時間でこれだけの価値ができる、と。そうすれば市民に説明できるので。このやり方だと非効率なのはわかっているんですが」

アメリカでは連邦政府も州政府も、法整備をする部門がいくつもの委員会に分割されていることも問題の背景にある。ここは教育関係の法、ここは犯罪関係、さらに予算、社会福祉サービス、とそれぞれ分かれている。

「細分化してしまっているため、全体像が見えていません」リック・アンダーソンはそう説明する。コンサルタントとして、ワシントン、オレゴン、カリフォルニア、ハワイ各州の州、郡、町に助言している人物だ。議会と仕事をしてきて、変化には時間がかかるが、避けて通れないだろうと考えている。

パフォーマンスを基準にした目標設定から始めるべきだとアンダーソンは言う。「あなたの部局が目指す目標はこれです、期待される成果はこれです、と決める。そこが決まると、その成果を基準にした法案の作成に取りかかれます」

スクラムを取り入れてやり方を一新した現場では、橋を建設する具体的な計画を承認するのではなく、議会が道路を統括する部門にこう伝える。「X人の人がこの川を渡るための橋を、期間はY週間、予算Zドル以内で建設したい。具体的にどう進めるかは任せる」こうすると、発見やイノベーションが生まれる。

だが今、建設プロジェクトの実態といえば莫大な額の予算オーバーだ。理由は何か。プロジェクトが進むにつれ新たな問題を見つけ、新たな方法でそれに対処しているからだ。こうしたイノベーションの芽は、変更管理委員会が出てきて摘み取ってしまうべきではないし、膨大な量の報告を要求して勢いを削いでしまってもいけない。

人々の思いを反映させた憲法を起草するためにスクラムが活用された例もある。

二〇〇八年、本来避けられるべきだった金融危機が世界を襲った。大手銀行は何重にもレバレッジをかけて巨額の不良債務を抱え込み、資産価格を高騰させていた。中でも深刻な打撃を受けた国の一つがアイスランドだ。民営化し政府から分離していた銀行は、金融市場で巨大なリスクを背負っていた。金融の世界では、誰がカモかわからないときは自分がカモだ、と言われる。このときはアイスランドがカモだった。借り入れた金はアイスランドのような小国にはあまりに巨額だった。銀行の債務はGDPの一二倍に達していた。金融市場が破綻すると、アイスランド経済の「奇跡」は完全に崩壊した。

負債を負わされることになった市民は、鍋とフライパンを手にレイキャビクの国会前に集まり、抗議の声をあげた。金融危機を招いた責任を問われた政府は、のちに「鍋とフライパン革命」と呼ばれた人々の抗議の前に崩壊へ追い込まれる。内閣は退陣し、新政権は新しい憲法の制定を約束した。

新憲法の起草にあたっては、市民の参加を呼び掛ける声が上がった。そこで市民による憲法改正の評議会を設立、ここでスクラムが取り入れられた。評議会は毎週集まり、草案の内容を項目ごとに話し合い、毎週木曜に公開した。市民からの反応はフェイスブックやツイッターを通じて集めた。数カ月後には草案が完成し、アイスランド国民からは大きな支持が寄せられたという。人々が自分たちのあるべき姿を見直した結果生まれた、新たな市民の総意の表れだ。

残念ながら、市場の不正で利益を得ていた勢力は反撃に出た。決定を引き延ばし、混乱させ、不満を訴え、市民の意思に逆行して、経済破綻を招いたのと同じ政党からなる議会は、新憲法の草案を相手にしなかった。革命を望む声は否定された。少なくとも、そのときは。

世界は刻々と変化している。秘密主義や欺瞞の恩恵を受けている人々が隠れていられる場所もいずれなくなる。スクラムはこうした人々が幅をきかせる世界を変える。彼らが抵抗している間にも変化は避けられない。スクラムのフレームワークはずっと速く透明で、人々の希望に応えるものであり、立ちはだかる政治家を最終的には倒すはずだ。

変わるか、つぶれるかだ。

新しい働き方

第二章で、武道の守破離の概念に触れた。「守」の段階では型と決まりに従い、背景にある精神を身につける。「破」の段階では、型の中で自分のスタイルを探り、必要に合わせて自分なりに決まりを取り入れる。「離」の段階へくると、型を超えて理想の形を体現する。「離」に到達した達人の動きは芸術的だ。見ているとこんな動きが可能なのだろうかと思えるが、達人は哲学を身体で体得し、表現している。理念が形となって表れている。

この話を出したのは、スクラムにもいくつか決めごとがあるからだ。決まりを理解し、それを越えて実践してほしい。決まりの内容は巻末の付録「スクラム実践——今日から取り入れるにあたって」にまとめてある。各ルールの根拠についてはこれまでの各章で述べてきた。これを読んだみなさんに、自分の家や職場、コミュニティでスクラムを取り入れてもらえればと思う。逆説的だが、この決まりがあることで限界が取り除かれ、自由が生まれる。多くの人にとって自由は怖くもあるものだ。

従業員を自由にし、イノベーションを生む土壌を最大限に作り出した企業の例がバルブ社だ。彼らのスタイルを見ていると、自分たちで主体的に物事を進めていくというのはこういうことなのだと思わされる。よいソフトウェアの開発、貧困の撲滅、結婚式のプランニング、家の手入れ、何であっても変わらない。

バルブは一九九〇年代に設立され、ハーフライフやポータルといった世界的な人気ゲームを生んできた。完全に自己資本で運営され、すべての知的財産権を自社で保有する。三〇〇人余りの社員のほぼ全員がワシントン州ベルビューの同じオフィスビルで働く。顧客数は五〇〇〇万人を超え、売り上げは数億ドル規模に上る。そして基本的に上に立つ人がいない。

バルブ誕生の発端は、あのマイクロソフトにある。今ではずいぶん違うが、一九九〇年代のマイクロソフトは典型的なトップダウン型の企業だった。社員は皆、組織図の中で、自分がトップからどれだけ下にいるかで自分の位置づけをとらえた。トップに立つのは創設者でありCEOのビル・ゲイツ、当時世界一の資産を持ち、今なおそれに近い地位にある人物だ。

グレッグ・クーマーはバルブを立ち上げたグループの一人だ。マイクロソフトで開発グループを率いていたゲイブ・ニューウェルのもとで仕事をしていた。当時マイクロソフトの社員がいかに社内の位置づけを意識していたかを象徴するツールがあったとグレッグは振り返る。「当時、マイクロソフトにはオルグチャートというプラグインがありました。社内の誰かからメールがくるとチャートを開いて、その人が社内のどこに所属してるか見るんです。ビル・ゲイツから何段階下か、直属の部下は何人いるか、敵なのか味方なのか——こうしたことが全部、オルグチャートの位置づけからわかるわけです」

チャートの全体を見ると、ビル・ゲイツを頂点にした巨大なピラミッドになる。細かく見ていくと、その中に小さなピラミッドがたくさんあるのだという。「上の層から下の層までピラミッドがいくつもあるんです」

だがゲイブ・ニューウェルのグループは違った。数百人がいたが、全員がゲイブの直属だった。

「オルグチャートの中でも文字どおり目立っていましたね。異彩を放っているというか。社内政治上も問題になりました。ゲイブには適正な数のマネジャーもしかるべき体制もなかったので」

会社の反応は、侵入してきた病原体を白血球が一斉に攻撃するさまを思わせる。もちろん現在のマイクロソフトはすでに三〇〇〇人がスクラムチームに所属し、この先その数は二万人まで伸びようとしている。だが当時、異質な「病原体」は取り除くべき対象とされた。

そんなわけで、ゲイブとグレッグは他の数人とマイクロソフトを離れ、自分たちの会社バルブを立ち上げた。グレッグは数年前、バルブとはどんな会社なのかを説明する社員向けハンドブックの作成に取り掛かった。給与体系や福利厚生の内容を伝えるためではない。バルブという会社の哲学を伝えるものにしたかった。

「バルブのやり方や価値観を真に自分のものにするのに、だいたい九カ月から一年四カ月くらいかかるとわかったんです。主体的に動こうと思えるようになるまでには時間が必要でした」社員がスムーズに会社になじめるようにするためのハンドブックにしたかったが、グレッグと会社を共に立ち上げたメンバーは書き方に悩んだ。上から押し付けるような文章にしたくなかったからだ。最初の章は「ようこそフラットランド《平らな土地》へ」とした。

フラットランドとは、私たちの会社にはマネジャーは存在せず、誰にも「上司」がいないことを表現した言葉です。創業者兼社長はいますが、それもあなたのマネジャーではありません。この会社はあなたが動かしていく会社です。機会を求めて、リスクをよけながら進んでいくのです。あなたにはプロジェクトを立ち上げて進める裁量があります。プロダクトを世に出す裁量があります。

フラットな組織は、あなたの仕事とそれを楽しむ顧客との間を邪魔する、組織の壁を取り払ってくれます。どの会社も「顧客こそがボス」だといいますが、ここではその言葉に強い力があります。顧客が求めるものは何かをみずから探り、それを顧客に提供するのを阻む、形式的な手続きは私たちの会社にはありません。

「これは責任重大だぞ」と感じるとしたら、そのとおりなのです。[2]

バルブでは誰かがやろうと決めればプロジェクトが始まる。何に時間と労力をかけるのがベストなのか、会社と顧客にとって何が一番ためになるのかを考え、実行する。一緒にやってくれるメンバーを集めたければ、説明して説得する。話を聞いた人は、いい案だと思えばプロジェクトチームに加わる（バルブではチームを「カバル〔訳注　陰謀団、秘密結社の意〕」と呼んでいる）。社内の机にはどれもキャスターがついている。チームで新規プロジェクトを立ち上げる際、メンバーは文字どおり机ごと移動して参加表明し、新たなチームに加わる。

グレッグは「Ｂｉｇ　Ｐｉｃｔｕｒｅ」というプロダクトの開発を例に挙げた。バルブが提供する主力サービスの一つが、ゲームをユーザーに配信するプラットフォーム「Ｓｔｅａｍ」だ。バルブ製と他社製どちらのゲームも配信する。現在、ゲームのデジタル配信では主力となっている方法だ。だがグレッグも他の社員も、ユーザーが五〇〇〇万人を数え、もうこれ以上は増えないのではと思ったことがあったという。

「会社をどう伸ばしていくか、Ｓｔｅａｍをどう伸ばしていくかを考えてみて、自分たちが開拓できる顧客数の限界に目を向けました。そしてコンピュータの前だけでなく別の場所にいる人、リビングにいる人であれモバイル端末のユーザーであれ、そういうところを開拓していこうと考えたのです」

そこで、グレッグはゲームデザイナーをはじめいろいろな人と話をした。テレビや携帯電話、タブレットで使えるものを作るといいはずだと説明し、Ｂｉｇ　Ｐｉｃｔｕｒｅのアイデアが生まれた。だがこの案を一緒に考えたメンバーだけでは、実際に開発できるだけの知識がなかった。どんなものを作りたいかの案はあったが、実際に形にできなかったのだ。

「そこでモックアップを作成し、これがすごいんだということを見せる動画を作りました。動画を使って、一緒に開発してくれる人をリクルートしたんです。自分たちだけではコードが書けなかったので、それができる人を集める必要があったわけです」

人が集まり、プロジェクトは進んだ。一年後にはリリースされた。リリースを決めたのは開発に携わったメンバーだった。このプロダクトなら出していいと判断したのも、開発に携わったメンバーだった。

「会社が真にイノベーションを実現できる環境を目指そうとすると、社内の組織だとか階層だとかは全部取り払って、根本的に変わるものです」グレッグはそう話す。バルブは常にそのやり方でやってきた。ピンチに追い込まれてやむなく変わるのではない。バルブは常に変化し続けている。日々そうして会社が動いているのだ。社員ハンドブックにはこう記されている。

バルブは組織的なものをすべて否定するわけではありません。それはさまざまな形で、さまざまな場面で、一時的に表れるものです。しかし組織のヒエラルキーや形式的な役割分担が、グループのメンバー自身から生まれたのではなかったり、こうした構造が長期的に続いたりしたとき、弊害が起こります。こうした構造はやがて必ず、顧客のためではなく自分たちの都合で動くようになると私たちは考えるからです。ヒエラルキー型の組織は、階層を守り強化するため、型に合う人を雇ったり、主導権のない補佐的な役割の人を加えたりします。そこに属する人は純粋に顧客に価値あるものを届けようとするよりも、権力構造を利用して利益追求に走ろうとします。[3]

バルブのやり方の隙をついて自分に都合よく利用する人が出てくるのではないかと思うかもしれない。だが社員同士のレビューが常にある。確かに自分がしたいことを自分で決めて動けるしくみだが、いいプロジェクトだと賛同する人が誰も出てこないのなら、それほどいい案ではないのかもしれない。グレッグの言葉で言えば、誰かにこれをやりなさいと指示してもらえる「贅沢」がない代わりに、自分がやると決めたことについて意見をくれる仲間がいる。

もちろん完璧なシステムではない。人の作る組織に完全無欠はない。バルブでは社員に問題が生じれば、まず同じチームのメンバーが話し合う。他の人に入ってもらい意見を聞くこともある。フィードバックをもらったり、厳しく改善を求めたり、ときにはチームから外すこともある。だがどれもチームが自分たちで決める。

例外もあった。二〇一三年、バルブのやり方では対処できない事態が起きたときのことだ。この年、会社は創設以来初めて一度に大勢の社員を採用していた。ハードウェアとモバイルに進出することになったが、それぞれのスキルを持つ人が十分いなかった。そこで人員を増やして対処しようとしたのだ。

だがバルブのシステムに慣れていない社員が一度に増え、問題が生じた。バルブが守ってきたのとは違うやり方で意思決定をする人が現れた。他の社員に仕事を指示する人が出てきたのだ。さらにまずいことに、パフォーマンスがバルブの目指す高い基準を満たさなかった。普通ならチームの他のメンバーがそうはさせない。だがメンバーは皆新しく来たばかりで、バルブのやり方ではこうだと自信をもって動ける人がいなかった。

「そこで、長くいる中心メンバーが話し合って、会社の哲学を守るために動きました。そのとき取った手段は、バルブの哲学とは相いれない行動だったのですが」グレッグは振り返った。会社は数十人をまとめて解雇した。グレッグの話を聞いていると、このときの対応が苦い過ちと受け止めているのがわかる。グレッグはこれを生物の本能的反応のように表現した。皮肉にも、バルブを立ち上げた彼らのチームに対するマイクロソフトの姿勢と似ていたのだ。異質な侵入者を攻撃して全体を守る構図そのものだった。

「ずいぶん話し合いました。自分たちが目指す理念に反する手段をとる意味は何なのか。そしてこの先同じことを繰り返さないためにどうすればいいか。それから長くいるスタッフに依存せずにこれを守るにはどうしたらいいか」グレッグはひと呼吸置くと、自信をのぞかせて続けた。

「一年後には答えが出ていると思います」

彼らの行動には信念がある。人が最大限の自由を享受できるようにしたい、能力と創造性を最大限生かしたいという思いだ。ときに立ち止まることはあっても、大きなインパクトを持つスタイルは、さまざまな場所へ広がりを見せる。

「これは資本主義におけるイノベーションです。これまでものづくりや仕事の進め方を大きく変えたさまざまなイノベーションと同じくらいのインパクトがあります。実際にうまく回るし成果にもつながっていますから、世界を変える力になるに違いありません」

バルブではスクラムを導入しているのだろうか？　社内を歩けば、付箋がたくさん貼られたキャスターつきのホワイトボードがあちこちにありますよ、とグレッグは言う。だが会社から強制はしていないという。どんなプロセスで進めるのがいいかは、自分たちで決めてもらう方針だからだ。大半のことについてそうだが、グレッグも他の創設メンバーも、誰かに何かをやるよう指示することはしない。それでも、選択の自由を与えられたうえで、バルブの社員の多くがスクラムを選び、活用しているという。それだけで私は十分うれしい。

バルブのような企業はまだ少ない。しかし日々増えている。ソフトウェア業界だけではない。トマト加工品メーカーとして知られるカリフォルニア州のモーニングスターには上司がいない。社員は皆、役割や責任の範囲を他の社員と話し合って決める。営業でも、トラックの配送でも、高度なエンジニアリングの仕事でも同じだ。どんな企業でも、まず働く人みずから自由になってもらい、そのうえで自由に伴う責任を一人ひとりに受け入れてもらうことだ。

一九七〇年、ファンクバンドのファンカデリックはこう言った。心を解放すれば身体もついてくる、と。

できないことを探さない

絶望に直面したとき、シニシズムはある意味で合理的な反応なのかもしれない。だがシニシズムはみずからをひどくむしばんでいく。二一世紀の幕開けはシニシズムを生むできごとに満ちていた。愛国心を掲げた愚かな戦争、信仰の名を借りた虚無的なテロ、正義という名のイデオロギーに隠された欲、みずからの利益を熱心に追求する政治家の取り巻き。

シニカルな人々は、ため息をつきながら知った顔でこんなふうに言う。「世の中はそういうものだよ。人間はしょせん私欲のために動く、自分のことを第一に考える生物なんだ。そんなことはないと否定するのは純粋すぎる」こうして制約を正当化し、限界があるのは仕方ないとものわかりよく解釈してみせる。

この二〇年間、偉業はどこから生まれるのか、私はさまざまな資料や文献にあたって探ってきた。行き着いた答えは意外にも、人間は皆、基本的にすばらしい行ないをしたいのだということだ。何か目的のあること、たとえ小さなことでも世界を少しでもよくすることをしたいのだ。大事なのは、そうしたいと望み実際にそうする力のある人たちを邪魔する要素を取り除くことだ。

スクラムの役割はそこにある。スクラムはゴールを設定し、系統立てて、一歩一歩達成に近づいていく。さらに大事なのは、何がゴールの達成を阻んでいるのかを見つけ出す点だ。スクラムは反シニシズムの表象だ。スクラムそのものがよりよい世界を目指したり、現状でいいと決めたりするのではない。スクラムは実践的で、実際の行動に移せる、変化を実現するための手法だ。スクラムを使ったプロジェクトには死に瀕した子どもたちを救うワクチンの開発もあれば、少ないコストで家を建てる試み、小さな汚職の芽を摘む取り組み、凶悪犯の逮捕、飢餓の撲滅、宇宙に人を送り込む計画まで、じつに多岐にわたる。

どれもすべて、夢のような願望などではない。実現できる計画だ。確かに、どの計画もその途上で綿密に検討し、適応させ、変化させていかなければならないが、こうした計画は現実に動いている。世界中でプロジェクトは高速回転で前進し、よりよい世界へと私たちを突き動かしている。

この本で実感してほしいのはそのことだ。ものごとは変えられるのだということ。現状をそのまま受け入れるしかないわけではないこと。

人は誰でも夢を見る。だがみな同じようにではない。夜、薄暗い心の奥深くで夢を見る者は、昼に目覚めるとそれが空虚であったと知る。だが昼に夢見る者は危険だ。目を開けたまま夢を行動に移し、現実にしようとする。（T・E・ロレンス『知恵の七柱』[4]）

変化を起こすなんて不可能だというシニカルな声に惑わされることはない。何ができるかを見せてやろう。

まとめ

- **スクラムは人間のあらゆる取り組みを後押しする**
プロジェクトの種類や問題の内容は問わない。スクラムはよりよいパフォーマンスとよりよい結果を目指すあらゆる取り組みに役立つ。

- **学校で取り入れる**
オランダでは高校の授業に取り入れる教師が増えている。導入直後から、試験の成績が平均一〇パーセント以上向上したと報告されている。

- **貧困対策に取り入れる**
グラミン財団では、ウガンダの農村部に暮らす人々に農業技術と農作物の市場について情報提供をするプログラムの運営にスクラムを活用している。その結果、収穫量と収入はともに倍増した。

- **肩書を捨ててみる**
役職、マネジャー、組織の上下関係から解放されてみる。その人がベストと考えることを実行する自由を与え、それを他の人に説明する責任を持たせる。思った以上の成果に驚くはずだ。

謝　辞

どんなプロジェクトも、一人の力では成し遂げられない。この本も例外ではない。

最初に、息子ＪＪ・サザーランドに感謝したい。数年前、スクラムとともに歩んできた道のりを一緒に本にまとめてみないかと提案したのは彼だった。ＮＰＲで戦争や災害を追いかける日々を一〇年あまり過ごした彼はいったん現場を離れ、スクラムがどう発展してきたか、なぜ成果を上げているのか、世界にどんな変化を起こしてきたかという話は、有意義なだけでなくきっと面白いだろうと考えたのだ。この本は私のストーリーだが、二人の時間と労力の結晶であり、かつ本の形にしてくれたのは彼である。

ハワード・ユンは有能なエージェントであり、広く、深く、大きな視点で考えるよう私たちに教えてくれた。彼の洞察力、助言、優れた知恵、そして優れたノウハウはこの本をただ完成させただけでなく、非常にスケールの大きなものにしてくれた。

真に優れた仕事を世に送り出す名手と仕事ができる機会はそうそうあるものではない。クラウン・パブリッシング・グループのリック・ホーガンと組む機会を得た私は非常に恵まれていたと思う。彼の巧みで綿密な仕事にかかると、何でも立派になる。しかも彼はそれを難なくやってのける。敬意と心からの感謝を伝えたい。

スクラム社のチーフ・プロダクトオーナー、アレックス・ブラウンとジョー・ジャスティスをはじめとするチームのメンバーは、鍵となるアイデアと無限のエネルギー、そして深い経験をともに分かち合ってくれた。

また、次の皆さんにも感謝申し上げたい。

竹内弘高、野中郁次郎の両教授は、スクラムが誕生するきっかけをくれ、よき友人でもある。スクラムの構想をともに練ったケン・シュウェイバー。熱くなりやすく頑強な彼があってこそスクラムは形になり、今のような位置づけと影響力を持つに至った。

そして妻のアーリン。妻はスタート地点からともにいてくれ、ユニテリアン・ユニバーサリスト教会の牧師として多くの教会でスクラムを取り入れてきた。これも、世界をよりよく変えた成果の一つだろう。

最後に、日々スクラムを実践している、世界中に散らばる大勢のスクラムマスター、プロダクトオーナー、スクラムチームの皆さん。世界におけるスクラムを力強くポジティブな力を持つツールにしているのは皆さん一人ひとりであり、皆さんがスクラムを使って成し遂げている偉大な仕事に、私は常に深い驚きと敬意を抱いている。

付録　スクラム実践――今日から取り入れるにあたって

本書を読み終わった皆さんに、スクラムを使ってプロジェクトを始めるために必要なことを簡潔に紹介したい。プロセスをおおまかにまとめたものだが、とりあえず始めてみるには十分役立つはずだ。各章では「なぜスクラムが優れているのか」を述べてきた。ここでは短くまとめたバージョンの「スクラムをどう実践するか」を解説する。

1．プロダクトオーナーを決める

プロダクトオーナーは、これから何をするか、あるいは作るか、達成するかのビジョンを明確にする立場にある。リスク、得られるもの、実現可能なもの、熱意を持っているものを考慮に入れる。（第八章「優先順位」参照）

2．チームを作る

チームのメンバーになるのは実際に仕事をする一人ひとりだ。チームはプロダクトオーナーのビジョンを理解し、それを実際に形にするために必要なスキルをすべて備えていなくてはいけない。チームは少人数で、基本的に三〜九人とする。（第三章「チーム」参照）

3．**スクラムマスターを決める**

スクラムマスターはスクラムのフレームワークを通じてチームのメンバーを導き、仕事を滞らせる原因になるものを取り除く手助けをする。（第四章「時間」参照）

4．**プロダクトバックログを作成し、優先順位をつける**

プロダクトバックログとは、先のビジョンを実現するために必要な作業や作るべきものをすべて挙げたリストをいう。バックログは開発中、常に進化していく。ロードマップといっていい。プロジェクトの間、プロダクトバックログは常に「チームが実行する可能性のある全タスクを優先順に並べたもの」を表す唯一のリストになる。プロダクトバックログは一つしか存在しない。したがってプロダクトオーナーはプロジェクト全体をあらゆる側面から見て優先順位を判断することが求められる。プロダクトオーナーはプロジェクトに関わる全ステークホルダーとチームの両者と話し合い、顧客の希望と何が実現可能かの双方を考慮して、バックログの優先順位を決定する。（第八章「優先順位」参照）

5．**プロダクトバックログを整理し見積もる**

プロダクトバックログにあるタスクを実際に行なう人がそれぞれの仕事量を見積もる。チームでバックログの各項目を検討し、実際に実現可能かをみていく。タスクの実現に必要な情報は揃っているか？　タスクは現実的な仕事量を見積もれる程度に小さいか？　完了の定義は定められているか？　言い換えれば、項目が「完了」の状態になったと判断するために必要な、全員が合意できる基準があるか？　目に見える何らかの価値を生み出しているか？　どの項目も成果物を実際に見せられるか、もしくはデモンストレーションできなくてはならず、できれば顧客に渡せる形になるのが望ましい。仕事量の見積もりは所要時間では行なわない。かかる時間を見積もってもその通りにならないのは研究等で実証済みだ。S、M、Lなど、他と比較した相対的なサイズで見積もるのがよい。推奨するのはフィボナッチ数列を使い、1、2、3、5、8、13、21の各ポイント数で項目の大きさを測る方法だ。（第六章「幻想を捨て、現実的なプランニングを」参照）

6．**スプリント計画を立てる**

これが初回のスクラムミーティングになる。チーム、スクラムマスター、プロダクトオーナーが集まってスプリントの計画を立てる。スプリントの長さは必ず一定の期間に決め、最長一カ月とする。現在では一週間か二週間にするのが一般的だ。バックログの項目を上から見ていき、このスプリントでどれだけ完了できそうかを予測する。すでにチームがいくつかスプリントをこなした後なら、前回のスプリントで完了できたタスクのポイント数も考慮する。この数字をチームのベロシティと呼ぶ。スクラムマスターとチームのメンバーは、スプリントごとにベロシティを上げるよう努める。スプリント計画ミーティングは、チームとプロダクトオーナーがともに、バックログの項目がどうビジョンの達成につながるのかについて全員で共通の理解を確認する場でもある。また、このスプリントで達成したい目標、スプリントゴールについても、全員の合意によりここで決める。

スクラムの柱になるのが、このスプリントではこの項目を達成する、とチームで決めたらそのとおり遂行することだ。後から変更したりタスクを追加したりしない。チームはスプリントの最初に予測したタスクを完了させるため、スプリント中は独立して仕事に集中できなくてはいけない。（第四章「時間」、第六章「幻想を捨て、現実的なプランニングを」参照）

7．仕事を「見える化」する

進捗を「見える化」するため、スクラムでは一般的にスクラムボードを作成する。ボードは「未着手（To Do）」、「作業中（Doing）」、「完了（Done）」の三列に分ける。完了すべきタスクを一つずつ付箋に書き、タスクのステータスに従いボード上で付箋を移していく。バーンダウンチャートも「見える化」に役立つ。このスプリントで取り組むタスクのポイント数を縦軸に、日数を横軸にしたグラフだ。毎日スクラムマスターが、その日完了したポイント数をチャートに記録していく。スプリントの最終日に残りポイント数がゼロになるよう、急傾斜の曲線を描けるのが理想だ。（第七章「幸福」参照）

8. **デイリースタンドアップ（デイリースクラム）**

デイリースタンドアップはスクラムのリズムを作るミーティングだ。毎日決まった時間に、一五分以内で、チームとスクラムマスターが集まり、メンバーは三つの質問に答えていく。

・チームがスプリントを終了するために、昨日何をしたか
・チームがスプリントを終了するために、今日何をするか
・チームの妨げになっていることは何か

ミーティングの内容はこの問いに答えるだけだ。一五分で終わらなければ、やり方が間違っている。これによって、チーム全体がその時点での進捗を把握できる。全タスクが予定どおり完了できるか。問題にぶつかっているメンバーがいたら、何か手助けできないか。チームが上からタスクを指示されることはない。チームは自律して、自分たちで仕事を進めていく。上に詳細を報告する義務もない。スクラムマスターは、チームが仕事を進めるにあたっ

て問題や障害となる要素を取り除く役割を担う。（第四章「時間」、第六章「幻想を捨て、現実的なプランニングを」参照）

9．**スプリントレビュー（スプリントデモ）**

スプリントの間に達成した成果を見せる場を指す。誰でも参加でき、プロダクトオーナー、スクラムマスター、チームメンバーの他、ステークホルダー、経営陣、顧客等も含まれる。スプリント中に完了できた仕事をチームが発表する、オープンなミーティングだ。チームがここで発表できるのは、完了の定義を満たした項目に限られる。完成していて、これ以上の作業なしで顧客に出せるものを指す。全体が完成した製品でなくてもいいが、ある機能や特徴が完成している状態でなくてはならない。（第四章「時間」参照）

10．**スプリントレトロスペクティブ**

前のスプリントで達成したこと——完了の定義を満たし、顧客に出せてフィードバックをもらえる成果物——を発表したら、うまくいった点、もっとうまくできたはずの点、次のスプリントで改善できる点は何かをチームで話し合う。プロセスの中で、チームがすぐに実行できる改善は何だろう？

この振り返りのミーティングを効果的に行なうには、メンバーが感情面で大人であることと、互いに信頼し合っている空気が必要になる。大事なのは、悪いのは誰かと責める相手を探すのではなく、プロセスに焦点を当てることだ。なぜこういう結果になったのか。なぜこれを見落としたのか。どうすればスピードを上げられるか。チーム全体でプロセスと結果に責任を持ち、チーム全体で解決法を探る姿勢が重要になる。同時に、悩ましい問題に対しても、誰かを非難するのでなく解決志向の姿勢で向き合う強さも必要だ。また、フィードバックに耳を傾け、受け入れて、自己弁護するのでなく解決策を探ろうとする成熟した態度が求められる。

レトロスペクティブの最後には、次のスプリントで取り組むプロセスの改善点をチームとスクラムマスターで決める。この改善点（トヨタ式でいう「カイゼン」）を、改善できたかを判定する試験とともに、次のスプリントのバックログに入れる。「判定試験」があれば、実際に改善できたか、また改善の結果ベロシティがどう変化したかを判断できる。（第七章「幸福」参照）

11. すぐに次のスプリントを開始し、仕事の障害になるものやプロセス改善について得たチームの経験を生かす。

解説　誰もがわくわくしながら能力を発揮できる社会の実現のために

一橋大学　名誉教授
野中郁次郎

私は経営学を専門とする学者で、研究の中心は、企業などの組織における知識創造活動とそれによるイノベーションや持続的な発展のプロセスにあり、ソフトウェア開発の技術的内容については全くの門外漢である。そもそもパソコンやタブレットなどの情報機器を使わないため、この分野の暗黙知がまったく無いに等しい。そのような私が本書の解説をしているのには理由がある。本書でも述べられている通り、「スクラム」の起源は、一九八六年に竹内弘高（現ハーバード・ビジネス・スクール教授）と共にハーバード・ビジネス・レビュー誌に発表した「The New New Product Development Game」という論文で提示した「スクラム」という日本企業の製品開発プロセスにあるからである。このスクラムは、ラグビーから拝借したメタファー（喩え）だ。

われわれの研究の対象は、日本の製造業、つまりハードウェアの開発のプロセスだったのだが、この論文で提示したスクラムというコンセプトが、分野を問わず人がチームになって仕事をする際の根本原理をとらえているとして、ソフトウェアの開発プロセスに応用したのが本書の著者であるジェフ・サザーランドだったのである。

実は、ジェフに初めて会ったのは、比較的最近のことだ。二〇一一年一月に日本で開催された「イノベーションスプリント２０１１」というソフトウェア開発者のためのカンファレンスの席だった。開会の前に挨拶をしたのだが、そのときジェフは涙ぐんでいた。ついに私に会うことができて感激したと言っていた。びっくりしたが、思わず私も胸が熱くなった。「実に熱い思いを持っている人間だ」この第一印象はいまでも変わらない。

本書は、ジェフのそうした信念が詰まった一冊である。もともとのジェフの問題意識は、開発スピードが遅く、費用ばかりがかさみ、納期を守れず、それなのに納品したら使い物にならないソフトウェアを開発することへの危機感にある。人の能力と時間という、世界で最も価値のある資源を無駄に使うことに我慢がならないのだ。ジェフは、スクラムという手法を使えばもっと迅速かつ効率的に、高度な生産性を実現できると考えている。そこで本書は、「スクラム」の核となる概念を取り上げ、それを掘り下げることによって、スクラムの本質に迫る内容となっている。したがって本書は、実際のソフトウェア開発の現場でスクラムの手法を実施するための具体的な手順や手引きとしても有効だが、主眼は、アジャイルスクラムの背後にあるフィロソフィと思いを語り、さらにはスクラムの手法をＩＴ以外のビジネスの世界に向けて解説することにある。彼の究極的な目標は、スクラムの手法を社会活動全般に拡げ、それによってヒューマンセントリックで創造的な世界に変えることにある。

スクラムの最大の特徴は、従来のバトンリレー型のウォーターフォールモデルから、スプリントという、短いサイクルで顧客や他部門を取り込むチームで開発を行うように変更した点にある。そして、それを支える仕組みとして、機能横断的なスクラム型のチーム、頻繁な対面でのコミュニケーション、メンバーの主体性や自律性の尊重などがある。こうした仕組みによって、迅速に効果的かつ効率的に、開発終了後にきちんと使えるソフトウェアを開発する、というビジョンを実現しているのである。本書には、様々な成功事例によって、スクラムの要点が分かり易く説明されている。

＊

本書の原文タイトルは「Scrum: The Art of Doing Twice the Work in Half the Time」で、「半分の時間で二倍の仕事をするためのアート」という副題がついている。われわれも、経営学は純粋なサイエンスではなくアートとサイエンスの融合だと主張しているのだが、概してデジタルの先端を行くソフトウェア開発こそ客観的で分析的・理論的なサイエンスそのものだと考えがちだ。しかし、「アート」なのである。なぜか。その理由は、スクラムの本質が、主観や経験を基盤とする日本の芸道や武道の生き方とやり方に通じているからだろう。その証拠に、本書でジェフは、スクラムは「守・破・離」の型に近いと述べている。スクラムも、初めは意識的に行っ

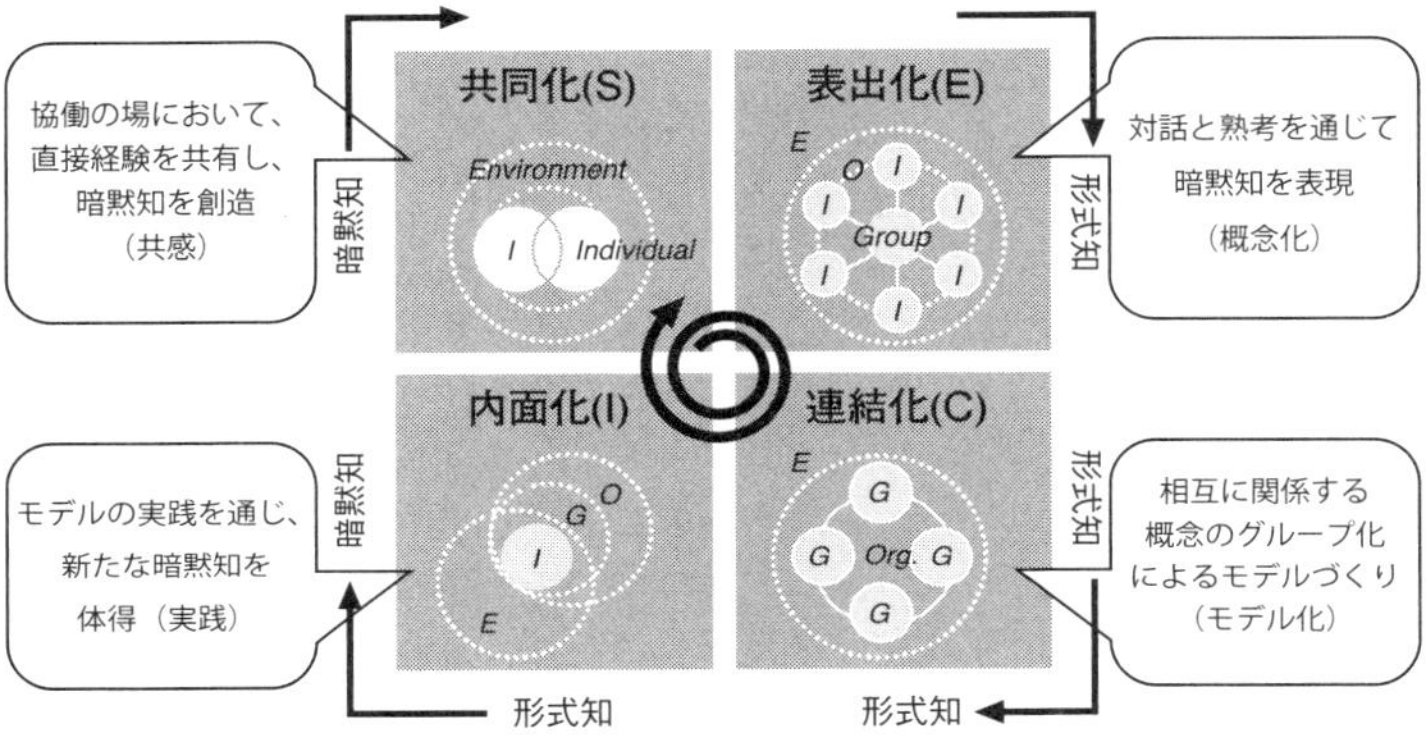

I=個人(Individual)　G=集団(Group)
O=組織(Organization)　E=環境(Environment)

て「守」の型を身につける必要があるが、たゆまぬ努力を重ねるうちに、次第に考えなくても流れるように自然に動ける「破」の次元へと進み、そして、より高い目標に向かって進む「離」へと精進する。そして、スクラムを究めると、効果的・効率的に、流れるように、しかもわくわくとした気持ちで、仕事に取り組む真のプロフェッショナルになるのだと言う。これこそ、私が組織的知識創造理論で強調している、「職人道」そのものである。

この「守・破・離」は、ジェフがスクラムの起源として本書で取り上げているＯＯＤＡ（ウーダ）ループやトヨタ生産方式とも通底する考え方であり、やり方である。そして、実はこのいずれもが、組織的知識創造理論で最も重要な概念である「暗黙知」を基盤としているといえる。

「暗黙知」とは、言葉や文章で表現することが難しい身体的な経験に根ざす主観的な知のことである。たとえば、自転車の乗り方は暗黙知である。いくら言葉で説明しても、実際に自転車をこいでみなければ、乗り方は身につかない。これとは対極的な性質を持つのが「形式知」で、言語化・数値化された理性的で客観的な知のことである。データベースやマニュアルなど、ＩＣＴ技術を使って蓄積ができる。この暗黙知と形式知の二つのタイプの知を個人と集団との間で相互に変換し続けることによって、組織的に新たな知識が創造されていく。これをＳＥＣＩモデルというスパイラル・プロセスによって示す（図を参照のこと）。イノベーションは、この組織的知識創造プロセスから生み出される。

暗黙知と形式知は対極的ではあるが、連続体である。ここで最も重要なことは、暗黙知がすべての知識の根源にあるということである。マイケル・ポランニーというハンガリー出身の科学哲学者が述べたように「すべての知は暗黙的であるか、暗黙知に根ざす」。さらに言えば、個人の信念や思い、全人格を賭けたコミットメントが無ければ、新たな知は創造されない。なぜなら、知識は、われわれの「外にあるもの」ではなく（外にある知識は情報に過ぎない）、われわれが「内から創り出すもの」だからである（情報はわれわれの中に取り込むことで知識になる）。

また、知識の最大の特質は「人が関係性の中で主体的に創る資源」だということである。西洋の哲学の伝統的な知識の定義は「正当化された真なる信念」であるが、正当化は人と人との関係性の上で行われる必要があるし、真についても人は絶対的な真を知りえない。人にできるのは、絶対的な真があると信じて、それに向かっていくことだけである。したがって、われわれの知識の定義は、「個人の信念や思いを『真・善・美』に向かって社会的に正当化していくダイナミック・プロセス」である。

われわれが考える組織的知識創造理論プロセスに、スクラムはぴったり一致する。スクラムでは、メンバーや顧客との打ち合わせの場で共感し（Socialization: 共同化）、スクラム・ミーティングなどでのメンバー間の対話を通して概念化し（Externalization: 表出化）、スプリントでプログラミングを行い（Combination: 連結化）、製品デモやリリースなどの実践を通してメンバーや顧客の体験を振り返り、個人の学びとする（Internalization: 内面化）。また、開発・まとめ・レビュー・調整を繰り返すスプリントにおいてもSECIプロセスが動いている。つまりスクラムにおいては、複数のSECIプロセスが同時多発的に動いており、それによって、効果的・効率的に、短期間でソフトウェアの開発を可能にし、しかも、その間にスクラムチームとそのメンバーが成長する、という効果が出ているといえるのである。

＊

スクラムと組織的知識創造理論には、他にも共通点がある。われわれの「New New Product Development Game」では、優れたチームでは、不安定な環境から動的な秩序が生まれ、チームが自己組織化して、①自ら境界や限界を超え、②主体的で、③機能横断的な特徴を持つと指摘した。ジェフは、優れたスクラムでも同様の状態が起きるようにするにはどうしたらよいかと考えた。そこで思い出したのが彼自身の軍人としての体験である。卓越したチームになるには、トップが目的意識を設定したら、それをどう実現するかはチームの主体性や自律性によって決められることがいかに重要かを、彼は戦場という修羅場で、身をもって体験しているのだ。勝つことのできる卓越したチームを創るには、メンバーが自発的自律的に能力を発揮できる仕組みを構築する必要がある。

ジェフが提唱するスクラムにはプロダクトオーナーやスクラムマスターが存在するが、実は、前作（*Software in 30 Days*）[*1]では、その能力や役割についてあまり触れておらず、スクラムの開発プロセスをチーム内に閉じた世界に留めてしまっていた。しかし、本書では、チーム力を高め、かつ、スクラムの開発プロセスを外部へと開く役割を持つ存在として詳しく解説している。彼らは、チームを引っ張るリーダーというよりは、むしろチームの自己組織化を促進し、経営陣からの無用な介入を阻止する役割を担う。ジェフは、トヨタのチーフエンジニア制度やジョン・ボイド空軍大佐の開発したＯＯＤＡループなどを参考に、自身のベトナム戦争での経験なども踏まえて、プロダクトオーナーやスクラムマスターの役割やリーダーシップについて提言している。

リーダーシップについて、組織的知識創造理論では、実践知を持つリーダーがＳＥＣＩプロセスを無限にスパイラル・アップする役割を担うと考えている。この「実践知」は古代ギリシアの哲学者アリストテレスが提示した「フロネシス」という概念を援用しているが、共通善（Common Good）の価値基準をもって、個別のその都度の文脈のただ中で、最善の判断ができる実践的な知性のことである。われわれのこれまでの研究から、この実践知リーダーには、六つの能力があるとしている。①「善い」目的をつくる能力、②ありのままの現実を直観する能力、③場をタイムリーにつくる能力、④直観の本質を物語る能力、⑤物語を実現する政治力、⑥実践知を組織する能力、である。この六つの能力は、本書の各章のまとめに書かれているポイントとも重なる部分が多い。また、六番目の能力が端的に示すように、実践知リーダーには次世代リーダーを育成する役割があり、組織のメンバー全員が実践知リーダーになることによって組織が強靭になる。この点は、優れたスクラムにおける卓越したチーム力に通じるものがある。

＊

ここで挙げた点以外にも、われわれの組織的知識創造理論に共通する点がたくさんあるのだが、私としては、ジェフが軍事や軍隊組織の考え方ややり方を例示している点に特に共感を覚える。彼は、ベトナム戦争でも最も危険な任務とされたＲＦ‐４Ｃファントム戦闘機のパイロットであった。これは武器を持たない偵察機で、同乗する航空士が爆撃前と後の戦場を空中から撮影する。事前の訓練で彼はＯＯＤＡループを徹底的に内面化し、どのような状況でも直感と本能に従って行動できるようにしたと言う。私自身も戦時中に疎開先でグラマンＦ６Ｆヘルキャットによる機銃掃射を受け、九死に一生を得た経験があるので想像できるのだが、戦場では一瞬の判断が生死を分ける。しかし、そうしたぎりぎりの死線をくぐり抜けた経験を持つ人たちには、透徹した人間的な温かさと、本質を深く見通す視点があるように思う。おそらくジェフは言葉にできないほどの凄惨な経験をしたに違いないが、その結果として人間不信になるのではなく、むしろ、より人間を愛するようになったのだろう。だからこそ、スクラムという手法を広めることによって、世界のだれもがつながり合い、わくわくした気持ちを抱きながら能力を発揮できる社会を実現したいと思ったに違いない。

二〇一三年刊行のチェンジビジョン社の社長の平鍋健児氏との共著『アジャイル開発とスクラム』で、われわれはスクラムについて以下のように総括した[*2]。

「スクラムとは、会社を機能単位に分割した階層や組織ではなく、どこをとっても会社のビジョンに向かった判断・行動パターンを共有する自己相似形の知識創造活動であり、それを実践する人々である」

ここで述べているように、スクラムという仕組みは、ハードウェア、ソフトウェアを問わず、サービス産業でも、行政やＮＰＯ／ＮＧＯなどの組織でも、適用できる仕組みである。ムリムダムラを極力減らし、迅速に効率的効果的に、しかも心が躍る仕事に、前向きに組織メンバー全員が一丸となって取り組む。スクラムは、このような組織を実現するための仕組みなのである。

Forbes.comのコラムニストであるスティーブ・デニングは、従来型のマネジメントスタイルに固執する人々はスクラムを忌み嫌う、と指摘した上で、スクラムはマネジメントにコペルニクス的転回、パラダイムシフトをもたらす、と強調している[*3]。さらに、スクラムはマネジメントにおける最大の発見であり、マネジメントのノーベル賞があるなら、スクラムこそその第一候補だ、とまで言っている。[*4] スクラムへ思考と行動のパターンを変えるのは難しいのかもしれないが、変えることができれば、その効果は無限に広がるだろう。

二〇一一年の出会い以降、ジェフと対話を重ねてきたが、その間、私の提唱する組織的知識創造理論と同様に、彼のスクラムの考え方も進化し続けている。ジェフの思いの根底には人への信頼と愛があり、だからこそ人の創造性を触発し、その能力を最大限発揮する手法としてスクラムをもっと知ってほしい、ということがあると思う。言い換えれば、ジェフは本書で、われわれが人としてより善い生き方をする一助として、スクラムの手法を提示しているのである。そういう意味では、本書は「スクラム哲学」を提示する本だといえよう。

本書は、ジェフの提唱するスクラムの最新の考え方を知り、かつ、それを読者が組織の中で実践するためのヒントと事例に富んだ内容となっている。本書が、ソフトウェア開発者だけでなく、多くの実務家の手に取ってもらえることを望む。

＊1　Schwaber, K., & Sutherland, J. (2012). *Software in 30 days: how agile managers beat the odds, delight their customers, and leave competitors in the dust.* John Wiley & Sons.

＊2　平鍋健児、野中郁次郎 (2013)『アジャイル開発とスクラム』翔泳社、271頁。

＊3　Denning, S. (2015). “Why Do Managers Hate Agile?” Jan 26, 2015, on forbes.com. http://www.forbes.com/sites/stevedenning/2015/01/26/why-do-managers-hate-agile/ および、

Denning, S. (2015). "More On Why Managers Hate Agile" Jan 29, 2015, on forbes.com.
http://www.forbes.com/sites/stevedenning/2015/01/28/more-on-why-managers-hate-agile/ による。

＊4　Denning, S. (2011). "Scrum Is A Major Management Discovery" Apr 30, 2011, on forbes.com.
http://www.forbes.com/sites/stevedenning/2011/04/29/scrum-is-a-major-management-discovery/ による。

二〇一五年五月　傘寿をむかえて

原　注

第一章

1. Eggen, Dan, and Griff Witte. "The FBI's Upgrade That Wasn't; $170 Million Bought an Unusable Computer System." *Washington Post*, August 18, 2006: A1.
2. *Status of the Federal Bureau of Investigation's Implementation of the Sentinel Project.* US Department of Justice, Office of the Inspector General. Report 11- 01, October 2010.
3. 同上
4. Ohno, Taiichi. *Toyota Production System: Beyond Large-scale Production* (Cambridge, MA: Productivity, 1988).〔大野耐一『トヨタ生産方式——脱規模の経営をめざして』ダイヤモンド社刊、1978 年〕
5. Roosevelt, Theodore. "Citizenship in a Republic." Speech at the Sorbonne, Paris, France, April 23, 1910.

第二章

1. Takeuchi, Hirotaka, and Ikujiro Nonaka. "The New New Product Development Game." *Harvard Business Review* (Jan./Feb. 1986) : 285– 305.
2. Schwaber, Ken. "Scrum Development Process," in *OOPSLA Business Object Design and Implementation Workshop*, J. Sutherland, D. Patel, C. Casanave, J. Miller, and G. Hollowell, eds. (London: Springer, 1997).
3. Deming, W. Edwards. "To Management." Speech at Mt. Hakone Conference Center, Japan, 1950.

第三章

1. Takeuchi, Hirotaka, and Ikujiro Nonaka. "The New New Product Development Game." *Harvard Business Review* (Jan./Feb. 1986): 285– 305.
2. Feynman, Richard. *Report of the Presidential Commission on the Space Shuttle Challenger Accident*, Appendix F—Personal Observations on Reliability of Shuttle. Report (1986).
3. Warrick, Joby, and Robin Wright. "U.S. Teams Weaken Insurgency in Iraq." *Washington Post*, September 6, 2006.
4. Flynn, Michael, Rich Jergens, and Thomas Cantrell. "Employing ISR: SOF Best Practices." *Joint Force Quarterly* 50 (3rd Quarter 2008): 60.
5. Lamb, Christopher, and Evan Munsing. "Secret Weapon: High-value Target Teams as an Organizational Innovation." Institute for National Strategic Studies: Strategic Perspectives, no. 4, 2011.
6. Brooks, Frederick P. *The Mythical Man-Month: Essays on Software Engineering* (Reading, MA: Addison-Wesley, 1975).〔フレデリック・P・ブルックス・Jr『人月の神話——狼人

間を撃つ銀の弾はない』ピアソン・エデュケーション刊、2002年〕
7. Cowan, Nelson. "The Magical Number 4 in Short-Term Memory: A Reconsideration of Mental Storage Capacity." *Behavioral and Brain Sciences* 24 (2001): 87–185.
8. Nisbett, Richard, Craig Caputo, Patricia Legant, and Leanne Marecek. "Behavior as Seen by the Actor and as Seen by the Observer." *Journal of Personality and Social Psychology* 27.2 (1973): 154–64.
9. Milgram, Stanley. "The Perils of Obedience." *Harper's Magazine*, 1974.〔スタンレー・ミルグラム『服従の心理』河出書房新社刊、2008年〕

第四章

1. Marvell, Andrew. "To His Coy Mistress," (1681).〔アンドルー・マーヴェル『アンドルー・マーヴェル詩集』思潮社刊、1989年〕

第五章

1. Ohno, Taiichi. *Toyota Production System: Beyond Large-scale Production* (Cambridge, MA: Productivity, 1988).〔大野耐一『トヨタ生産方式――脱規模の経営をめざして』ダイヤモンド社刊、1978年〕
2. Strayer, David, Frank Drews, and Dennis Crouch. "A Comparison of the Cell Phone Driver and the Drunk Driver." *Human Factors* 48.2 (Summer 2006): 381–91.
3. Sanbonmatsu, D. M., D. L. Strayer, N. Medeiros-Ward, and J. M. Watson. "Who Multi-Tasks and Why? Multi-Tasking Ability, Perceived Multi-Tasking Ability, Impulsivity, and Sensation Seeking." *PLoS ONE* (2013) 8(1): e54402. doi:10.1371/journal.pone.0054402.
4. Weinberg, Gerald M. *Quality Software Management* (New York: Dorset House, 1991).〔ジェラルド・ワインバーグ『ワインバーグのシステム思考法』共立出版刊、1994年〕
5. Pashler, Harold. "Dual-task Interference in Simple Tasks: Data and Theory." *Psychological Bulletin* 116.2 (1994): 220–44.
6. Charron, Sylvain, and Etienne Koechlin. "Divided Representation of Concurrent Goals in the Human Frontal Lobes." *Science* 328.5976 (2010): 360–63.
7. Wilson, Glenn. The Infomania Study. Issue brief, http://www.drglennwilson.com/Infomania_experiment_for_HP.doc.
8. Womack, James P., Daniel T. Jones, and Daniel Roos. *The Machine That Changed the World: The Story of Lean Production* (New York: Harper Perennial, 1991).〔ジェームズ・P・ウォマック、ダニエル・T・ジョーンズ、ダニエル・ルース『リーン生産方式が、世界の自動車産業をこう変える。――最強の日本車メーカーを欧米が追い越す日』経済界刊、1991年〕
9. Avnaim-Pesso, Liora, Shai Danziger, and Jonathan Levav. "Extraneous Factors in Judicial Decisions." *Proceedings of the National Academy of Sciences of the United States of America*. 108.17 (2011).
10. Vohs, K., R. Baumeister, J. Twenge, B. Schmeichel, D. Tice, and J. Crocker. *Decision Fatigue*

Exhausts Self-Regulatory Resources—But So Does Accommodating to Unchosen Alternatives (2005).

第六章

1. Cohn, Mike. *Agile Estimation and Planning* (Upper Saddle River, NJ: Prentice Hall, 2005).〔マイク・コーン『アジャイルな見積りと計画づくり――価値あるソフトウェアを育てる概念と技法』毎日コミュニケーションズ刊、2009 年〕
2. Bikhchandani, Sushil, David Hirshleifer, and Ivo Welch. "A Theory of Fads, Fashion, Custom, and Cultural Change as Informational Cascades." *Journal of Political Economy* 100.5 (1992): 992–1026.
3. Thorndike, Edward Lee. "A Constant Error in Psychological Ratings." *Journal of Applied Psychology* 4.1 (1920): 25–29.
4. Dalkey, Norman, and Olaf Helmer. "An Experimental Application of the Delphi Method to the Use of Experts." *Management Science* 9.3 (Apr. 1963): 458–67.

第七章

1. Lyubomirsky, Sonja, Laura King, and Ed Diener. "The Benefits of Frequent Positive Affect: Does Happiness Lead to Success? " *Psychological Bulletin* 131.6 (2005) : 803–55.
2. Markey, Rob. "Transform Your Employees into Passionate Advocates" *Harvard Business Review* (January 27, 2012)〔ロブ・マーキー「従業員を情熱的な支持者に変える」ハーバード・ビジネス・レビュー、2013 年 12 月 6 日〕
3. Spreitzer, Gretchen, and Christine Porath. "Creating Sustainable Performance." *Harvard Business Review* (Jan–Feb 2012): 3–9.〔グレッチェン・スプレイツァー、クリスティーン・ポラス「社員のパフォーマンスを高める幸福のマネジメント」ハーバード・ビジネス・レビュー、2012 年 5 月号〕
4. The Fool, *King Lear*, act 1, scene 4.〔『リア王』第一幕第四場、『シェイクスピア全集４』小田島雄志訳、白水社、1986 年〕

第八章

1. Shook, John. "The Remarkable Chief Engineer." Lean Enterprise Institute, February 3, 2009.
2. Ford, Daniel. *A Vision So Noble: John Boyd, the OODA Loop, and America's War on Terror* (CreateSpace Independent, 2010).
3. Boyd, John. *New Conception for Air-to-Air Combat*. 1976.
4. 同上

第九章

1. Shannon, Brad. "McKenna, Inslee Outline Plans to Bring Efficiency to Government." *The Olympian*, October 6, 2012.
2. *Valve Handbook for New Employees* (Bellevue, WA: Valve Press, 2012).

3. 同上

4. Lawrence, T. E. *Seven Pillars of Wisdom: A Triumph* (London: Cape, 1973).〔T. E. ロレンス著『知恵の七柱 1』平凡社刊、2008 年〕

スクラム——仕事《しごと》が4倍速《ばいはや》くなる
“世界標準《せかいひょうじゅん》”のチーム戦術《せんじゅつ》

2015年6月25日　初版発行
2017年7月25日　再版発行

＊

著　者　ジェフ・サザーランド
訳　者　石垣賀子《いしがきのりこ》
発行者　早川　浩

＊

印刷所　株式会社亨有堂印刷所
製本所　大口製本印刷株式会社

＊

発行所　株式会社　早川書房
東京都千代田区神田多町2−2
電話　03-3252-3111（大代表）
振替　00160-3-47799
http://www.hayakawa-online.co.jp
定価はカバーに表示してあります
ISBN978-4-15-209542-8　C0034
Printed and bound in Japan
乱丁・落丁本は小社制作部宛お送り下さい。
送料小社負担にてお取りかえいたします。